中小学新手教师培训系列教材

U0659707

小学英语
新手教师教学能力修炼

ZHANWEN JIANGTAI

XIAOXUE YINGYU

XINSHOU JIAOSHI JIAOXUE NENGLI XIULIAN

郄利芹 ◎ 主编

北京师范大学出版集团
BEIJING NORMAL UNIVERSITY PUBLISHING GROUP
北京师范大学出版社

站稳讲台

图书在版编目(CIP)数据

站稳讲台：小学英语新手教师教学能力修炼/郄利芹主编. —
北京：北京师范大学出版社，2024.8
中小学新手教师培训系列教材
ISBN 978-7-303-29698-9

Ⅰ. ①站… Ⅱ. ①郄… Ⅲ. ①英语课－教学研究－小
学－教师培训－教材 Ⅳ. ①G623

中国国家版本馆 CIP 数据核字(2024)第 011506 号

图书意见反馈　gaozhifk@bnupg.com　010-58805079
营销中心电话　010-58802755　58800035
北京师范大学出版社教师教育分社微信公众号　京师教师教育

出版发行：北京师范大学出版社　www.bnupg.com
　　　　　北京市西城区新街口外大街 12-3 号
　　　　　邮政编码：100088
印　　刷：鸿博睿特(天津)印刷科技有限公司
经　　销：全国新华书店
开　　本：787 mm×1092 mm　1/16
印　　张：19.75
字　　数：284 千字
版　　次：2024 年 8 月第 1 版
印　　次：2024 年 8 月第 1 次印刷
定　　价：78.00 元

策划编辑：郭　翔　陈红艳　　责任编辑：王　灿　陈红艳
美术编辑：焦　丽　　　　　　　装帧设计：焦　丽
责任校对：陈　荟　　　　　　　责任印制：马　洁

中小学新手教师培训系列教材编委会

▶ 总　序

强教必先强师。习近平总书记强调，要把加强教师队伍建设作为建设教育强国最重要的基础工作来抓，大力培养造就一支师德高尚、业务精湛、结构合理、充满活力的高素质专业化教师队伍。当前，首都基础教育现代化建设进入快速发展的新阶段。构建高质量基础教育体系，对首都建设首善一流的基础教育教师队伍提出了更加紧迫的要求。在教育强国建设过程中，推进教师教育高质量发展，必须进一步加强战略谋划与顶层设计，基于教师生涯发展与终身学习的视角，对教师职前培养、资格认定与入职教育、在职培训进行系统考量和一体化设计。

新任教师（一般指取得正式合格教师资格之后，任教年限为 1～3 年的教师）的适应期是教师专业发展中的重要阶段，是教师教育不可或缺的重要环节，是决定教师日后专业发展方向与质量的关键期。新任教师培训在职前培养与在职发展之间起到关键的桥梁作用。因此，我国教师政策对新任教师培训予以高度关注。

教育部明确指出：新任教师培训是"为新任教师在试用期内适应教育教学工作需要而设置的培训。培训时间应不少于 120 学时"。近年来，为应对首都基础教育发展对教师队伍建设提出的更高要求，北京市新任教师培训政策不断完善。《中共北京市委 北京市人民政府关于全面深化新时代教师队伍建设改革的实施意见》（2018 年）、《北京市教师教育振兴行动计划实施办法（2018—2022 年）》、《"十四五"时期北京市中小学干部教师培训工作方案》（2021 年）等文件相继提出要实施新任教师规范化培训计划，完善新任教师培训制度（后简称"新教师"）。2022 年 7 月，市教委印发《北京市中小学新教师规范化培训指导意见》《北京市幼儿园新入职教师规范化培训指导意见》，进一步强化了全市中小学幼儿园新教师培训制度化、规范化建设。新

教师规范化培训政策的出台，旨在通过提高培训的针对性和实效性，确保每位新教师都能在专业发展上有均衡的起点、获得高质量指导。

在北京市新教师培训政策逐渐完善的同时，培训的实践探索亦日益深化。自 2015 年开始，北京教育学院根据部分区域提出的需求，开始承担新教师培训工作。为进一步提升培训的专业性和科学性，项目组基于问题导向和需求导向，通过调研了解新教师在入职之初面临的困难与问题，有针对性地设计培训项目。北京教育学院相关专业团队对参加"启航杯"教学风采展示的新教师进行调研，研究数据表明，部分新教师的专业准备不足，主要体现在对所教学科的内容等方面准备相对较好，但在课程思政、理解新课程标准、应用信息技术、班级管理、根据学生个体差异进行教学设计与评价等方面需要进一步学习。

基于新教师专业学习需求的多元特点与课程改革要求，参考借鉴研究领域关于新教师在职业生涯发展早期所呈现的特点，北京教育学院注重以精准培训提升项目的实效性与针对性，以切实帮助新教师解决教育教学工作情境中面临的问题。基于近十年的实践探索，北京教育学院组织实施的新教师培训已形成五个方面的特色经验。一是加强项目顶层设计。根据市教委指导意见，学院注重加强项目整体系统设计，通过制定高标准的培训要求确保培训的专业性。二是强化课程内容设计。聚焦新教师专业发展核心素养和教育教学基本能力，中小学新教师培训内容涵盖思想政治、师德与教育法规、教学基本功与教学实践、学生学习与身心发展、班级管理与班主任工作、教育研究与生涯发展等模块，非师范专业毕业教师增加"教育理论与教师教育"模块，从而完善教师教育专业知识结构。三是优化培训模式。项目采用市区校三级联动的方式，确保培训的实践性与系统推进。在三年递进式培训中，第二年和第三年的培训基于市教委印发的《进一步加强中小学校本研修工作指导意见》，主要采用实践取向的校本研修方式进行，贴近新教师的工作情境，着力解决新教师日常工作情境中面临的实际问题。

四是加强资源共享。在项目实施过程中，通识课、必修课等课程资源实现共建共享，并在"北京教师学习网"上发布新教师教学风采展示活动优秀课例，为教师提供更加丰富多元、可选择的数字学习资源，满足教师个性化发展需求。五是坚持研训一体。学院组织相关专业团队定期对新教师专业学习需求和培训效果进行调研，在组织实施培训的同时，同步进行新教师工作现状与专业成长的追踪研究，为全市新教师培训政策的进一步优化与有效实施提供数据支撑与实证依据。

北京教育学院在新教师规范化培训方面取得了显著的成效，有效提升了新教师的专业素养，受到了相关区域学校及教师的肯定，为首都基础教育质量提升做出了积极贡献。北京市新教师规范化培训作为一项制度创新，亦为全国教师教育改革提供了新的思路和模式。

为帮助新教师从站上讲台到站稳讲台、站好讲台，北京教育学院组织相关专业教师，与各区教师培训机构、一线优秀教师等携手合作，共同编写了"中小学新手教师培训系列教材"。本套教材共计 14 册，除 1 册通识类教材之外，其余 13 册则分别为不同学科和不同学段的新教师提供具体的教育教学指导和实践策略。

本套教材的编写出版，是北京教育学院加强内涵建设、推进培训高质量发展的成果体现，反映了学院在新教师培训实践与研究领域的新举措、新发展。本套教材从新教师的视角出发，以培育新教师须具备的思想政治素养、师德修养、专业知识与能力为主线，严格按照教师教育相关专业标准，以新教师专业发展的基本理论、教育教学问题解决为核心板块，结合当下我国教育改革的重要问题，为新教师等群体进行专业学习和实践研究提供新视角与新思路。本套教材基于问题导向，结构清晰，可操作性强，并强调理论与实践相结合。

本套教材在编写过程中，得到北京市各区教师培训机构及广大中小学校、教师的大力支持，他们为教材贡献了丰富多元的具体案例和实践智慧。

本套教材的出版得到北京师范大学出版社的大力支持，郭翔、陈红艳等编辑团队的专业付出，确保了本套教材高质量出版。期望本套教材为优化新教师培训制度和新教师专业发展有效机制、加强高质量教师队伍建设、推进教育强国建设做出积极贡献。

肖韵竹（北京教育学院党委书记）

张永凯（北京教育学院党委副书记、院长）

2024 年 6 月

▶ 前　言

教育大计，教师为本。高素质专业化的教师队伍是学生健康成长、学校持续发展、教育质量不断提升的关键因素和重要保障。教师是专业性很强的职业，如何走好专业发展之路是教师职业的永恒话题，也是新教师甫一入职面临的重要问题。新教师是教师发展的关键时期，决定着新教师如何从职前教育顺利过渡到职后的教学实践。同时，这一阶段教师专业发展状况直接关系到新教师未来的专业发展水平。本书的出版正好符合新教师发展的专业需求，是为初登讲台的小学英语教师量身定制的能力修炼指南，力求能帮助新教师顺利适应教师工作岗位，助力新教师站稳讲台，走好专业发展的第一步。

本书以《中小学教师专业发展标准及指导　英语》为依据，结合《义务教育英语课程标准（2022 年版）》的相关要求，从《义务教育英语课程标准（2022 年版）》与小学英语教学、小学英语教学设计、小学英语教学实施、小学英语教师专业发展四个方面构架起了这本新教师培训教材。每个方面为独立的一章。第一章"《义务教育英语课程标准（2022 年版）》与小学英语教学"，力求帮助新教师正确并深入理解课程标准的理念、性质、目标和教学建议等，以及如何在小学英语教学中践行新课标理念，促进核心素养落到课堂教学；第二章"小学英语教学设计"力求帮助新教师理解教学设计是个复杂系统，指导新教师如何进行科学、规范、指向核心素养培养的小学英语教学设计，包括会话课、阅读课等不同课型的设计。第三章"小学英语教学实施"主要围绕小学英语课堂的组织管理、对小学生英语学习习惯的培养、如何有效运用教师课堂话语、如何提问、如何开展形成性评价等展开；第四章"小学英语教师专业发展"重在帮助新教师学习专业发展的不同途径，指导他们如何进行教学反思、如何说课、听课、议课，来助力新教师的持续发展。

本书具有以下特色：一是针对性。本书针对小学英语新教师在教学过

程中可能遇到的各种问题和困惑，提供了具体而详细的解答和指导，具有很强的针对性和指导性。二是系统性。本书从对义务教育英语课程标准的理解、小学英语教学设计和小学英语教学实施等几个方面，从宏观、中观和微观三个方面系统帮助新教师理解英语课程，理解小学英语教学设计再到具体的课堂教学实施，力图能系统性地支撑新教师站稳讲台。三是实用性。本书紧贴小学英语教学实践，每一章从"本章导航""请你思考""实践操作""本章小结"以及"拓展阅读"等各个环节，引导新教师从自我思考、到理论学习、到优秀案例解读、再到自我实践等，同时提供专业的阅读资源，新教师可以贴身模仿，具有很强的实用性和可操作性。

本书由郄利芹策划和统稿，参与编写的人员来自北京教育学院和区县优秀教研员和教师，编写人员多年从事新教师培训工作。具体分工如下：郄利芹（第一单元第一讲、第二单元第三讲和第五讲、第三单元第九讲、第四单元第十三讲和第十四讲）、朱文利（第一单元第一讲和第二讲、第三单元第八讲）、张金秀（第二单元第四讲）、王文娟（第二单元第六讲）、邢艳利（第二单元第七讲）、刘海英（第三单元第十讲）、韩冰（第三单元第十一讲）、柯丹（第三单元第十二讲）、王琳琳（第四单元第十五讲）。

本书的出版得到了北京教育学院领导的重视和推动，得到了北京教育学院新教师培训项目团队的通力合作，得到了区县教研员和教师的大力帮助，在编写过程中使用了参加过北京教育学院培训的许多小学英语教师的精彩案例，使得书中的内容更加贴近实际，可读可用，在此一并表示感谢！

本书是在多年小学英语新教师培训基础上对培训内容教材化的尝试，由于各种原因，肯定存在诸多不足之处，恳请读者批评指正。

郄利芹

2024 年 7 月

第一单元 《义务教育英语课程标准（2022年版）》[①]与小学英语教学

单元学习目标 ·····▶

1. 知道《课标（2022年版）》的修订原则。
2. 理解义务教育英语课程的性质和基本理念。
3. 理解义务教育英语课程目标和核心素养的关系。
4. 理解义务教育英语课程内容六要素。
5. 理解和践行英语学习活动观的基本理念。
6. 理解义务教育英语课程标准规定的学业质量标准与评价。

单元导读 ·····▶

　　《课标（2022年版）》是指导教师进行课堂教学、实施教学评价、探究教育教学规律、探索教学方式与方法、科学编写教材、合理开发并使用资源的纲领性文件。教师只有了解其产生的背景和核心理念，才能站在国家英语教育发展的视角去认识英语教育，了解英语教学，变革教与学的方式，设计适切的教学目标、教学活动、评价活动等。

---

① 以下简称为《课标（2022年版）》。

单元导航 ……▶

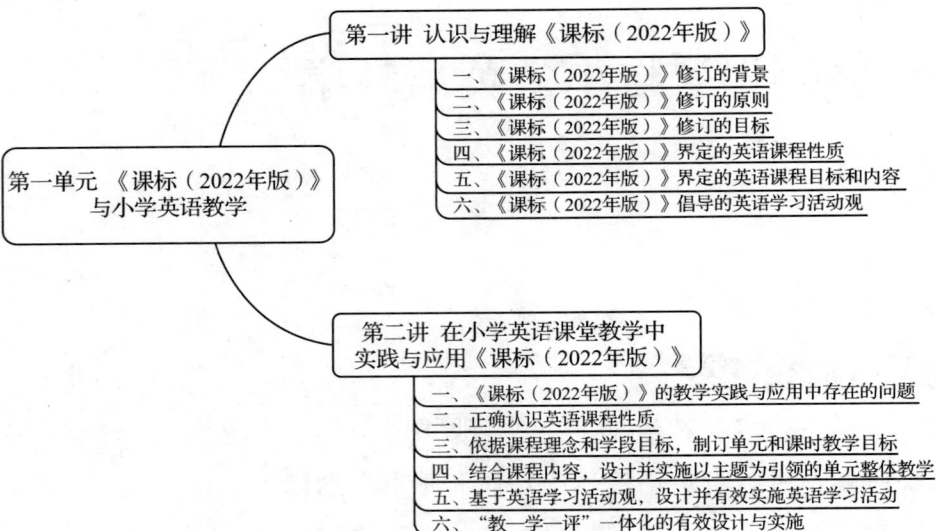

第一单元 《课标（2022年版）》
与小学英语教学

第一讲 认识与理解《课标（2022年版）》
一、《课标（2022年版）》修订的背景
二、《课标（2022年版）》修订的原则
三、《课标（2022年版）》修订的目标
四、《课标（2022年版）》界定的英语课程性质
五、《课标（2022年版）》界定的英语课程目标和内容
六、《课标（2022年版）》倡导的英语学习活动观

第二讲 在小学英语课堂教学中
实践与应用《课标（2022年版）》
一、《课标（2022年版）》的教学实践与应用中存在的问题
二、正确认识英语课程性质
三、依据课程理念和学段目标，制订单元和课时教学目标
四、结合课程内容，设计并实施以主题为引领的单元整体教学
五、基于英语学习活动观，设计并有效实施英语学习活动
六、"教—学—评"一体化的有效设计与实施

▶第一讲
认识与理解《课标(2022年版)》

请你思考：

1.《课标(2022年版)》修订的背景是什么？

2.《课标(2022年版)》规定的课程性质是什么？

3.《课标(2022年版)》规定的课程目标是什么？

4. 如何理解义务教育英语课程目标和核心素养的关系？

5. 如何理解英语课程内容的六要素？

6. 如何理解和践行英语学习活动观？

一、《课标(2022年版)》修订的背景

《课标(2022年版)》是基础教育课程改革实施二十年之后，在继承与创新的基础上修订完成的。其吸纳了二十年来英语课程改革的成果，借鉴了二十年来研制和修订英语课程标准的经验和做法，反映了新时期英语教育的发展趋势和需要，以落实立德树人根本任务为宗旨，全面规划了今后一段时期义务教育阶段英语课程的目标、方向和实施路径。

义务教育英语课程标准的修订工作是在中国特色社会主义进入新时代的背景下进行的，是促进新时代义务教育英语课程内涵发展的重要举措，体现了培养具有家国情怀、国际视野和跨文化沟通与交流能力的时代新人的育人要求，能为学校教育画像，为教师教学架桥，为学生成长导航，具有特殊而重要的意义。

改革开放以来，在政府和社会各界高度重视下，我国的英语教育取得了瞩目的成绩，国民整体英语水平得到了显著提高。英语教育为国家建设与社会发展做出了重要贡献。但是总体来说，我国的英语教育还不能完全

满足国家建设、社会发展以及个人学习、生活和工作的需要，我国的英语教育仍然有较大的提升空间。研制、实施和修订英语课程标准，有利于促进英语教育持续健康发展。

首先，近二十年来，我国在政治、经济、文化等方面发生了巨大的变化，基础教育英语课程需要不断适应新的形势，以满足各方面的发展对英语教育的需要。党中央提出落实立德树人根本任务，更是对英语教育提出了新的要求，赋予了英语教育新的使命。

其次，改革开放初期，英语教育迅速发展；改革开放的后二十年是英语教育逐渐向高水平发展的阶段，社会各界对于教育的认识进一步成熟，这些变化和部分相关问题，需要通过进一步的改革和探索来解决。

最后，英语课程改革并非一帆风顺，经历了不少困难和挫折。有些困难的产生是由于客观条件所限，有些则是教育行政部门或学校执行新课程的力度不够，有些是因为配套改革措施未到位，还有些是由于对新课程的理念未达成共识。可以说，课程改革就是不断尝试、不断纠正、不断进步的过程，也是与时俱进的过程。

2017 年教育部发布《普通高中英语课程标准（2017 年版）》[以下简称《高中课标（2017 年版）》]。《高中课标（2017 年版）》是基于中国学生发展核心素养研制的，在课程性质、课程目标、课程内容和课程实施等方面都有重大变化，全面体现了核心素养背景下英语教育的新理念、新目标、新路径，也反映了党的十八大以来党中央关于教育事业发展的重要思想。在这一背景下，教育部于 2019 年启动义务教育阶段课程标准的修订工作，以使义务教育阶段课程与普通高中阶段课程有机衔接。

2022 年发布的《课标（2022 年版）》反映了二十年来英语课程改革的主要成果，汲取了英语课程改革的经验，必将成为今后一段时间义务教育阶段英语教育的指路明灯。

二、《课标(2022年版)》修订的原则

《课标(2022年版)》的修订遵循了以下原则。①

（一）继承与发展

经过广泛调查和深入调研，本次修订继承与发展的理念和要求主要包括：

①坚持英语课程工具性和人文性的统一，重视培养综合人文素养和情感、态度、价值观；

②按能力分级的方式设计具有时代性、基础性和适切性特点的课程；

③建立多元的课程评价体系。

（二）改革与创新

本次修订的改革与创新体现在以下七个方面。

①明确新时代义务教育英语课程的性质和理念；

②依据中国学生发展核心素养，研制与英语学科育人本质和育人功能相吻合的核心素养及其表现水平；

③提出基于核心素养的义务教育英语课程目标；

④优化英语分级体系；

⑤提出以发展核心素养为目标，以单元形式组织和呈现内容，以促进主题、语篇、语言知识、文化知识、语言技能和学习策略六要素整合为要求的课程内容，以及以英语学习活动观组织教学和学习的理念及方式；

⑥研制以核心素养为统领的课程内容、学业质量及评价要求；

⑦增加教学与评价建议的指导性和可操作性。

三、《课标(2022年版)》修订的目标

2014年3月教育部颁布了《关于全面深化课程改革落实立德树人根本任务的意见》，提出了"核心素养"这一重要概念，要求将研制与构建学生核心

---

① 本书编写组：《〈义务教育英语课程标准(2022年版)〉解读》，24～25页，北京，北京师范大学出版社，2022。

素养体系作为推进课程改革深化发展的关键环节。《课标(2022 年版)》的修订重点是全面落实新时期党的教育方针，特别是立德树人根本任务。也就是说，此次课程标准的修订，就是基于中国学生发展核心素养来进一步完善义务教育英语课程的目标、内容和实施路径。

在我国，学生核心素养的培养主要通过基础教育阶段各学科的教育教学来实现。各学科的课程都要为发展学生的核心素养服务，都要结合学科内容帮助学生形成正确价值观、必备品格和关键能力。很多国家和地区基于核心素养的教育改革取得了成功的经验，值得我们借鉴，其中最受关注的三项措施是基于核心素养培养的课程体系设计、评价体系设计和教学方法创新。

落实核心素养的第一个关键点是课程体系设计。我国的课程体系中规定了要培养学生哪些核心素养。核心素养不仅与课程体系紧密结合，也是衡量教育质量的重要依据，经济合作与发展组织基于核心素养实施的国际学生评估项目（Program for International Student Assessment，PISA）的测试结果显示，重视核心素养对教育质量评价的指导作用，能够促进考试与教育评价的改革，或通过评价改革推进学生核心素养培养。专家学者强调核心素养应具有"可教性"，反映了教学在培养学生核心素养中的重要作用。同时，为了使核心素养真正落地，教师需要探索符合核心素养发展理念的教育教学法。由于素养是在人与情境互动中生成的，所以情境设计是培养核心素养的必然选择。情境设计提倡体验学习，教师可以采用探究式教学、项目式教学模式培养学生的核心素养。这些教学方法对教师素质提出了更高的要求，所以对教师素质的培养也应该受到重视。

总之，《课标(2022 年版)》以中国学生发展核心素养总体框架为纲，厘清了义务教育阶段的英语课程在促进学生核心素养发展方面应该发挥的作用，明确了英语课程在促进学生核心素养发展方面的具体目标和要求，阐明了旨在发展学生核心素养的英语教育教学理念和方法，提出了为发展学生核心素养保驾护航的评价建议及构建配套资源体系的要求。

四、《课标(2022年版)》界定的英语课程性质

义务教育英语课程性质旨在回答"英语是什么""英语课程是一门什么样的课程""英语课程可以培养什么样的人"这三个关键问题。

(一)国际交流与合作中广泛使用的语言

《课标(2022年版)》对英语的语种特点和通用语功能做了定位:英语始于印欧语系,是当今世界经济、政治、科技、文化等活动中广泛使用的语言,是国际交流与合作的重要沟通工具,也是传播人类文明成果的载体职业,对中国走向世界、世界了解中国、构建人类命运共同体具有重要作用。[①]

(二)发展核心素养,明确英语的工具性和人文性

《课标(2022年版)》对英语课程的性质是这样界定的:义务教育英语课程体现了工具性和人文性的统一,具有基础性、实践性和综合性特征。工具性是指英语课程可以使学生学习和掌握英语,在将来的学习、生活和工作中使用英语。人文性是指英语课程可以促进学生的全面发展。也就是说英语教学的目的不局限于使学生学会英语,还应该使学生通过学习英语来认识自我、认识世界、增长知识、学会思考;英语教学的内容不局限于语言知识和语言技能,还应包括广义的知识、经验、智慧、文化、情感、态度、价值观等;英语教学的过程不局限于语言知识的识记和语言技能的训练,还应包括观察、思考、分析、判断、创造等认知活动和情感活动。只有以这些理念来组织课堂教学,学生才有可能通过英语学习促进全面发展。

英语课程的基础性是指英语课程应立足于义务教育阶段学生的身心发展水平,学习内容和学习方式与学生身心发展规律应相匹配,以培养该阶段学生应具备的基础性素养。实践性是指英语课程强调语言学习过程的实践性,学生在语言实践活动中学习语言知识,发展语言技能,最后形成能

---

① 本书编写组:《〈义务教育英语课程标准(2022年版)〉解读》,29页,北京,北京师范大学出版社,2022。

够满足实际需要的沟通和交流能力。综合性是指英语课程旨在发展学生的综合性素养而非彼此割裂的各种知识和技能。

（三）培养跨文化沟通与交流的意识和能力

《课标（2022年版）》在界定课程性质时还指出，学习和运用英语有助于学生了解不同文化，比较文化异同，汲取文化精华，逐步形成跨文化沟通与交流的意识和能力，学会客观、理性看待世界，树立国际视野，涵养家国情怀，坚定文化自信，形成正确的世界观、人生观，为学生终身学习、适应未来社会发展奠定基础。

义务教育英语课程具有显著的育人功能。学生在学习英语的过程中，亲身经历了对一门全然陌生的语言的感知、体验、理解和运用过程，这种外语学习经历是非常奇妙的，有受挫的痛苦，更有收获的快乐，学生所经历的这种独特的学习体验和获得感是其他学科教育无法比拟的。英语课程要帮助学生树立国际视野，培养家国情怀，养成良好品格，形成正确的世界观、人生观和价值观，学会自主学习、合作学习和探究学习，为义务教育阶段之后的英语学习和终身发展奠定基础，同时促进学习，为实现中华民族伟大复兴的宏伟目标而努力。

在义务教育阶段开设英语课程，能够帮助处在成长关键期的青少年开阔视野，树立全球意识、跨文化意识和人类命运共同体意识；帮助其在学习和使用英语的过程中感知、体验、认识、比较、思考和评判不同文化传统和思维方式，了解国际关系和全球问题，学习和吸收人类的文化创造和文明成果，增进文化自信，提升祖国自豪感和民族自尊心；促进其辩证思维和批判性思维的发展，形成正确的人生观、世界观和价值观，同时增进国际理解和跨文化底蕴，形成开放、包容的性格；帮助其学习用英语讲好中国故事，传播中国文化，学习如何与来自不同文化背景的青少年进行得体有效的沟通、交流和合作，为适应未来世界的变化而学习知识，为升学或职业的发展奠定基础，为今后参与知识创新和科技创新储备能力。

新时代义务教育英语课程以发展使学生终身受益的核心素养为主轴，应该体现学科的重要观念、思维方式、实践技能、价值追求，突出课程的学科本质观和学科教育观。义务教育英语课程既要强调通过本课程的学习发展学生核心素养的重要价值，也要同时与其他学科形成育人合力，体现在育人方面的共同价值追求，即培养有理想、有本领、有担当的时代新人。

五、《课标(2022年版)》界定的英语课程目标和内容

（一）课程目标

课程目标是对学生学习及发展的期待，是课程内容选择、教学活动设计、学业质量确立的基本方向和依据。《课标(2022年版)》基于义务教育培养目标，将党的教育方针具体化、细化为英语课程应着力培养的核心素养，将课程目标分为总目标和学段目标。学生通过本课程的学习应达到的总目标包括：①发展语言能力。能够在感知、体验积累和运用等语言实践活动中，认识英语与汉语的异同，逐步形成语言意识，积累语言经验，进行有意义的沟通和交流。②培育文化意识。能够了解不同国家的优秀文明成果，比较中外文化的异同，发展跨文化沟通和交流能力，形成健康向上的审美情趣和正确的价值观，加深对中华文化的理解和认同，树立国际视野，坚定文化自信。③提升思维品质。能够在语言学习中发展思维，在思维发展中推进语言学习；初步从多角度观察和认识世界、看待事物，有理有据、有条理地表达观点，逐步发展逻辑思维、辩证思维和创新思维，使思维体现一定的敏捷性、灵活性、创造性、批判性和深刻性。④提高学习能力。能够树立正确的英语学习目标，保持学习兴趣，主动参与语言实践活动，在学习中注意倾听、乐于交流，大胆尝试，学会自主探究，合作互助，学会反思和评价学习进展，调整学习方式，学会自我管理，提高学习效率，做到乐学善学。

同时，《课标(2022年版)》指出，学段目标是对本学段结束时学生学习本课程应达到的学业成就的预设和期待，是总目标在各学段的具体化。义务教育各学段的目标被归入相应的分级目标中，一级建议为三至四年级学段应达到的目标，二级建议为五至六年级学段应达到的目标，三级建议为七至九年级学段应达到的目标。不同地区学校开设英语课程的起始年级可

能不完全相同，但学段目标应该是统一的，各学段目标之间具有连续性、顺序性和进阶性。核心素养是设计义务教育阶段英语课程内容、编写英语教材、组织英语课堂教学、设计评价与考试命题的主要依据，在学段目标中要体现核心素养。

（二）课程内容

课程内容是构成课程的核心要素，反映课程的价值观和结构观。课程内容是课程编写者根据课程目标，有目的地选择的一系列直接经验和间接经验的总和，也是按照一定的逻辑序列组织、编排而成的人类的知识和经验体系。课程内容作为课程的重要组成部分，是学生形成核心素养的重要基础和依托。英语课程内容不仅规定了学生需要学习的具体内容，还为教师如何组织内容学习，如何实施课堂教学提供指导。《课标（2022 年版）》规定英语课程的内容结构包括主题、语篇、语言知识、文化知识、语言技能和学习策略六个要素，也包含内容的组织和学习方式，即学习理解、应用实践和迁移创新活动。

1. 主题

语言学习并不是孤立地学习字母、语音、词汇等内容。语言学习的基础是语篇，也就是生活中实际存在的有意义的语言。语篇是蕴含具体内容和交际意图的语言。语篇离不开主题，只有借助有主题意义的语篇，语言学习才能实现。不同年龄、不同文化背景、不同学习需求的学生，在主题方面有不同的学习需求。《课标（2022 年版）》提出的主题包括人与自我、人与社会和人与自然三个大类，每个大类又包含多个主题群。这些主题群，是教材编写和课堂教学需要覆盖的主题，但并不意味着课堂教学不能超越这些主题，教师在教学中要灵活把握和理解这些主题的内涵，避免机械地、牵强地将某些语篇和教学活动归入某个主题。

2. 语篇

合适的学习主题有利于教师规划、安排学习内容，但仅有主题还不能满足教学需要。英语教学需要以实际的语篇为抓手，使学生通过接触语篇、理解语篇和产出语篇等过程来学习英语。基于语篇的教学是指对教学目标和教学内容的规定，都要以基于语篇的语言观和语言教学观为指导。《课标(2022年版)》指出，语篇是英语教学的基础，要基于语篇设计有利于学生核心素养发展的教学活动。英语教学应该给学生多提供各种类型的语篇，尤其是贴近学生生活的语篇。传统的语篇分类方式通常把语篇分为记叙文、议论文、说明文和应用文。但是这种分类不能涵盖现实中的很多语篇形式，比如，新闻报道、访谈、海报等。《课标(2022年版)》规定，语篇类型包括口语语篇和书面语篇；语篇也有不同的文体形式，如对话、访谈、记叙文、说明文、应用文、议论文等连续性文本，以及图表、图示、网页、广告等非连续性文本。

3. 语言知识

语言学习的重要任务之一是学习语言知识、发展语言技能。学生在围绕语篇开展学习活动时，既要理解语篇的主题意义，也要学习语篇中的语言知识，还要学习语篇中的语言形式是如何表达意义的。因此，语言知识是语言学习的重要内容。语言知识除了传统的语音、词汇、语法知识等内容外，还包括语篇知识和语用知识。语篇知识是关于语篇如何构成，语篇如何表达意义，以及人们在交流过程中如何使用语篇的知识。语用知识是关于语言在真实语境中如何使用的知识，其中包括如何得体使用语言进行交际的知识。

4. 文化知识

英语课堂教学主要围绕语篇开展教学活动，语篇包括主题意义、语言知识，还包含文化知识。文化知识指中外优秀人文和科学知识，既包含物质层面的知识，也包含精神层面的知识。文化知识是学生形成跨文化意识、培养人文和科学精神、鉴定文化自信的知识源泉。英语语篇会涉及大量的英语国家文化知识和非英语国家的文化知识。语言学习与文化学习密不可分，因此，《课标(2022年版)》将文化知识列为英语课程的重要内容。语言和文化关系十分紧密，本国文化的学习与外语学习的关系也很密切。学习本国文化知识的价值不仅体现在可以提高自己鉴别、鉴赏异国文化的能力，可以在进行文化对比时更客观、更深刻地认识两种文化的异同，提高对本国文化的敏感度，加深对本国文化的理解与认识上，还体现在可以培养基于对本国文化深刻理解基础上的爱国主义精神上。

5. 语言技能

语言技能是学生从语篇中获得语言知识和文化知识，理解和表达意义、意图、情感和观点，发展思维品质的重要途径，包括听、说、读、看、写五项技能，以及这几项技能的综合运用。《课标（2022年版）》采用分类整合的方式描述对语言技能的要求，即从理解性技能和表达性技能两个层面进行描述。听、读、看被归为理解性技能，说、写被归为表达性技能。"看"不仅是获取信息的重要途径，也是学生传递信息、表达观点的辅助工具。关于语言技能，教师需要关注几点关键要素。首先，听、说、读、看、写是人们使用语言的方式，但并不是使用语言的目的或功能。其次，英语课堂上的听、说、读、看、写等活动是教与学的方式，但英语教学并不只是为了训练这些语言技能。比如课堂上就某个话题开展讨论，也不只是为了练习口语能力，更多的是关注观点的表达。最后，听、说、读、看、写等方面的技能训练可以作为日常课堂教学内容，在实际语言使用过程中，人们往往不会单独使用某种技能，而是综合运用多种知识和技能。

6. 学习策略

学习策略是学生为了有效学习、使用英语而采取的各种行动和步骤以及指导这些行动和步骤的信念。英语学习策略包括元认知策略、认知策略、交际策略和情感管理策略等。元认知策略中的"元"可以理解为计划、监控，是对认知做出的认知。它通过对认知过程的理解和控制，帮助学生有效安排和调节学习。元认知策略按照先后顺序包括计划、监控和调节策略。计划在学习之前，监控在学习过程中，调节是监控到学习中出现问题时采取的行动。例如，设置学习目标是学习前需要做的，因此是计划策略；阅读时围绕阅读内容进行自我提问，是监控策略；对个别不明白的地方通过上下文进行猜测，则是调节策略。认知策略的运用可以帮助学生采用合适的学习方式、方法和技术加工语言信息，提高学习效率。交际策略是学生为了克服因语言资源有限造成的交流障碍，而争取更多的交际机会、维持交际，以及提高交际效果所采取的行动。例如，在交谈中，对没听懂的地方，学生会请对方放慢速度再说一遍，或者主动提问，请求澄清或寻求帮助；在沟通过程中，学生会注意尊重中外文化习俗的差异等。情感管理策略是为了引导教师在教学中关注学生的情感和情绪，指导学生学会调控学习情绪、保持积极的学习态度而采取的策略。无论遇到困难、挫折，还是得到表扬、取得成功，学生都要调控自己的情绪，选择有效的策略，保持学习的积极性和坚韧性。

六、《课标(2022年版)》倡导的英语学习活动观

每一轮课程改革，每一次课标修订，都会提出符合形式发展需要的课程目标、课程内容以及课程实施途径。为了将新的课程理念、目标和内容落到实处，就必须有与之相符的教育教学方式与方法。为了落实基于核心素养的课程理念，《课标(2022年版)》倡导英语学习活动观，并对如何践行英语学习活动观提出了具体的教学要求和建议。

英语学习活动观是为落实新时期立德树人，实现培养学生核心素养目标而提出的中国主张和解决方案，是课堂教学的主要组织方式和实施路径，教师要采用融合语言、文化、思维和学习能力为一体的教学途径，秉持"在体验中学习、在实践中运用、在迁移中创新"的理念，落实对学生语言能力、文化意识、思维品质和学习能力的培养。这一教学主张的核心是以育人为导向、以核心素养为目标、以学生为主体，开展师生共同参与的一系列层层递进、相互关联的活动。

英语学习活动观的实施包括学习理解、应用实践和迁移创新三种主要活动类型。它们相互关联、循序渐进，为教师组织课堂教学提供实施指导框架。英语学习活动观倡导学生以主题为引领，以语篇为依托，围绕真实情境和真实问题，激活已知，整合性地学习和运用语言和文化知识，参与到指向主题意义探究的学习理解、应用实践和迁移创新等一系列相互关联、循环递进的语言学习和运用活动中，体现学思结合、学用结合和学创结合的学习过程，使学生能够运用所学知识、技能和策略，围绕主题表达个人观点和

态度，解决真实问题，体现正确的价值观，达到发展核心素养的目的。

在课堂教学中，学生作为课堂活动的主体，通过感知与注意活动进入主题情境，激活已知，以解决问题为目的，依托语篇探究主题意义，学习和运用语言和文化知识、语言技能和学习策略，开展获取与梳理、概括与整合等学习活动，形成新的知识结构。学生通过描述与阐释、分析与判断等实践活动，内化语言和文化知识，加深对文化内涵的理解，实现知识向能力的转化。学生从学习理解类活动到应用实践类活动的进阶既可以一次完成，也可以多次循环完成。学生通过推理与论证、批判与评价等创新活动，做出正确的价值判断，将所学语言和文化知识，以及思想观点和方法等迁移到新的情境中进行想象和创造，提出解决问题的新观点和新方法，实现迁移创新，促进能力向素养的转化。英语学习活动观的实施使语言学习的过程既成为学生语言知识与语言技能整合发展的过程，又成为其文化意识不断增强、思维品质不断提升和学习能力不断提高的过程。

✎ | 实践操练 |

1. 请你绘制《课标（2022 年版）》的内容框架结构图。

2. 请你结合《课标（2022 年版）》附录中的教学案例，以现行小学英语教材的一个单元为例，进行活动设计，体现课程目标、课程理念和英语学习活动观，培养学生核心素养。

▶第二讲
在小学英语课堂教学中实践与应用《课标（2022年版）》

请你思考：

1. 如何制订符合课程理念和标准要求的教学目标？

2. 如何设计并实施以主题为引领的单元整体教学？

3. 如何基于英语学习活动观设计并有效实施英语学习活动？

4. 如何做到"教—学—评"一体化设计与实施？

一、《课标(2022 年版)》的教学实践与应用中存在的问题

根据对部分新入职教师的访谈结果，笔者得知，部分新教师在 2022 年 9 月第一次接触《课标(2022 年版)》，没有经历过市、区的系统培训，对英语课程性质、基本理念、课程目标、课程内容以及学业质量等不是很理解。即使参与过学校组织的一两次教研组内的新课标学习活动，听过一些专家关于新课程标准的讲座，但由于缺乏教学经验，新教师对《课标(2022 年版)》中提出的基本理念等内容也只停留在识记层面，不知道该如何在教学实践中运用课程理念。

如何实现课程理念与教学行为的有效对接是新教师应该关注的主要问题。新的课程理念与教学实践不对接主要表现在以下几个方面。

第一，新教师对英语课程的性质认识不足。新教师的英语启蒙教育和整个义务教育阶段的英语学习都是在 2001 年颁布的《全日制义务教育 普通高级中学英语课程标准(实验稿)》指导下进行的，他们所接受的英语学习理念和学习方式更多地指向学科学习。即使该文件的课程性质部分强调了基础教育阶段英语课程的任务，但并没有像《义务教育英语课程标准(2011 年版)》[以下简称《课标(2011 年版)》]那样，提出"义务教育阶段的英语课程具有工具性和人文性双重性质"，也没有像《课标(2022 年版)》那样，提出"义务教育英语课程体现工具性和人文性的统一，具有基础性、实践性和综合性特征"。新入职的英语教师大多是在彼时课程理念倡导的任务型教学模式下接受英语教育和英语学习的。也就是说，新教师自身在接受完英语教育后，相关课程标准又经历了两次新的修订，而这两次修订刚好发生在他们接受系统化英语教育的生涯结束后。因此，新课标英语课程性质中提及的"工具性""人文性""基础性""实践性""综合性"对新教师来说是陌生的，

如何在活动中体现这些特征对他们来说也是模糊而困难的。

第二，新教师对核心素养内涵、课程总目标和学段目标之间的关系理解不透。由于入职前没有接触过核心素养一词，新教师对课程目标中的核心素养内涵不是很理解，无法与课程目标和学段目标建立关联。因为缺乏教学经验，新教师经常把课程总目标当成课时教学目标，而课时目标中难以充分体现素养发展目标。在实际教学中，新教师教学随意性强，目标意识弱，难以在活动中落实课程目标和课时目标。在教学目标的设计上，新教师更多地关注教材中的语言知识内容，缺乏对课标和教材的学习以及对学生已有知识、经验、能力等方面的实际调研，导致目标设计不全、定位不准等问题。由于目标过高或过低，教学活动的难易程度、可操作程度与学生的认知水平及学段目标具体要求不匹配的现象经常出现，学生的实际获得经常不足或超出能力范围。

第三，新教师对课程内容六要素之间的关系把握不准。教学中，新教师更多关注语言知识的教学和语言技能的机械操练，对语篇的理解和承载的意义理解较浅，对如何探究单元或课时的主题意义、如何围绕主题选择相应的教学内容以及引导学生学习和运用学习策略体现不够。

第四，新教师过于关注活动组织形式，学科课程理念不突出。新教师年轻、热情、思想活跃，课堂教学往往侧重在活动的组织形式方面，更多关注的是课堂的热闹程度，即学生身体和情感参与的热度，过多关注了教学资源的利用，而忽视了英语课程的核心任务——学生素养的培养。学生核心素养的培养途径即有效落实英语课程理念。

在实际教学中，新教师对"以主题为引领选择和组织课程内容"这一理念存在的最大误解是片面把《课标（2022年版）》中提到的"单元"理解为教材单元而非教学单元；不会提炼单元主题和课时子主题，选取的教学资源或内容偏离主题或与主题无关。新教师对"践行学思结合、用创为本的英语学习活动观"理念存在的最大误解是设计的活动缺乏层次性和关联性，机械操练性活动多，实践、探究性活动少，问题缺少思维含量，无法激活学生的新认知，不能引发学生产生新思考和正确的价值判断。新教师对"注重'教—学—评'一体化设计"理念的理解，存在重"教"、略"学"和轻"评"的现象，过多关注教学任务的完成，忽略学生的学习是否真正发生，片面把评价理解为对学生参与活动的态度和行为进行评价，而且评价有头无尾，时有时无，随意性强，无法做到以学定教、以教定评、以评促学、以评促教。另外，还有部分新教师认为课堂中的形成性评价太麻烦，终结性评价就是期末考试，而考试命题是教研员的事。因此，形成性评价形同虚设或缺失、终结性评价"一张试卷定成绩"问题明显。

当然，新教师对新课程理念理解不透也是我们可以理解的。因为任何一项新内容的学习、理解和运用在一定程度上都难以摆脱固有的认知经验和实践体验。

总之，英语课程的性质决定了英语教学的根本任务。基于学生素养发展的课程目标才会指引教师不偏离学科育人方向。遵循外语学习规律，以主题为引领选择助力学生素养发展的英语课程内容，基于英语学习活动观设计并组织教学活动，在"教—学—评"一体化设计与实施中将教学理念与课堂实践有效对接是新教师应该努力的方向。

二、正确认识英语课程性质

《课标(2022 年版)》这样界定英语课程的性质：义务教育英语课程体现工具性和人文性的统一，具有基础性、实践性和综合性特征。其中，工具性是指英语课程可以使学生学习和掌握英语，在将来的学习、生活和工作中使用英语；人文性是指英语课程可以促进学生的全面发展；基础性是指英语课程立足于义务教育阶段学生的身心发展水平，其学习内容和方式与学生的身心发展规律应该相匹配，以培养该阶段学生应具备的基础性素养；实践性是指英语课程强调语言学习过程的实践性，学生在语言实践活动中学习语言知识，发展语言技能，最后形成能够满足实际需要的沟通能力和交流能力；综合性是指英语课程旨在发展学生的综合性素养，而不是彼此割裂的各种知识和技能。[①]

这告诉教师：要把英语教学的目标定位于让学生学会英语，并通过英语学习认识自我、认识世界，增长知识，学会思考；教学内容不要局限于书本中的语言知识和语言技能，而应包含广义的知识、经验、文化、价值观等；英语教学的过程不要局限于知识的识记和技能的训练，而更应关注学生的思维认知活动和情感的参与。只有这样，才可能将工具性和人文性统一起来。同时，教学目标、教学内容和教学活动一定要基于所教学生的年龄特点和身心发展的实际水平设计、选取与实施，不能超越学生实际接受能力。要遵循语言学习规律，关注语言学习过程，在体验中学习、在实践中运用、在迁移中创新，一定要让学生在理解的基础上尝试表达。学生的语言表达要指向真实交际。因此，教师要设计指向语言实践的活动，如对话创编、角色扮演、戏剧表演等，还可以根据学生年龄特点、学科特点和本地教育资源实际情况，安排走进博物馆、文化遗址、图书大厦、森林公园、街道社区、企事业单位、高校实验室等进行实地体验式学习，将课堂所学应用于真实的社会生活。在此过程中，学生的视野得到拓宽，知识得到丰富，生活、学习、合作、交往等综合能力得到提升。此外，英语课程的实施关注的是学生综合素养的发展，并非单一指向某一方面的技能。比如，教师设计的对话理解活动，就要包含学生的观察、思考、讨论、表达、辨析、评价等多感官参与的活动，在该活动中，不仅培养学生的语言理解和表达能力，还兼顾学生的思维、学习策略等方面的发展。

三、依据课程理念和学段目标，制订单元和课时教学目标

教学目标是课堂教学的出发点，也是落脚点，是教学行为的指向，也是教学行为的结果。在设计教学目标时，教师要综合考虑英语课程的性质、英语课程的理念，英语课程的总目标和学段目标，还要对照课程内容六要素的具体要求，并结合具体的教学内容进行全面细致的思考。

[①] 程晓堂：《〈义务教育英语课程标准（2022年版）〉课例式解读·小学英语》，8页，北京，教育科学出版社，2022。

1. 准确区分课程目标、学段目标和教学目标

《课标(2022年版)》的总目标是：发展语言能力、培育文化意识、提升思维品质、提高学习能力。这四个方面就是英语学科要培养的学生的核心素养的内容。它是贯穿于整个义务教育阶段的英语课程总目标，是宏观层面的课程方向标。英语课程目标是确定课程内容、教学目标和教学方法的基础。

学段目标是对本学段结束时学生学习本课程应达到的学业成就的预设或期待，是总目标在各学段的具体化。义务教学阶段英语课程分为三个学段，其中一级为三至四年级学段应达到的目标，二级为五至六年级学段应达到的目标，三级为七至九年级学段应达到的目标。各学段目标之间具有连续性、顺序性和进阶性。学段目标基于核心素养四个方面分别对其表现进行了具体阐述，这种表现性描述具有清晰的指导性。

教学目标是教学的目的和要求，是教师教和学生学的行动指南，是课堂教学活动的出发点和归宿。教学目标可以分为学年教学目标、学期教学目标、单元教学目标和课时教学目标。

学年教学目标和学期教学目标分别是基于某一学年或学期的教学内容而设计的教学目标和要求，指在某一学年或学期结束之后，学生要达到的行为特征的预期变化。

单元教学目标是基于某一单元的教学内容而设计的教学目的和要求，指在某一个单元学习之后，学生要达到的行为特征的预期变化。

课时教学目标是基于某一课时的教学内容而设计的教学目标和要求，指在某一课时学习之后，学生要达到的行为特征的预期变化。

新课程理念指导下的英语课堂教学，需要教师站在课程的高度，基于单元教学内容，以学生素养发展为核心整体思考单元教学目标和课时教学目标。

在以往新教师的教学设计中，笔者发现，有的教师把单元目标或课时教学目标描述为英语课程目标。如在北京版小学英语五年级上册 UNIT FIVE WHERE ARE YOU FROM? 的教学中，有教师将单元教学目标中

的语言能力目标描述为"能够在感知、体验、积累和运用等语言实践活动中，形成语言意识，积累语言经验，并进行有意义的沟通与交流"；将这一单元中 Lesson 16 的课时教学目标中的文化意识目标描述为"能够比较中外文化的异同，发展跨文化沟通和交流能力"。以上两个目标都不是课时教学目标，而是英语课程的总目标。而且，新课程理念下的单元和课时教学目标的表述，也不能笼统、泛泛而谈，而是要体现学段目标中对核心素养四个方面的具体要求。

2. 合理设计单元教学目标和课时教学目标

教师站在课程的高度，基于课程理念、课程目标和学段目标去设计单元教学目标和课时教学目标可以保证目标的宏观导向和微观内容。在学段目标中，课标针对语言能力、文化意识、思维品质和学习能力分别从三个方面描述了各级别应达到的标准要求，具体内容如表 1-2-1 所示。

表 1-2-1　英语课程学段目标描述

核心素养	语言能力			文化意识			思维品质			学习能力		
表现性语言	感知与积累	习得与建构	表达与交流	比较与判断	调试与沟通	感悟与内化	观察与辨析	归纳与推断	批判与创新	乐学与善学	选择与调整	合作与探究

新课程理念倡导以主题为引领的单元整体教学，因此，单元教学目标的设计应围绕单元主题，整体设计促进学生核心素养发展的单元教学目标；聚焦课时子主题，设计体现学生素养发展的课时教学目标。

以上文提到的北京版小学英语五年级上册 UNIT FIVE WHERE ARE YOU FROM？为例，教师设计了单元教学目标（表 1-2-2）和课时教学目标。[①]

---

① 案例由北京市牛栏山一中实验学校小学部钟爱雪老师提供。

表 1-2-2　UNIT FIVE 单元教学目标

单元教学目标	课时及语篇
目标 1：学生能在多模态语篇的帮助下感知并梳理加拿大、英国等国家的位置和渥太华、伦敦等城市的位置、标志性建筑、使用语言等信息并熟练朗读 Lesson 15，Lesson 16 及 Lesson 17 的对话	Period 1 的 Lesson 16；Period 2 的 Lesson 15；Period 3 的 Lesson 17
目标 2：学生能听懂并认读 the U. S. A. 、the U. K. 等国家名称；New York、Washington 等城市名称；七大洲名称以及方位词名称。学生还要能找到国家与大洲、国家与城市、国家与国旗、国家与语言以及城市与建筑物的对应关系，并在相应语境中运用核心语言进行介绍	Period 1 的 Lesson 16；Period 2 的 Lesson 15；Period 3 的 Lesson 17
目标 3：学生能借助插图、表格、思维导图等语言支架，有条理地描述某个国家的基本信息，包括国名、首都、国旗、语言、位置、著名城市和标志物等，并迁移运用到描述中国的基本情况中	Period 4 的 Lesson 18 以及有关中国的英文绘本；Period 5 的语言实践课
目标 4：学生能在对世界部分国家基本信息的学习中丰富文化知识，体会和感受文化的多样性，拓宽国际视野	Period 1～5

Lesson 16 课时教学目标

通过本课时的学习，学生能够：

1. 在看、听、说的活动中，获取、梳理英国所在大洲和伦敦标志性建筑；（学习理解）

2. 在看、听、说的活动中，借助世界地图了解、匹配七大洲和代表性国家；（学习理解）

3. 识别并简单描述伦敦的标志性建筑；（应用实践）

4. 在板书和语篇帮助下，以小组合作的形式综合运用语言介绍英国伦敦；（应用实践）

5. 在学习的过程中，评价英国标志性建筑的特点和闻名原因，拓宽视野，发展跨文化交流意识。（迁移创新）

从单元教学目标和课时教学目标看，教师从培养学生核心素养出发，围绕"Famous Counties and Cities"这一单元主题和"London in the U. K. "这一课时子主题，分别设计了指向学习理解、应用实践和迁移创新类教学活动达成的目标。描述这些目标的关键词借鉴了学段目标中对核心素养四方面的具体描述语言。而且，单元教学目标和课时教学目标分别指向单元学习内容和课时学习内容，符合该年龄段学生的认知水平和该学段学生核心素养的发展目标，且语言表述具体，可观测、可检测。

四、结合课程内容，设计并实施以主题为引领的单元整体教学

英语课程内容由主题、语篇、语言知识、文化知识、语言技能和学习策略等要素构成。这六个要素相互关联，相互融合，相互促进，相互转化，共同构成核心素养发展的内容基础。培养学生的核心素养，教师必须依托课程内容，围绕单元主题，做好语篇研读，优化活动设计，实施持续性评价，才能提升学生对主题的认知，发展能力，形成素养。

1. 把握教学的逻辑起点，深入开展语篇研读

语篇是课程内容的第二要素，是课程内容的载体，蕴含语言知识和文化知识，传递文化意涵、价值取向和思维方式。英语教学中使用的语篇，都具有积极、正向的主题意义，蕴含着丰富的育人价值。教师要以语篇研读为逻辑起点开展有效教学设计。做好语篇研读，有助于提炼主题意义，开展基于主题意义探究的英语教学。语篇研读的准确性和深度直接关联教学效果。那么，如何做好语篇研读呢？

《课标（2022年版）》指出：开展语篇研读，就要对语篇的主题、内容、问题结构、语言特点、作者观点等进行分析，明确主题意义，提炼语篇中的结构化知识，建立文体特征、语言特点等与主题意义的关联，多层次、多角度分析语篇传递的意义，挖掘文化内涵和育人价值，把握教学主线。教师要根据学生基于主题的已知和未知，确定教学目标和教学重难点，为设计教与学的活动提供依据。由此可见语篇研读的必要性和重要性。

语篇研读可以从"What"（语篇的主题和内容是什么）、"Why"（语篇传递的意义是什么）、"How"（语篇具有什么样的文体特征、内容结构和语言

特点，语篇配有的图片或表格传递何种意义或具有何种功能)这些方面进行。

以北京版小学英语三年级下册 UNIT SIX MOTHER'S DAY 第四课时补充的英文故事"Nothing for Father's Day"为例①，语篇研读内容如下。

一、主题意义和主要内容(What)

绘本是父亲节题材的故事。讲述的是去年父亲节家人为父亲选择礼物，但都不合父亲心意，今年大家以陪伴父亲看电视等放松的方式满足了父亲的愿望的故事。故事突出体现了家人对父亲表达爱的主题。

二、写作意图(Why)

作者通过对比去年和今年的父亲节家人送给父亲不同形式的礼物，引导学生思考送礼物的方式，领悟"爱的表达要恰当"这一主题意义。

三、文体结构和语言修辞(How)

从文体结构上看，本故事可分为三个部分：第一部分描述的是今年的父亲节到了，大家想送给父亲礼物，但父亲什么也不想要。第二部分描述的是去年父亲节大家送给他领带、帽子、袜子和电脑游戏，结果闹出了笑话。第三部分描述的是今年父亲节家人们以父亲需要的方式，如看电视、拥抱等满足了父亲的需要，从而使学生懂得爱的表达方式有多种。从语言修辞上看，本故事使用一般现在时和一般过去时讲述故事，呈现了"Last year, … gave him …""It made …""He has enough …""We will …"等句式。虽然学生没有学过过去时的表达方式，但这并不影响他们对语篇的理解。在主题意义方面，本故事从送礼物者和收礼物者两个视角呈现了家人之间的关爱。

对于语篇的研读，特别是对于"Why"和"How"的问题，受教育背景、生活阅历、认知方式等方面的影响，每个人的理解会不同，一般也没有唯一的标准答案，建议老师要多与身边教师交流研讨，甚至可以与学生交流，从不同角度解读故事插图和故事文本传递的意义，这样有利于多渠道感知、理解语篇，为开展教学拓宽思路。

---

① 本案例由北京市顺义区后沙峪中心小学孙学晴老师提供。

2. 依托语篇，提炼单元主题和课时子主题

主题是指文本所传达的中心思想和核心观念。主题是英语课程的第一要素，为课程内容提供学习范围，并联结和统领其他要素，是课堂教学的灵魂和纽带。无论是课程内容的选择，还是教学活动的设计，都应该围绕主题来开展。既然主题是文本的中心思想和核心观念，那么，单元主题或课时子主题一定蕴含在承载单元内容或课时内容的语篇中，教师需要通过精研语篇，挖掘语篇存在的价值和意义，提炼和归纳单元主题和课时子主题，才能更好地探究语篇承载的主题意义。

而且，《课标（2022 年版）》强调，基于语篇的英语教学，就是引导学生理解和判断语篇的主题意义，并对主题意义做出反应。既然主题意义与文本内容、语言特征以及社会环境息息相关，那么，引导学生在个人与文本、个人与他人、个人与自我的积极互动中探究并建构主题意义，对促进学生核心素养的发展来讲是一项有价值的教学工作。

在英文故事"Nothing for Father's Day"的教学中，教师在对北京版小学英语三年级下册 UNIT SIX MOTHER'S DAY 中的三个对话语篇进行研读后，发现了本单元的育人价值点：孩子不仅应该对母亲表达爱，还应该对父亲表达爱。但是，关于如何进行爱的传递，什么才是真正的爱，教师在进行深入思考后认为，仅依托教材内容，无法深入探究爱的内涵。于是教师依据单元主题，补充了这个关于庆祝父亲节的故事。在整合重组后的教学单元中，教学主线更加清晰，更符合学生的认知逻辑和生活经验；教学内容更为丰富，建立了单元内各语篇之间及语篇育人功能之间的联系，形成了具有整合性、关联性和发展性的单元育人蓝图；教学主题更加清晰，可使学生基于语篇内容和主题意义探究学习，逐步建构和生成围绕单元主题的深层认知、态度和价值判断。教师基于主题意义探究设计的单元整体教学框架如图 1-2-1 所示。

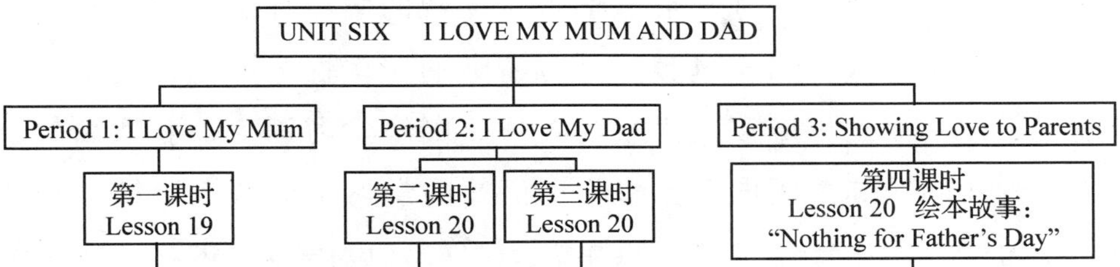

课型	对话学习	对话学习	对话学习	绘本阅读
学习材料	Lesson 19、补充情境视频、Mini Book学习单	Lesson 20 和 Lesson 22的听说板块	Lesson 21 和Lesson 22的韵文和读写板块	RAZ绘本故事、Mini Book
学习目标	梳理玲玲（Lingling）为母亲和姥姥庆祝母亲节方式，运用语言描述母亲节日期和表达祝福，学会表达对母亲的爱	描述宝宝为爸爸准备的父亲节礼物，懂得运用不同的方式向父亲表达爱	梳理概括宝宝庆祝父亲节的方式，结合生活实际，描述父亲节的庆祝方式	概括主人翁们为父亲准备的父亲节礼物，懂得根据他人的兴趣爱好、实际需求选择礼物并表达爱
主题意义	Love in Mother's Day	Love in Father's Day		Love in Everyday

图 1-2-1　单元整体教学框架

单元整体教学框架包含单元主题、课时子主题、语篇类型、学习资源、学习目标和主题意义。从单元主题“I love my Mum and Dad”来看，该主题隶属于“人与自我”主题语境中个人、家庭、社会和学校生活范畴。在单元主题的统领下，课时子主题“I love my Mum”“I love my Dad”“Showing love to parents”清晰可见。其中，课时子主题 1 和子主题 2 成并列关系，子主题 3 是对前两个子主题的深化和升华。教师在教材对话和补充的故事语篇中引领学生逐步探究教材和生活中“I love my Mum and Dad”的主题意义，实现了课程育人目标，促进了学生核心素养的发展。

五、基于英语学习活动观，设计并有效实施英语学习活动

英语学习活动观实际上是一种教学理念和方式的统称，即以活动为核心组织和实施英语教学的理念和方式。英语学习活动观体现的学习理念是：在体验中学习、在实践中运用、在迁移中创新。英语学习活动观既体现了先进的语言学习理念，又遵循了学习过程的认知规律。它强调了语言学习要基于体验，要经过实践和运用的过程；也强调了在情境和问题中运用知

识解决问题的重要性。基于英语学习活动观的学习理解、应用实践、迁移创新类活动符合人的认知过程，具有清晰的层次性。因此，基于英语学习活动观的学习活动，应该以学生为主体，围绕学习语言、获取新知、探究意义、解决问题等主题展开，由基于语篇的学习走向深入语篇甚至超越语篇的学习。教学设计与实施要以主题为引领，以语篇为依托，通过学习理解、应用实践和迁移创新等活动，引导学生整合性地学习语言知识和文化知识，进而运用所学知识、技能和策略，围绕主题表达个人观点和态度，解决真实问题，达到在教学中培养学生核心素养的目的。具体如图 1-2-2所示。

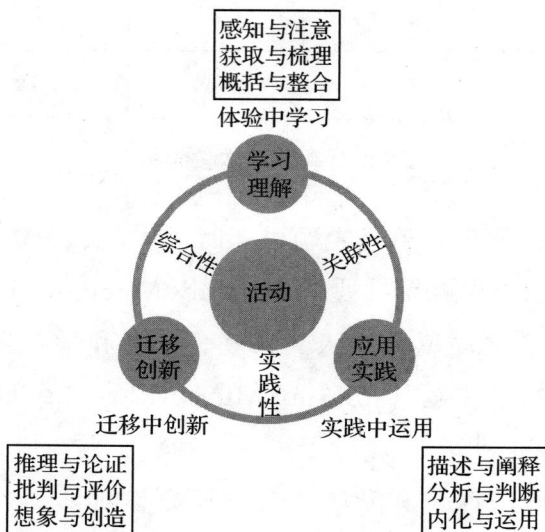

图 1-2-2　英语学习活动观示意图

下面我们来看北京版小学英语二年级上册 UNIT ROUR THERE ARE MANY ANIMALS Lesson 13 的教学活动设计案例[①]，如表 1-2-3 所示。

---

① 案例由首都师范大学附属顺义学校杜平平老师提供。

表 1-2-3　教学活动设计案例

学习活动	活动观层次
活动 1：学生看动物剪影猜动物 Qs：What animal is this?	学习理解——感知与注意 （基于话题和语篇）
活动 2：学生观看对话 1 主题图，预测对话信息 Qs：Where are they? What are they talking about?	
活动 3：学生观看完整的视听对话，验证预测，获取答案	
活动 4：学生听对话 1 录音，理解对话细节 Qs：What animals does Maomao/Lingling want to see? Qs：What animals does Maomao/Lingling like?	学习理解——获取与梳理 （基于语篇）
活动 5：学生观看对话 2 主题图，师生谈论 Qs：What's this? Who wants to see the monkeys? Why? Does Maomao like monkeys?	
活动 6：学生听对话 2 录音，师生谈论，理解细节 Qs：Why does Maomao ask "Are there elephants in this zoo?? Why does he want to see elephants? How many elephants are there in this zoo? Why does Lingling know it?" 引导学生联系对话 1 理解"Maomao likes big animals. He likes elephants. Lingling likes small animals. Maybe she likes monkeys."，学生深入思考猜测玲玲为何知道动物园里有四头大象	学习理解——概括与整合 （基于语篇）
活动 7：学生观看动画视频，模仿语音、语调全体跟读；分角色朗读对话并表演	应用实践——内化与运用 （深入语篇）
活动 8：师生交流，回顾梳理对话，学生尝试描述对话内容	应用实践——描述与阐释 （深入语篇）
活动 9：教师延续对话，创设与片中两人继续逛动物园的情境，引领学生融入情境，跟随他们一起逛动物园。学生通过听动物叫声、看动物身体局部特征以及动物喜欢的食物或居住环境，猜测动物以及谁会喜欢这些动物	应用实践——分析与判断 （深入语篇）

续表

学习活动	活动观层次
活动10：学生根据教师示范，设计(贴、画)动物园，并运用所学语言"Are there … in your zoo?"与组内成员交流	迁移创新——想象与创造(超越语篇)
活动11：教师展示学生设计的动物园，让学生评选出自己最喜欢的动物园，并说明原因	迁移创新——批判与评价(超越语篇)

本案例中，教师设计的学习活动指向学生对新语言学习过程的感知理解、应用实践和迁移创新，学习活动彼此关联，活动层次有序提升，每一项活动都不指向单一技能训练，而是聚焦了听、说、读、看、写等综合技能。活动过程凸显了情境的重要性，关注了核心素养中的语言理解和表达技能，也关注了学生思维品质的形成与发展。

六、"教—学—评"一体化的有效设计与实施

《高中课标(2017年版)》指出：完整的教学活动包括教、学、评三个方面。《课标(2022年版)》指出：教师要准确把握教、学、评在育人过程中的不同功能，树立"教—学—评"的整体育人观念；要注重各教学要素相互关系的分析，设计并实施目标、活动、评价相统一的教学；明确教什么、为什么教、怎么教、怎么评等方面的内涵和要求，建立相互间的关联，体现以学定教、以教定评，使评价镶嵌于教学之中，成为教学的有机组成部分。

注重"教—学—评"一体化设计这一理念主要是引导教师针对教学效果做出科学评价，也就是要关注教学目标、教学活动和教学评价的一致性。也就是说，教师要确保教学目标能够通过指向目标的教学活动来落实，还要通过评价来检验目标的落实情况。

在实际教学中，教师更多地关注自己的教，而忽视学生的学是否真实发生。但检验教学是否有效不是看教师完成了多少教学任务，而是看学生是否达成了预设的教学目标。教师教过了不等于学生学会了。判断学生是否学会了，教师不能凭直观感觉，而是要找到学会的证据。

关于什么是"教"，什么是"学"，什么是"评"，《课标(2022年版)》给出

了答案。"教"主要体现为基于核心素养目标和内容载体而设计的教学目标和教学活动，决定育人方向和基本方式，直接影响育人效果；"学"主要体现为基于教师指导的、学生作为主体参与的系列语言实践活动，决定育人效果；"评"主要发挥监控教与学过程和效果的作用，为促教、促学提供参考和依据。这段话可以简单提炼为："教"指教学目标和教学活动；"学"指语言实践活动；"评"指监控教与学的活动。从"教""学""评"的概念要素思考并设计教学过程，可以帮助我们理解并有效落实"教—学—评"一体化设计这一理念。

（一）落实"教—学—评"一体化的主要途径

1. 在课堂教学评价中落实"教—学—评"一体化理念

教学评价包括课堂评价、作业评价、单元评价和期末评价。课堂评价主要是针对学生课堂学习行为、学习方式和学习表现的评价。在课堂教学评价中，教师可以根据课堂教学目标，及时了解学生的学习过程、学习进步情况和学习难点，及时给予帮助和指导，收集学生学习效果的证据，确认教学目标是否达成。此处以北京版小学英语五年级上册 UNIT FIVE WHERE ARE YOU FROM? Lesson 16 的对话教学案例[①]进行说明，如表 1-2-4 所示。

表 1-2-4　北京版小学英语五年级上册 UNIT FIVE 对话教学案例

教学目标	教学活动	学习活动	效果评价
学生在看、听、说的活动中，能初步感知对话情境，了解伦敦的著名景点	活动1：呈现课本中的人物在家看录像的情境 Q1：Who are they? Q2：Where are they?	"Watch and answer"活动，学生观察插图并回答问题	观察：学生能否找到图片中的信息并参与互动与交流； 提问：了解学生获取信息情况
	活动2：播放伦敦的著名景点剪影视频 Q：What's the video about?	"Watch and answer"活动，学生看录像并回答问题	

---

① 案例由北京市牛栏山实验学校小学部钟爱雪老师提供。

续表

教学目标	教学活动	学习活动	效果评价
学生在看、听、说的活动中，能获取、梳理英国所在洲和首都伦敦的标志性建筑	活动3：教师播放对话1视频，呈现英国地图 Q1：Where is London? Q2：Where is the U. K.？ Q3：What's the full name of the U. K.？	"Watch，Listen and answer"活动，学生观察英国地图，了解英国全称和伦敦的方位，以及英国在欧洲的地理位置	提问：了解学生是否能从对话中获取信息 追问：了解学生对英国伦敦已有的知识、经验
学生能够识别并简单描述伦敦的标志性建筑； 学生能够在学习的过程中，评价英国标志性建筑的特点和闻名原因，拓宽视野，发展跨文化交流意识	活动4：教师呈现对话2主题图 Q：What do they see?	"看图预测"活动，学生看图预测谈话内容	观察：学生能否参与互动与交流
	活动5：教师播放对话2视频；呈现大本钟、泰晤士河图片及文字说明 Q1：What do they see? Q2：How big and how tall is Big Ben? Q3：How wide is the Thames? Q4：What do you think of …？	学生带着问题观看对话2的动画视频及图片，思考并综合运用语言描述景点特点，拓宽国际视野	提问：了解学生看视频获取的信息（Q1） 追问：了解学生是否听懂、读懂了大本钟和泰晤士河的信息（Q2）
学生能够分角色朗读对话	活动6：学生观看对话视频	学生跟读、角色扮演	观察：学生参与情况 评价：生生、师生评价（由低到高分为一星、二星、三星三个等级）
	活动7：教师布置分角色表演任务，说明评价方法		

续表

教学目标	教学活动	学习活动	效果评价
学生能结合板书信息，综合运用语言介绍英国伦敦	活动 8：教师呈现如下的板书框架和关键词 London in the U. K. Full name：_____ _____ Mother tongue：_____ _____ Capital：_____ _____ Famous places：_____ _____ Continent：_____ _____ Flag：_____ _____	学生基于对话内容，参照板书介绍英国及伦敦情况	观察：学生能否借助板书呈现的语言支架转述对话内容 评价：根据转述对话的情况，教师给予学生指导或鼓励

从上述案例中可以看出：教师设计的教学活动指向教学目标，教师设计的教的活动与学生学的活动保持一致，评价活动指向该目标下的活动效果检验。在评价主体上，有教师评价，也有学生评价，体现了评价主体的多元化。在评价方式上，有观察、提问、追问、星级评价等方式，做到了评价方式的多样性。可以看到，这个案例中的"教—学—评"是高度一致的，体现了教师对"教—学—评"一体化设计的准确理解。

每一个独立课堂教学的实施，都是单元整体设计的具体表现。在单元整体设计中，教师也要考虑目标、活动、评价的一致性。本单元整体设计如表 1-2-5 所示[1]。

---

[1] 案例由北京市牛栏山实验学校小学部钟爱雪老师提供。

表 1-2-5　北京版小学英语五年级上册 UNIT FIVE 单元整体设计

单元目标	课时及语篇	核心教学活动	评价方式	功能
目标1：学生能在多模态语篇的帮助下感知并梳理加拿大、英国等国家的位置和渥太华、伦敦等城市的位置、标志性建筑、使用语言等信息并熟练朗读 Lesson 15、Lesson 16、Lesson 17 的对话	Period 1：Lesson 16；Period 2：Lesson 15；Period 3：Lesson 17	视听对话；师生问答；跟读操练；角色扮演	课文对话展示六星评价（correctly、fluently、vividly、creatively、confidently、teamwork）；课文口头复述和短文填空	以学定教、以教定评、以评促学、以评促教
目标2：学生能听懂并认读 the U.S.A.、the U.K. 等国家名称；New York、Washington 等城市名称、七大洲名称以及方位词名称。学生还要能找到国家与大洲、国家与城市、国家与国旗、国家与用语言以及城市与建筑物的对应关系，并在相应语境中运用核心语言进行介绍	Period 1：Lesson 16；Period 2：Lesson 15	在地图上定位首都和城市方位进行问答	教师观察、提问、追问，进行个性化指导和鼓励	
	Period 3：Lesson 17	续编对话，了解加拿大著名城市方位，填写表格	教师观察小组活动，提问、追问，进行个性化指导和鼓励	
目标3：学生能借助插图、表格、思维导图等语言支架有条理地描述某个国家的基本信息，包括国名、首都、国旗、语言、位置、著名城市和标志物等，并迁移运用到描述中国的基本情况中	Period 4：Lesson 18 以及和中国相关的英文绘本	绘本阅读；自主梳理绘制思维导图；小组合作介绍中国	教师根据各组表现，对小组合作介绍活动进行量表评价（共三个等级，从低到高依次为一星、二星、三星）	
	Period 5：语言实践课	"国家知多少"英语闯关；"我是小小演说家"		

续表

单元目标	课时及语篇	核心教学活动	评价方式	功能
目标4：学生能在对世界部分国家基本信息的学习中丰富文化知识，体会和感受文化的多样性，拓宽国际视野	Period 1：Lesson 16	将国旗粘贴到世界地图	教师观察小组活动，提问、追问，进行个性化指导和鼓励	
	Period 2：Lesson 15	阅读课本中关于 New York 的短文；在世界公园采访外国友人，创编对话		
	Period 3：Lesson 17	小组创编对话，如课本中角色向外国友人介绍中国著名城市特色景点、美食	对话展示六星评价（correctly、fluently、vividly、creatively、confidently、teamwork）	
	Period 4：Lesson 18 以及和中国相关的英文绘本	绘本阅读，自制思维导图；小组合作介绍中国	教师观察小组活动，提问、追问，进行个性化指导和鼓励	
	Period 5：语言实践课	国家知识报刊评选	量表评价、生生互评	

"教—学—评"一体化设计理念与逆向教学设计原理不谋而合。教师可以参考逆向教学设计原理设计"教—学—评"一体化活动，即在开展教与学活动之前，先明确此类学习要达到的目的是什么，以及哪些证据能够证明学习达到了目的。逆向教学原理启示我们，课堂、单元和课程在逻辑上应该从想要达到的学习结果导出，而不是从我们擅长的教法、教材和活动导出。课程应该展示达到特定学习结果的最佳方式。最好的设计

应该是"以终为始"，从学习结果开始逆向思考。[①] 逆向教学的三个阶段如图 1-2-3 所示。

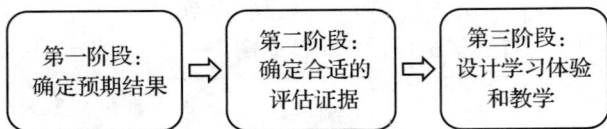

图 1-2-3　逆向教学的三个阶段[②]

第一阶段，教师要思考教学目标，对照《课标（2022 年版）》查看内容标准，检验课程预期结果；第二阶段，教师要设计能有效检验效果是否达成的评估证据；第三阶段，教师进行教学计划的细节思考，如教学方法、教学顺序、资源选取等。

2. 在作业评价中落实"教—学—评"一体化理念

作业评价是教学过程的重要组成部分。教师应通过作业评价，及时了解学生对所学知识的理解程度和语言能力的发展水平，并为检验教学的效果、发现和诊断学生学习的问题、调整和改进教学提供依据。

在作业评价过程中，教师一定要把握作业评价的育人功能，坚持能力为重，坚持素养导向。作业的内容要与所学内容紧密关联，作业的目标要与教学目标一致，作业的形式要体现基础性、实践性、综合性。作业要有真实的学习情境并与学生的生活相关联，要聚焦核心素养，凸显策略运用，促进自主学习。此处以北京版小学英语五年级上册 UNIT FIVE 中的对话教学为例，教师对照单元和课时教学目标，设计了如表 1-2-6 所示的单元作业设计框架和表 1-2-7 所示的课时（以 Lesson 16 为例）作业设计。[③]

---

① ［美］格兰特·威金斯、杰伊·麦克泰格：《追求理解的教学设计（第二版）》，闫寒冰、宋雪莲、赖平译，14～15 页，上海，华东师范大学出版社，2019。
② ［美］格兰特·威金斯、杰伊·麦克泰格：《追求理解的教学设计（第二版）》，闫寒冰、宋雪莲、赖平译，19 页，上海，华东师范大学出版社，2019。
③ 案例由北京市牛栏山一中实验学校小学部钟爱雪老师提供。

表 1-2-6　北京版小学英语五年级上册 UNIT FIVE 单元作业设计框架

作业类别	作业内容		对应课时	作业时长	作业目标	作业评价	作业功能
基础巩固	熟读课文对话并转述（必做）		Period 1 Period 2 Period 3	5分钟	能熟练认读所学重点词句并完成口头或书面的转述练习，内化语言	★能熟读 ★★能背诵 ★★★能复述	巩固语言知识和技能
	设计国家概况专刊（必做）	第一板块：London，the U. K.	Period 1	15分钟	能以图文并茂的方式介绍英国伦敦标志性建筑以及具体文化内涵	★国家基本信息维度是否完整并符合主题	学会系统梳理所学知识，形成结构化的学习策略
		第二板块：About the U. S. A.	Period 2	15分钟	能以图文并茂的方式介绍美国基本国家概况	★语言表达是否正确、流畅	
		第三板块：About Canada	Period 3	15分钟	能以图文并茂的方式介绍加拿大基本国家概况	★书写是否工整、规范	
		第四板块：About China	Period 4	15分钟	能以图文并茂的方式介绍中国基本国家概况	★排版是否美观，可读性强	
		第五板块：About Australia/Russia	Period 5	15分钟	能迁移探究澳大利亚或俄罗斯的国家基本信息	是否运用课内所学的词汇和句型使语言丰富、优美	
实践探究	录制一个国家介绍演讲视频，可以一人或多人合作（必做）		Period 5	10分钟	能运用课上所学重点句型，借助思维导图口头介绍一个国家的基本信息	语言表达流畅；拍摄角度适宜，画面声音清楚；运用课内所学词汇、句型	

续表

作业类别	作业内容		对应课时	作业时长	作业目标	作业评价	作业功能
实践探究	收集另外一个自己喜欢的国家信息，尝试用英语介绍（选做）		Period 5	自主安排	能迁移探究其他国家的基本信息	能基于课内所学国家基本信息维度迁移运用	提高学生的观察、思考、表达能力，培养自主探究精神
拓展阅读	绘本（选做）	*Around the World*	Period 1	5分钟	能整体感知世界地图和国家	通过相关网站进行拓展阅读以及线上评价	丰富主题学习内容并拓宽知识视野
		From the Top	Period 2	5分钟	能了解到世界著名标志性建筑		
		Maps	Period 2	5分钟	能了解世界地图和国家方位		
	纪录片（选做）	*Hello, China*	Period 4	自主安排	能了解中国文化的方方面面	在语言实践课上介绍纪录片的内容	

表 1-2-7　北京版小学英语五年级上册 UNIT FIVE Lesson 16 课时作业设计

教学目标	作业目标	作业内容	挑战指数	作业要求
在看、听、说的活动中，能获取、梳理英国所在洲和首都伦敦标志性建筑	通过阅读连线的练习，复习巩固七大洲相关代表性国家的同时，了解更多相关人文知识	"Read and match"题目（必做），将国旗及著名景点、英语语段以及各国地图及大洲连线匹配	★★	用直线正确连线

续表

教学目标	作业目标	作业内容	挑战指数	作业要求
在看、听、说的活动中，能借助世界地图了解、匹配七大洲和代表性国家	复习巩固课文对话	朗读 Lesson 16 对话并录音上传至微信群(必做)	★	准确、流畅、有感情；信息全面，有逻辑
		复述 Lesson 16 对话(必做)	★★	
能识别并简单描述伦敦的标志性建筑；能在板书和语篇帮助下，以小组合作的形式综合运用语言介绍伦敦	结合课上所学，综合运用语言介绍英国伦敦	介绍伦敦并录制成小视频(选做)	★★★	语言流畅，信息全面，条理清楚；拍摄画面声音清楚
能在学习的过程中，评价英国标志性建筑的特点和闻名原因，拓宽视野，发展跨文化交流意识	借助思维导图，梳理所学，拓展英国伦敦的人文知识	制作思维导图(选做)	★★★	涵盖关键信息；图文并茂，版面设计有创意

以上课时作业的设计，突出了"教—学—评"一体化设计，目标、内容关联性强，且作业内容指向知识、技能和素养，兼顾不同水平和差异的学生，具有可选择性。作业要求即评价标准，具有指导学生学习的功能。

一定程度上，教师布置的作业反映了教师对课程理念的理解程度和对学生终身发展所必备能力的认识程度。在作业的设计中，教师要力求以学生学习兴趣的激发与保持为前提，以能力发展为导向，以素养提升为目的，以全面育人为原则，充分体现课程理念在学科教学中的落实。

下面我们以北京版小学英语五年级上册 UNIT THREE CAN YOU TELL ME MORE ABOUT THE MID -AUTUMN FESTIVAL Lesson 9 一

课布置的作业为例，对此进行说明。[①]

（1）Read the dialogue by yourself.（必做）

（2）Surf on the Internet：Why do we have the Mid-Autumn Festival? Find the story about it and share the story with each other next class.（必做）

（3）Try to make moon cakes：Do you know how to make moon cakes? Collect information about moon cake and then try to make some with your parents.（选做）

该作业布置案例符合小学高年级学生的认知水平和能力水平。作业不仅关注了学生语言积累的方式（在读中记忆），也关注了语言的实践性和综合性特征（分享中秋节故事），同时还关注了学习方式的变革（利用互联网自学、在家长的陪伴下动手实践），关注了中华传统文化，关注了教材之外的学习资源利用。这充分体现了教师对课程理念中发挥核心素养的统领作用的落实，关注了学生的实际获得——语言知识、文化知识、语言能力、思维品质、学习能力和实践能力等，也符合《北京市中小学英语学科教学改进意见》第十二条中"要为学生科学设计个性化作业——可以采用涂色、配图、歌曲演唱、对话表演、海报制作等形式增加作业的趣味性、应用性""作业形式兼顾口头与书面，使学生拥有自主选择作业内容及作业形式的权利"的要求。

在作业评价方面，中共中央办公厅、国务院办公厅《关于进一步减轻义务教育阶段学生作业负担和校外培训负担的意见》中指出：教师要认真批改作业，及时做好反馈，加强面批讲解。所以，在学生完成作业之后，教师批阅作业时，一要做到及时，二要做到全面，即所有的作业都要批阅，有留就有批。同时，根据需要，教师可采取普遍问题集体讲评、个别问题个别讲解等形式，对于学生的书写作业，教师可采取"双等级评价＋书面评语"的方式，提出有针对性的反馈，以激励和指导学生不断进步。相关评价量表及示意图如表 1-2-8、表 1-2-9、表 1-2-10 及图 1-2-4 所示。[②]

---

① 案例由北京市顺义区赵全营中心小学校瓮学海老师提供。
② 评价量表由北京市牛栏山实验学校邵飞宇老师提供。

表 1-2-8　复述对话评价表

评价内容		评价结果
语言	发音正确	☆☆☆
	用词准确	☆☆☆
	语句丰富	☆☆☆
语言	观点无误	☆☆☆
	信息完整	☆☆☆
语言	表达流利	☆☆☆
	符合逻辑	☆☆☆

表 1-2-9　对话创编类作业评价表

评价内容		评价结果
知识水平	主题突出	☆☆☆
	语言丰富、用词准确	☆☆☆
	语句连贯、表意清楚	☆☆☆
合作能力	主动合作、愉快交流	☆☆☆
创新能力	见解独特、想象力丰富	☆☆☆

表 1-2-10　作业评价细则

	作业本封面要求	作业内容书写	具体细则
英语作业细则	英语部分要求有预习本、错题本、作业本、练习本等	英语作业字母书写间隔、位置均匀适当	字母之间不能过于紧凑,也不要出格写
		单词注意书写规范,不要超出横格线	单词要按照正确的笔画顺序书写,不能潦草
		写错单词要及时更正,在教师批注下方将错的单词抄写四遍,并标明作业日期	错误的单词和句型要在此作业本下方空一行,左上角写"改:"或者"订:",下方写具体改正内容

2.小手、眼睛动起来！
Task 1: Sara 不小心把他给 Guoguo 展示的照片弄丢了，她很着急，我们快点帮助 Sara 登一条寻物启示，尽快找回照片！（必做）

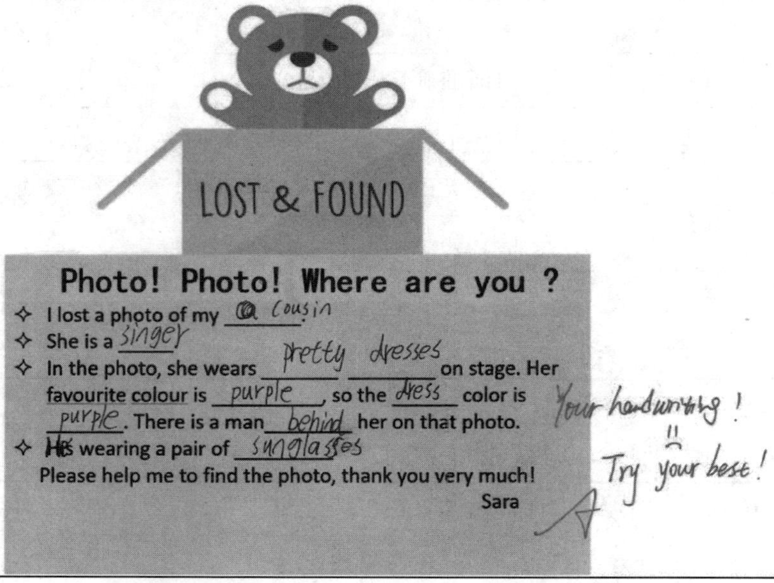

图 1-2-4 “双等级评价＋书面评语”式作业评价示意图

3. 在单元评价中落实“教—学—评”一体化理念

单元评价旨在考查学生完成单元学习后所达成的核心素养水平，包括单元学习过程评价和单元学习结果评价两个方面。单元学习过程评价重在评价学生在核心素养形成和发展过程中的语言知识与技能发展、文化知识建构、核心素养策略与方法掌握和运用的程度，以及思维能力表现等。学习结果评价重在考查学生完成单元学习后的核心素养的综合表现，如能否综合运用所学的知识技能、方法策略和价值观念；能否有逻辑地表达思想、观点和看法，并对事物做出正确的价值判断。

单元评价应根据单元教学目标，围绕核心素养综合表现进行设计。要兼顾主体多元化、手段和形式多样化设计实施。下面以北京版小学英语六年级上册 UNIT THREE HOW DID YOU GO TO HANGZHOU? 为例展开说明。①

① 案例由北京市顺义区马坡中心小学校秦继兰老师提供。

本单元的教学目标为:

(1)学生能够理解并正确朗读 Lesson 9,Lesson 10,Lesson 11 三个语篇的对话,并尝试借助板书复述对话内容。

(2)学生能够围绕出行时间、地点及出行方式进行询问及表达,并能够对选择交通方式的原因进行说明。

(3)学生能结合实际,对对话中迈克(Mike)的粗心行为给出一些建议,以应对自己出行时的突发情况。

(4)学生能结合自己的旅行经历、生活经验,口头描述一次旅行过程,并撰写一篇旅行日志。

(5)学生能够对古今的出行方式进行简单对比和讨论,感受现代文明带给人们生活的便捷和幸福感。

结合单元教学目标,教师设计的指向学习过程的单元评价活动有:

(1)结合 Lesson 9 和 Lesson 10 的对话,口头描述一下迈克是如何向他的爷爷描述他的杭州之行的,并对他的杭州之行做出评价或提出建议。

(2)结合 Lesson 9 和 Lesson 10 的对话,将迈克向爷爷描述其杭州之行的过程绘制成思维导图,并用不少于 50 词的语段描述出来。

(3)请结合本单元所学内容,列举古代及现代的交通工具,将相关词汇分类写出。设想一下未来可能会有的交通工具,写出名称,或者发挥想象将其画出。

(4)回忆或想象一下你的某一次旅行经历或设想一下你将会以什么样的方式做一次有意义的旅行(包括去哪里,怎么去,和谁去,做什么等)。口头录制视频或用笔描写均可。

以上单元评价活动直接指向于单元学习目标的落实,既有口头描述大任务的产出,也有书面语言知识归纳整理和综合性语篇书写等产出任务,这些活动具有关联性、基础性、实践性和综合性。语言知识在情境中系统展示,教材对话语篇有效联结,形成单元整体概念,且语言表达与思维紧密连接,学习成果的产出任务层次性和整体性较强。

同时,教师也可以通过让学生总结梳理本单元词汇及句型知识,以达成巩固语言学习的目标；通过让学生将三个对话改编成一个大情境下的完整交际活动，以达成语言综合运用的目标；通过单元大作业的设计与实施和单元纸笔测试等检测单元目标的落实情况（指向素养立意的纸笔测试方法见后面介绍）。

4. 在期末评价中落实"教—学—评"一体化理念

期末评价是在一个学期结束时对学生在该学期学习情况的整体评价，也称终结性评价。期末评价应该综合考虑学生本学期的学习课程目标、课程内容和学业质量一级和二级标准要求，并参照《课标（2022 年版）》附录 1 中的核心素养学段特征描述，采取不同类型的综合性和表现性评价方式，以全面有效地考查学生在学期结束时素养发展的实际水平。

期末评价通常采取纸笔测试和非纸笔测试相结合的方式进行。针对小学一二年级学生的年龄特点，通常采取"乐考"的形式；其他年级则采取口试和纸笔测试相结合的方式。无论是纸笔测试还是非纸笔测试，评价内容要尽量覆盖学期所学的主要内容；评价题目要尽量形式多样；评价素材要尽可能贴近学生生活，体现语言交际的真实性和语言情境及任务的真实性。

（1）低年级期末"乐考"。

按照《课标（2022 年版）》预备级（一至二年级）教学提示中的学习活动和学习要求，针对学生的学习兴趣、学习习惯和视听说等语言技能的发展情况，教师应设计游戏化或主题实践活动等体验参与式的口语评价内容和方式。我们以某校低年级期末英语口语"乐考"为例，看一下期末评价的组织形式和实施方法。①

活动主题：我真棒！

活动对象：二年级全体学生。

活动时间：2022 年 6 月 30 日上午 8：00—11：00。

活动地点：学校大会议室。

组织形式：大会议室设 5 个挑战点，每个挑战点是一个闯关的关卡。

---

① 案例由北京市顺义区裕达隆小学郝磊老师提供。

五个关卡分别为"单词读说我能行""看图说话我都会""对话朗读我可以""情境表演我不怕""才艺展示我最靓"。由两名英语教师分别担任看图说话和情境表演主挑战官，三名高年级学生分别担任单词朗读、对话朗读、才艺展示主挑战官；两名高年级学生负责登记学生的表现；英语主管领导和三位学生家长志愿者负责组织学生有序到达各挑战点进行挑战；两位家长负责给学生兑换礼品；校长负责颁奖；后勤主任负责拍照。

活动准备：成绩记录卡、登分板、关卡标志、卡通奖状等。

活动目标：通过多种形式的闯关，激发学生学习兴趣，检测学生对语言知识的识记、理解和应用情况，促进学生综合语言运用能力的发展和综合素养的提升。

活动内容及方式：单词闯关——看图说英语单词(5 个)、读单词选图片(5 个)。看图说话——随机抽取两张图片，用一两句话看图描述图片内容。对话朗读——随机抽取一篇对话进行有声有色地朗读。情境表演——随机抽取一幅图画，自选伙伴进行现场对话表演。才艺展示——自选歌曲、歌谣进行朗读或表演。

学生每完成一项任务获得一张积分卡，任务都完成后，用积分卡兑换相应的礼品和奖状。

该校设计的英语"乐考"闯关活动改变了传统的纸笔测试形式，注重活动的体验式参与，体现游戏情境下的模拟交际，突出活动的选择性、自主性、过程性与趣味性，关注学生个性发展。

(2)中、高年级口语测试。

每学期末，区县教研部门通常会对学生的听说能力进行测评。人机对话是对学生口语表达能力进行评价的主要途径。以某区三年级第一学期期末学生口语测试为例，测试的内容包括：朗读短语(或单词)、朗读对话、根据对话内容回答问题及联系生活实际回答问题。口语测试方式为随机抽题，具体内容如下。

××区 2022 年第一学期小学三年级学生英语口语表达能力测试题

一、朗读短语（或单词）

1. first   2. ruler   3. Chinese   4. September   5. birthday

6. sweater   7. windy   8. cold   9. make a card   10. run a race

二、朗读对话

Guoguo：What's the weather like this day，Mum？

Mum：It's rainy.

Guoguo：Great! I can put on my new raincoat.

Mum：Here you are.

Guoguo：It's windy today.

Sara：Yes. Winter is coming.

Guoguo：I love winter.

Sara：So do I.

三、回答问题

（一）根据上题对话内容回答问题

1. What's the weather like this day?

2. Which season does Sara like?

（二）联系实际回答问题

1. When were you born?

2. What is the tenth month in English?

3. Do you have a lot of snow in summer?

从评价内容来看，本测试涉及词汇的朗读、对话的朗读与理解以及联系生活的真实交际。短语、对话均来自教材，问题的设计基于教材对话内容。从题目难易度看，本测试符合《课标（2022 年版）》语言技能内容要求（一级、一级＋）中的理解性技能"在听、读、看的过程中有目的地提取、梳理所需信息"以及表达性技能"正确朗读学过的对话、故事和文段""交流简单的个人和家庭信息"等。从测试目的看，本测试不仅检测了学生词汇的读音、对对话的理解、语言的表达能力，而且关注到了教师日常教学中"教"

的效果。在联系生活实际回答问题的过程中,本测试注重将知识应用于生活,给语言知识赋予生命力,体现了学生对所学知识的实际应用和迁移能力。这是"教—学—评"一体化设计在口语测试评价活动中的具体体现。

(3)纸笔测试。

小学阶段的纸笔测试通常在三至六年级进行,测试一般分为单元测试、学期测试、学年测试和学业水平测试。单元测试一般由学校任课教师自主命题,命题内容、形式灵活,没有统一要求。学期测试、学年测试和学业水平测试一般由区县教研部门命题。单元测试聚焦某一单元所学内容,重点测查单元话题知识的掌握情况和单元话题的听、说、读、写技能。学期测试的内容主要以本学期所学内容为主,学年测试的内容主要以本学年所学内容为主,而学业水平测试则是以该学段所学内容为主。无论是学期测试、学年测试还是学业水平测试,都要依据课程目标、课程内容、教学建议和学业质量标准命题,遵循导向性原则、科学性原则、规范性原则和适宜性原则。

命制试题时,相关教研部门要以育人为导向,体现素养立意;确保命题框架、试题情境、任务难度等准确体现课程目标;突出试题的基础性、代表性、综合性、探究性和开放性,确保试题的信度和效度;确保命题框架合理、试题内容准确、问题情境真实、容量难度恰当、考试指令清晰、考试结果有效;确保试题题目关联社会实际和学生生活、学习经验,符合学生身心发展特点和认知水平;确保试题的题型、题目数量、分值结构、客观题和主观题的分配比例合理。此外,试卷呈现的方式和试题编排的顺序要符合学生的年龄特点,尽量做到图文结合,由简到难。

首先,是听力理解试题的命制。听力理解试题考查的是学生通过听获取、梳理、推测信息的能力。听力试题的命制要依据《课标(2022年版)》的具体要求,不能超标。如下列听力试题。

例题1. 听句子,判断图片是否与所听内容相符。

(1) ( )　(2) ( )　(3) ( )　(4) ( )　(5) ( )

听力内容：

1. She has a fever.

2. They are making a card.

3. The woman is shopping.

4. These are pants.

5. This pen is twenty yuan.

例题解析："在听或看发音清晰、语速较慢、用词简单的音视频材料时，能识别有关个人、家庭，以及熟悉事物的图片或实物、单词、短语"，这是《课标（2022 年版）》中语言能力学段目标一级（三至四年级）"习得与建构"的表现性描述；"在听、读、看的过程中有目的地提取、梳理所需信息"，这是语言技能一级的内容要求。从案例 1 中呈现的文字和图片来看，生病、打电话、购物、衣物鞋帽、物品价格都是学生熟悉的话题，听后识别图片符合四年级学生语言能力"听"的技能发展水平。

例题 2. 看图听对话，根据所听内容将人物、图片与地名连线。有一幅多余图片。

Lily   Billy   Eric   Jenny

London   Beijing   Tibet   Sichuan   Sydney

听力内容：

—Hi，Lily. Summer holiday is coming. Are you going to have a trip for the holiday?

—Yes. I will fly to Sichuan with my parents.

—What are you going to do there?

—I will visit Dujiangyan and see pandas.

—That's great! How do you spend your holiday，Billy?

—My parents and I are going to Australia. We will visit Sydney Opera House in Sydney.

—Will you see kangaroos?

—Yes，of course.

—How about you，Eric?

—I will stay in Beijing. I want to visit the Temple of Heaven and the Summer Palace.

—That's a good idea. Have a good trip!

—Thank you，Miss Wang.

—And what about you, Jenny? Do you want to take a trip for the holiday?

—I'm not sure. But I hope I can go to Tibet to visit the Potala Palace by train.

—By train? It will take you more than forty hours!

—Yes. But I think it will be an amazing trip.

—I think so. Have a good time!

例题解析："能听懂日常学习和生活中简单的指令、对话、独白和小故事等""在听或看发音清晰、语速适中、句式简单的音视频材料时，能获取有关人物、时间、地点、事件等基本信息"，这分别是《课标(2022年版)》语言能力学段目标二级(五至六年级)"感知与积累"和"习得与建构"的表现性描述。"在听和读的过程中，根据上下文线索和非文字信息猜测语篇中词汇的意思，推测未知信息"，这是语言技能二级的内容要求。例题2呈现的内容是学生在小学五年级英语教材旅游话题和国家与城市话题中接触过的。其中，国家名称、城市名称都是学生熟知的，著名景点都江堰、布达拉宫、长城、颐和园是学生在教材中学习过的，悉尼歌剧院和天坛是没有学习过的内容，需要学生根据上下文线索推测其属于哪个国家或城市。试题符合《课标(2022年版)》对学生听力理解的要求，也符合其对文化意识的要求。

学段目标一级要求学生能够通过图片等获取简单的中外文化信息，观察、辨识中外典型文化标志物；学段目标二级中要求学生能够获取中外文化的简单信息，并初步具有观察、识别、比较中外文化异同的能力。

其次，是语言知识试题的命制。语言知识包括语音、词汇、语法、语篇和语用知识。语言知识试题更倾向于考查词汇知识。因为语音知识一般在听力中考查，语法知识在写作中考查，语篇知识在阅读中考查，语用知识在口语交际中考查。词汇知识的评价主要集中在单词和短语的识记、理解与应用上。常见的词汇知识评价题目如例题 3 和例题 4 所示。

例题 3. 看图，从方框中选择相应的单词或短语，将其序号抄写在图中圆圈内。

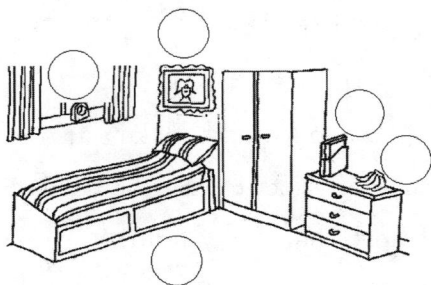

A. book
B. clock
C. bed
D. bananas
E. photo

例题 4. 读故事，选择适当的词语填空。

| because | run | hungry | under | sleepy | like | kitchen |

| The rats are (1)_____. So they are walking towards to a town. | The rats are in the (2)_____. Some are eating cakes. Some are drinking milk. | The rats jump onto the table. The chicken is good. The soup is delicious. The rats (3)_____ it. |

续表

The rats eat much yummy food. They're full and (4) _____ . A rat is sleeping in the shoe.	People find the rats. They chase and hit them. "Help!" The rats（5）_____ away quickly.	The rats are very sad（6）__ _____ they hurt terribly. "I don't want to go to the town anymore."

例题解析：以上案例都属于词汇知识的考查范畴，都以读写形式呈现。其中例题3旨在考查学生的词汇识记与理解，符合《课标(2022年版)》词汇知识一级中借助图片、实物理解词汇意思的内容要求；例题4旨在考查学生在语境中理解词汇的能力。学生需要读懂插图和文字的意思，并根据故事内容或上下文选择适当的词汇并正确抄写。在完成任务的过程中需要学生运用联系上下文语境和词语搭配的阅读策略。这符合《课标(2022年版)》词汇知识二级中在语境中理解词汇的意思并在运用中逐步积累词汇的内容要求。

再次，是阅读理解试题的命制。"能借助图片读懂语言简单的小故事，理解基本信息""能读懂语言简单、主题相关的简短语篇，获取具体信息，理解主要内容"，这两条分别是《课标(2022年版)》语言能力学段目标"感知与积累"一级和二级的内容要求。日常简短对话、独白，配图故事、叙事性日记等，人物介绍、物品介绍、地点介绍等，书信、活动通知、操作指令、生日及新年贺卡、邀请卡等，以及提示牌、告示牌、菜单、购物单、简单图表、图片、视频等，这是语篇类型内容一级要求；日常简单对话、独白，记叙文(如配图故事、叙事性日记、人物故事、寓言、幽默故事、童话等)，说明文(如介绍类短文、科普类短文、简短书面指令、操作程序等)，应用文（如贺卡、邀请卡、书信、活动通知、启事、活动安排与计划、宣传海报、规则、问卷等），新媒体语篇（如网页、电子邮件等）和其他语篇类型（如歌曲、剧本、图表等）是语篇类型内容二级要求。在阅读理解试题的命制中，相关教研部门要关注语篇类型的多样性，使学生在阅读过程中能运用不同的阅读策略和阅读技巧，从而提高其阅读能力和阅读素养。阅读理解常见的测试题型如例题5、例题6、例题7所示。

例题5. 读故事，按照故事发生的先后顺序给图片排序。

Look at these monkeys! Some are eating watermelons on the ground，some are eating peaches in the tree. Suddenly，a bear comes here. He is very angry. "They are my watermelons and peaches!" The monkeys run away quickly. "Help! Help!" The monkeys are shouting in the trap(陷阱). "Give me your hand. Let me help you. " The bear helps the monkeys. They are eating the watermelons and peaches at the bear's house happily.

（　　）　　　　　（　　）　　　　　（　　）　　　　　（　　）　　　　　（　　）

例题6. 阅读短文。根据短文内容选择正确的答案。

John is a school boy. He is only seven years old.

One afternoon，his teacher asks him，"Why don't you come to school in the morning?" "I have to go to see the dentist because I have a toothache. " John answers.

"Oh，I'm sorry to hear that. Is the tooth aching(疼痛) now?" the teacher asks.

"I don't know. The dentist keeps it in the hospital. " John answers.

1. John is _____ years old.

A. 3　　　　　　　　　B. 7　　　　　　　　　C. 11

2. John goes to school in the _____ .

A. morning   B. afternoon   C. evening

3. John goes to the _____ to see the dentist.

A. school   B. library   C. hospital

4. John has got a _____ .

A. fever   B. cough   C. toothache

5. John's tooth is _____ .

A. pulled off   B. good   C. in his mouth

例题 7. 阅读短文，完成下列任务。

Ping-pong is the national sport of China. Today，China is the world champion in ping-pong in the Olympics and in nearly all other world competitions.

Cricket is the national sport in Britain. It was played in England more than 400 years ago. It is now played in Australia，New Zealand and many other countries，too.

Baseball is the national sport in the USA. Many children，both girls and boys，enjoy playing the game.

Rugby is the national sport of Australia and New Zealand. Rugby is a tough game. Only big and strong men or boys play it.

The national sport of Canada is ice hockey. They sometimes also call it "Canadian hockey". It is a popular game for both boys and girls all over the country.

任务一：根据短文内容填空(每空一词)。

1. There are _____ kinds of sports in this passage.

2. The national sport in America is _____ .

3. _____ was played in England more than 400 years ago.

4. Only _____ play the rugby in Australia and New Zealand.

任务二：请为本文选择一个最佳题目，在选项前的括号内画"√"。

5. Choose the best title for the passage.

( ) A. I Love Sports

( ) B. Famous Sports in Our Country

( ) C. National Sports around the World

例题解析：例题 5 语篇类型为动物童话故事，趣味性强，学生比较喜欢。例题 6 语篇类型为对话和独白，文本呈现的是学生同龄人的事情，故事情节有趣，体现生活性。例题 7 语篇类型为说明文，介绍不同国家的运动项目，话题与五年级教材内容一致。以上试题符合《课标（2022 年版）》中语篇类型多样性的要求，其中例题 5 符合语言理解性技能一级"在听、读、看的过程中有目的地提取、梳理所需信息"的内容要求；例题 6 和例题 7 符合语言理解性技能二级"借助图片、图像等，理解常见主题的语篇，提取、梳理、归纳主要信息""归纳故事类语篇中主要情节的发生、发展与结局""概括语篇的主要内容"的内容要求。

例题 8. 读下面的致歉信，判断下列各题是否与信件内容相符。

Dear Tom,

　　I am very sorry I broke your water bottle this morning. I know it is your favorite bottle because it's your birthday gift from your mother. I bought you a black one this afternoon. I know you like purple best, but there are no purple ones. I hope you'll like it. Don't be angry or upset, please.

Yours,
Jack

( ) 1. Jack said sorry to Tom.

( ) 2. Jack broke Tom's water bottle.

( ) 3. The water bottle is Tom's birthday gift.

( ) 4. Tom likes black best.

( ) 5. Jack bought Tom a purple water bottle.

例题9. 阅读邀请函，根据内容选择正确选项，将其标号填在题前括号内。

Come to Tree Planting Day

Date: March 12th (Saturday)

Time: 8:30 a.m.-10:30 a.m.

The place we meet: the school gate

Tools(工具): spade(铁锹) and pail(水桶)

Can you come to plant trees?

Please call me before March 10th: 81496678

(   )1. Tree Planting Day is _____ .

A. March 10th   B. March 12th   C. March 15th

(   )2. They will plant trees _____ .

A. in the morning   B. in the afternoon   C. in the evening

(   )3. Where will they meet?

A. In the classroom.   B. On the playground.   C. At the school gate.

(   )4. If you want to plant trees, you should take _____ .

A. bag and water   B. pail and bottle   C. spade and pail

(   )5. If you want to plant trees, please _____ before March 10th.

A. make a phone call   B. write an email   C. write a letter

例题解析：英语教学不仅要教会学生知识，还要教会学生生活的方法。因此，在阅读材料的选择方面，教师要将阅读与学生的生活联系起来，将语言知识的学习应用于生活之中，通过阅读让学生获得一种生活的能力。教师可以引导学生通过阅读信件、邮件、海报、广告、启事、电影票、邀请函等应用类文体掌握生活的本领。例题8的致歉信和例题9的邀请函都基于学生生活技能而设计，关注了文体的多样化和关键信息的提取，符合语篇类型二级内容要求和语言理解性技能二级内容要求。同时，实用文体阅读更贴近学生现实生活，体现语言的工具性、人文性特征。

最后，是写作试题的命制。对学生而言，写作是英语学习中最难掌握的一项技能。这项技能的提升需要有词汇的积累，需要有语法知识，需要掌握表达方法和技巧，还需要掌握标点的使用等。

《课标（2022年版）》语言表达性技能一级指出"正确书写字母、单词和句子""根据图片或语境，仿写简单的句子"；语言表达性技能二级指出"围绕图片内容，写出几句意思连贯的描述""仿照范文的结构和内容写几句意思连贯的话，并尝试使用描述性词语添加细节，使内容丰富、生动""正确使用大小写字母和常见标点符号，单词拼写基本正确""根据需要，运用图表、海报、自制绘本等方式创造性地表达意义"。

因此，根据语篇内容要求和写作技能培养目标，可设计多种写作试题。如下列例题。

例题10. 仿照范例写句子。

This is a boy.	_____
His name is Tom.	_____
He can't find his mum.	_____
He is very sad.	_____

例题11. 请仔细观察题目中给出的插图，根据插图及词语提示自选一幅图写一篇短文。要求：紧扣主题，语言达意，语句通顺、有条理。题目自拟。不少于5句话。

插图1描述：老奶奶和几个小朋友在公园的情景。（图片见北京出版社2015年版小学英语四年级下册第33页）	插图2描述：人物在公园跳舞、捉迷藏、过生日、钓鱼的情景。（图片见北京出版社2015年版小学英语五年级下册第7页）
talking with her pets; flying model planes; playing the violin; hurt his leg	birthday party; putting candles on the cake; playing hide-and-seek

例题12.请根据下列提示，写一篇暑假的旅游日志。要求：紧扣主题，语言达意，书写规范。不少于60词。

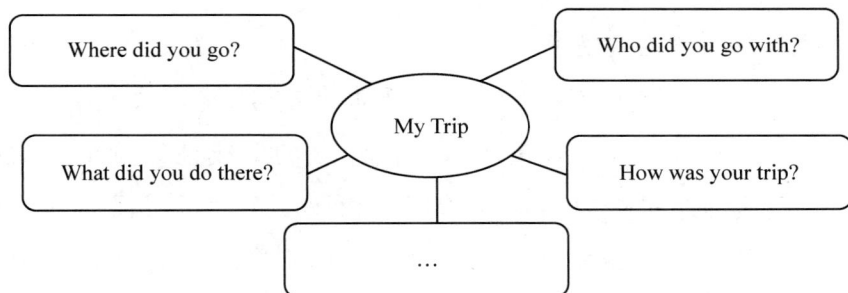

例题13.根据下列内容帮助迈克写一篇日记。要求：紧扣主题，语言达意，语句通顺、有条理。不少于5句话。

A Day on My Uncle's Farm			
Activity	Time	Activity	Time
Get up	7：00 am	Milk the cows	11：00am
Have breakfast	7：30 am	Cut the grass	1：30pm
Get to the farm	8：00 am	Ride horses	3：00pm
Feed the animals	8：40 am	Come back	5：00pm

例题解析：例题10仿照范例写句子符合《课标(2022年版)》语言表达性技能一级中对"写"的要求，重点考查学生根据图片仿写简单句的能力。学

生要能看懂图意并了解句子书写格式（如句首字母大写、句后有标点等）。例题 11 和例题 12 符合《课标（2022 年版）》语言表达性技能二级中对"写"的要求，考查的是学生看图和根据提示连贯描述的能力。例题 12 相比例题 11 更具开放性，更需要体现语言表述的逻辑性和完整性。例题 13 也是语言表达性技能二级中对"写"的要求，考查的是学生运用图表创造性地表达意义的能力。

（二）形成性评价的主要方式及需要注意的问题

在课堂教学中，形成性评价可记录学生语言综合运用能力的形成、核心素养的发展以及学习兴趣和学习习惯的形成等过程。形成性评价以激励为主要原则，教师应根据教学需要和学生年龄特点、认知水平和学习内容等设计评价内容和方式。

1. 形成性评价的常见方式

低年级的形成性评价更多指向学习活动的参与状态，如专注力、倾听、表达以及完成作业等学习习惯的养成，高年级的形成性评价更多指向学生语言理解和表达的质量、思维参与的广度和深度、学习习惯的养成以及学习策略的运用等，无论哪种形式的评价都应以促学为目标。教学中常见的形成性评价方式有：黑板评价、墙壁评价、记录单评价、评价手册评价等。

（1）黑板评价。

黑板评价是低年级英语课堂最常采用的课堂评价方式，它简单、直观、易操作，符合低年级学生的认知水平和学习特点。黑板评价案例如图 1-2-5 和表 1-2-11 所示。

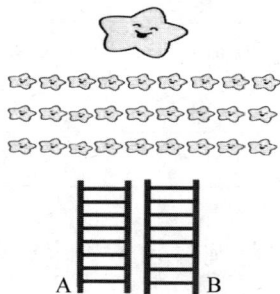

图 1-2-5　黑板评价案例"摘星"

表 1-2-11　黑板评价案例"水果表格"

	Group Apple	Group Orange	Group Pear	Group Mango	Group Banana	Group Strawberry
👀👂 Watch & Listen						
👄 Follow & Repeat						
👦👧👦 Read						
🧍🧍 Perform						
English Only (No Chinese)						

　　这两个案例均适合低年级日常教学形成性评价。在图 1-2-5 所示的案例中，学生结成两个小组，各小组每完成一个小任务就得到一颗小的智慧星，并向上攀爬一节梯子，最先攀爬到顶端的小组摘得大的智慧星。这种评价方式可用于复习导入阶段的知识回忆、新授阶段的猜测理解、巩固环节的智慧问答等活动。教师可以利用这种评价方式调动学生的参与兴趣，启发、激励学生主动思考、大胆表达、合作完成任务。

　　在表 1-2-11 所示的案例中，学生结成数个小组并用水果给小组命名，教师在黑板上根据组名和评价维度画出表格，并根据各组表现，给各个小组画出相应的水果图案，以此来监控学生学习状态的保持情况或展示效果。学生的表现可以由教师评价，也可以由学生评价。组名可每月更换一次，由各小组协商自主选定新组名。各组自主命名可强化学生的词汇归类意识，便于学生分类记忆词汇，同时激发学生参与的兴趣；评价维度的多元化可有效监控学生的学习习惯，如视听、表达、读书、表演等；"English Only"或"No Chinese"原则可监控学生用英语做事和思考的过程。这是一种将知识、习惯、态度与能力同时进行监控的有效评价方法，可用于整节课对小组和个人学习过程的监控评价。这种评价方式关注了学生参与课堂学习的表现性特征，如听说、跟读、朗读、表演情况以及使用英语交流的情况。如果教师认为画图案比较烦琐，可用贴小磁扣代替。

（2）墙壁评价。

教学中，黑板评价具有即时性特点，不容易记录学生某阶段的成长过程。因此，教师可采用墙壁评价的方法来配合黑板评价，有效解决这一问题。墙壁评价的案例如图1-2-6、图1-2-7所示。

图1-2-6　墙壁评价案例"美丽花园"

图1-2-7　墙壁评价案例"装饰小动物的家"

墙壁评价的方式适用于小学低、中年级。在图1-2-6所示的案例中，教师可将学生分为6个小组，每个小组成员获得的奖励都要按照事先的约定贴到相应圆圈中（如A同学的奖励贴在蓝色圆圈中，B同学的奖励贴在红色圆圈中），这样，每个月或每学期结束，学生的综合表现和每个组的成长轨迹就能被清晰地展现出来。

在图1-2-7的案例中，教师可以将学生分为4个小组，每个小组认领一个小动物的家，并用本组学生所获得的奖励贴纸装饰小动物的家，比一比哪个小组能让小动物家中的装饰又多又好看。这样的墙壁评价方式形象生动，可以吸引学生的参与兴趣；结果直观，可以激发学生的学习动机。

（3）记录单评价。

评价记录单是中、高年级课堂经常使用的一种评价方式，教师可利用评价记录单评价学生在单元或课时学习后的效果，如表 1-2-12 所示的北京版小学英语四年级下册 UNIT THREE CAN YOU TELL ME THE WAY? 的单元学习评价记录单和表 1-2-13 所示的北京版小学英语六年级上册 U-NIT FIVE WHEN DID THE ANCIENT OLYMPIC GAMES BEGIN? Lesson 15 的课时学习评价记录单。

表 1-2-12　单元学习评价记录单

UNIT THREE CAN YOU TELL ME THE WAY? 单元学习评价记录单

1. In this unit，I know the places they go：_____

_____

2. We can ask and answer the way in these ways.

Ask the way	Answer the way

3. When we ask the way, we should be politely, so we use：

_____

4. I can draw the map of our town, and I can introduce how to get there.

表 1-2-13　课时学习评价记录单

UNIT FIVE Lesson 15 学习评价记录单

＊＊＊What do you know about the ancient Olympic Games?

1. I can read these words：□ancient　□history　□modern　□Olympia　□Greece

2. I know the meaning of these words or phrases：□ the ancient Olympic Games

□the modern Olympic Games　　□history　□held the first Olympics

□Olympia　□Greece

3. I can read the dialogue. □Yes　□No

4. I know something about the ancient Olympic games：＿＿＿＿＿＿＿＿＿＿

＿＿＿＿＿＿＿＿＿＿＿＿＿＿＿＿＿＿＿＿＿＿＿＿＿＿＿＿＿＿＿＿＿＿＿＿

＊＊＊What do you want to know about the ancient Olympic Games：＿＿＿＿＿

＿＿＿＿＿＿＿＿＿＿＿＿＿＿＿＿＿＿＿＿＿＿＿＿＿＿＿＿＿＿＿＿＿＿＿＿

＊＊＊What have you known about the ancient Olympic Games：＿＿＿＿＿＿＿

＿＿＿＿＿＿＿＿＿＿＿＿＿＿＿＿＿＿＿＿＿＿＿＿＿＿＿＿＿＿＿＿＿＿＿＿

　　　这些学习评价记录单不仅能记录学生对本单元或本课时的语言知识的掌握情况和读、写技能，还能记录学习过程中的成功和遇到的困难、学习态度以及学习策略、学习方式等方面的内容。评价内容针对性较强，评价维度多元，可帮助学生养成概括、整合信息的能力和自主学习能力，便于学生正确认识自我，为自我成长与发展寻找适合的学习策略。

　　　(4)档案袋评价。

　　　学生成长档案袋也是形成性评价经常采用的一种评价方式。教师通过收集学生的个性化作业、参赛照片、专题演讲稿、日常或期末测试卷等记录学生成长轨迹的物质资料来对学生某一阶段的学习情况进行分析，从而帮助学生认识自我，发展特长，张扬个性，也帮助教师自身及时改进教学。学生成长档案袋每人一份，可以用文件夹分类标识，也可以由学生自主设计。平时，学生成长档案袋可以放在教室的书柜里，便于学生随时查看。每单元结束或每学期期末时，学生都可对其中的资料进行分类整理，这样他们既可以及时回顾学习的内容，又可以回顾活动过程中自己的表现，增强学习取得成就的自豪感。同时，这样的整理也可以使学生不断总结经验，促使其在自我反思中成长与发展。

2. 形成性评价应注意的问题

第一，形成性评价要以激励为主，但也可偶尔采用适当的"惩罚"式手段对学生的违规行为进行约束。比如，在评价小组活动过程中是否说汉语这一情况时，教师可给每组画三颗星作为奖励，并告诉学生如果全程使用英语讨论且声音大小适宜、纪律始终良好，就可以保留三颗星；但如果违规，教师会给一次提示，提示两次不改则该小组将被擦除一颗星。这种"惩罚"式评价有时比表扬式评价更有效。但要注意，"惩罚"式评价要少用、妙用，不能因此打消学生的积极性。

第二，评价的目的要清晰，不要为了评价而评价。经常有新老师询问，课堂教学是否必须要有画星星等评价活动。提出这样的问题的教师需要理解什么是评价，再来思考为什么评价。评价是一种手段，其目的是通过口头表扬、眼神暗示、在黑板上画星星等外在手段来保证教学进程的顺利实施和教学效果的提升。如果学生已经养成了非常好的学习习惯，会倾听、会合作、会表达，教师就没有必要再借助外在手段进行评价了。

第三，评价的内容和方式要根据实际需要而定，要充分考虑学生认知水平和个性发展的特点。在小学低年级阶段，可以采用直观的评价方式，如用小贴画等物化的有形物品作为评价奖励，刺激学生学习动机的产生，但这种物质刺激不宜长期使用。随着学生年龄的增长，教师应逐渐关注学生学习内在动机的激发。同时，学生在低年级时，教师应该关注对学生习惯养成方面的评价；随着学生的成长，教师应该更加关注对学生语言学习本身、思维品质发展和学习能力方面的评价，使评价为促进学生终身学习服务。

第四，评价要尽量做到及时、准确、公平、公正。教师一定要向学生讲明评价的标准，给每个小组公平的展示机会，给每个人公平的思考时间和活动空间；教师评价时，也要考虑小组成员间水平的差异性，不能戴着有色眼镜看待学生。教师对学生的评价语言要具有启发性、引导性、鼓励性。教师给不同学生的物质奖励数额应尽量一致，不要因奖励数额差异过大使学生产生负面情绪。

（三）终结性评价的主要方式及应注意的问题

1. 终结性评价的主要方式

期末测试是终结性评价常见的形式，但教师切不可只凭一张期末试卷评定学生的学习质量，而是应综合考虑学生的素养发展目标，确定最佳的终结性评价方式，如口语表达、真实交际等。教师也可将日常的形成性评价和期末终结性评价相结合，根据实际情况设计学期评价量化评价表，如表 1-2-14 所示。

表 1-2-14　五年级学生学期评价量化表[①]

评价形式	形成性评价 （50%）						终结性评价 （50%）			
评价类别	课堂学习 （40%）			作业（40%）			单元测试 （20%）	档案袋 （20%）		期末测试 （80%）
评价内容	预习作业	回答问题	对话朗读	合作互动	课时作业	单元作业	单元试卷 （口试及笔试）	手抄报	测试资料	口试 （朗读及口语交际）	笔试 （听力、基础知识及读写）
内容数量											
等级											

以上评价量表中，学生学期评价的总成绩包含了形成性评价和终结性评价各自的成绩。其中，形成性评价占主要部分，终结性评价占次要部分。形成性评价关注了学生本学期每一节课的学习过程和学习效果以及单元和课时作业完成的质量，同时也利用单元测试的形式关注了每单元学习后的口语表达技能以及知识与技能的综合运用。终结性评价关注了学生的档案袋内容和期末测试成绩。档案袋体现了学生学习过程中是否养成了及时梳理知识、整理学习资料的习惯，期末测试包含的口试和笔试是终结性评价必不可少的内容，更能反映学期课程目标和学生素养发展水平是否实现，

---

① 案例由北京市顺义区李遂中心小学殷翠老师提供。

是能促进学生综合素养发展的手段。

以上评价内容和形式适用于小学三至六年级，评价表中各项内容所占比重可根据需要灵活调整，评价内容也可根据实际教学进行删减和补充。《课标(2022年版)》没有规定一二年级学生的核心素养发展目标，只在教学提示中提出要以视、听、说为语言学习的主要方式；要注重学生的体验、感知和实践，激发英语学习兴趣，保持学习注意力并倡导以激励为主的评价方式，鼓励学生大胆开口、乐于参与学习活动。而且《关于加强义务教育学校作业管理的通知》指出，学校要确保小学一二年级不布置书面家庭作业，可在校内安排适当巩固练习。因此，对低年级学生的期末评价更应以形成性评价为主，期末测试也不能采取纸笔测试的形式，而应采取有趣的体验性活动等形式，检测学生对本学期所学知识的掌握情况、语言技能的发展情况以及学习习惯的养成情况等。相关低年级学生期末评价量化表示例如表 1-2-15 所示。

表 1-2-15　低年级学生期末评价量化表①

评价形式	形成性评价（60%）						期末终结性评价（40%）							
评价类别	课堂学习（100%）							档案袋（20%）			期末乐考（80%）			
评价内容	专注听讲	大胆发言	积极互动	字母认读	单词说读	对话读演	歌谣歌曲演唱	词卡绘制作品	单元奖励贴纸	画中话小书	书写大赛作品	听音指图或指物	听指令做动作	看图说词句、做游戏猜词语	表演对话或歌曲、童谣
等级														

以上评价量化表关注了学生整个学期的学习过程、学习结果，重点指向学生的英语学习兴趣、学习习惯和英语基础知识、实践能力。课堂学习

—————————————

① 案例由北京市顺义区李遂中心小学殷翠老师提供。

评价贯穿教学始终，档案袋的内容是本学期每一单元或课时学习资料的汇总。学生整理这些资料的过程既是复习归纳的过程，也是良好学习习惯养成的过程。期末"乐考"的形式符合《课标(2022年版)》中的教学建议，符合低年级学生的学习特点，关注了学生学习兴趣的激发和注意力的培养。

《课标(2022年版)》将建立学生档案袋作为期末评价的一种方式，也有教师将其归为形成性评价的方式。无论是作为哪种评价方式，其目的都是为了促进学生综合素养的发展。

2. 终结性评价应注意的问题

首先，教师应认识到评价只是检测学生学习效果的手段和工具，不能以考代教或考得过于频繁，更要避免把学生当成做题的机器。

其次，要严格按照课程标准的要求，开展以发展为目的的评价。在评价的过程中，教师既要观察学生对测评活动本身的兴趣、参与的态度等，也要分析学生是否能运用学习策略解决听、说、读、写等方面的问题，是否能顺利完成活动任务等。

最后，教师要关注学生的性别差异，根据学生的性别差异进行评价方式和评价内容的选择与设计。

无论是形成性评价还是终结性评价，都要着眼于学生的学习过程、努力程度、获得进步和存在的问题。评价的过程要明确学科教学改革的方向，关注课程目标、课程理念、课程内容、教学活动、学业质量之间的关系，关注学生核心素养的发展和问题解决能力。教师要通过评价促进学生学的真实发生和学习过程中的实际获得，同时也促进教师自身教的改进。评价活动的设计要努力体现知识在学生生活中的应用，努力实现从学科教学走向学科教育。

教师需要注意的是，命题不仅仅是学科教研员的职责，也是一线英语教师教学研究的另一种能力。每一位英语教师都应该认真研读并落实《课标(2022年版)》中的每一条理念，把目标、内容、活动、评价紧密关联，注重教、学、评的质量，从而真正做到以学定教、以教定评、以评促学、以评促教。

✎ | 实践操练 |

1. 请你解释《课标(2022年版)》在课程性质中提到的"义务教育英语课程体现工具性和人文性的统一,具有基础性、实践性和综合性特征"的含义。

2. 请你结合《课标(2022年版)》中的义务教育英语课程内容结构示意图,解释各图中要素之间的关系。

3. 请自选内容设计符合课程理念的单元教学和课时教学案例。(单元教学设计含教学内容分析、单元主题框架设计、单元目标、单元主要活动及单元作业;课时教学案例含课时目标、教学重难点、教学过程、作业设计等。课时教学案例可选其中一课时详细介绍,其他课时教学过程可简述)

单元小结 ⋯⋯▶

《课标(2022年版)》是指导教师进行课堂教学的纲领性文件,教师要认真阅读、阅读、再阅读。阅读第一遍时,教师可以采取通读的方式,这种提纲挈领式的阅读便于教师把握整本书的结构框架。阅读第二遍时,教师必须精读,需要将课程理念与书后的教学案例和评价案例前后对照、理解。在阅读第三遍时,教师要联系实际教学进行精细思考,根据《课标(2022年版)》中的理论支撑分析、诊断自己设计的教学目标、教学活动、评价活动,关注检测目标设计的适切性和活动设计的层次性。教师要遵循先把书读薄再读厚的过程,读的过程中要有自己的思考,把书读懂、读活、读通透,使每一次阅读都有新体验、新发现。读是理解与内化,用是实践与探索,就像英语学习活动观所倡导的步骤:学习理解—应用实践—迁移创新。教师需牢记英语课程的工具性和人文性特征,牢记课程理念是进行教学设计、实施课堂教学的根基,牢记课程目标结构图是设计教学目标的图式支撑,牢记书中的教学案例可借鉴、可变通。对《课标(2022年版)》的透彻把握能有效帮助教师开展教学工作。

单元练习 ·····▶

请你结合所学，分析下列案例。

这是某小学英语课堂中的一个教学片段，分析该活动适用于哪个教学环节，其目的是什么。从英语学习活动观的角度对此案例进行简单评析。

教师在幻灯片中展示四种动物的尾巴，并引导学生猜测：Whose tail is it? 学生猜出来后围绕图片展开讨论。

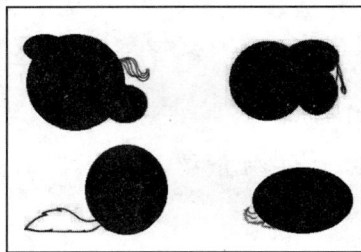

谈论图片时所用的语言：What is it? What color is it? What can it do? Is it big?

案例评析：_____

_____

_____

_____

_____

阅读链接 ·····▶

1. 程晓堂. 改什么？如何教？怎样考？：义务教育英语课程标准（2022年版）解析［M］. 北京：外语教学与研究出版社，2022.

2. 程晓堂. 义务教育课程标准（2022年版）课例式解读：小学英语［M］. 北京：教育科学出版社，2022.

3. 梅德明，王蔷. 义务教育英语课程标准（2022年版）解读：小学英语［M］. 北京：北京师范大学出版社，2022.

4. 王蔷．新版课程标准解析与教学指导(2022 年版)：小学英语［M］．北京：北京师范大学出版社，2022.

5. 中华人民共和国教育部．义务教育英语课程标准(2022 年版)［M］．北京：北京师范大学出版社，2022.

第二单元　小学英语教学设计

单元学习目标 ……▶

1. 理解教学设计的内涵、意义和构成要素。
2. 设计科学规范的教学目标。
3. 完成一份完整的会话课教学设计。
4. 完成一份完整的复习课教学设计。
5. 完成一份完整的阅读课教学设计。

单元导读 ……▶

　　教学设计是分析教学问题、设计解决方法、对解决方法进行试行、评价实施结果，并在评价基础上修改方法的过程。做好教学设计不仅是落实新课程理念的要求，也是指导教学活动，制订教学方案，提高课堂教学质量和教学有效性，创新教学方法，促进学生发展的需要。本单元介绍了教学设计的内涵、意义，小学英语教学设计的要素及框架，小学英语教学目标的制订和表述，小学英语常见课型，如会话课、阅读课及复习课教学设计应该关注的问题。同时针对不同课型，本单元提供了优秀的教学设计作为范本和参考，以帮助新教师尽快提升小学英语教学设计水平。

单元导航 ······▶

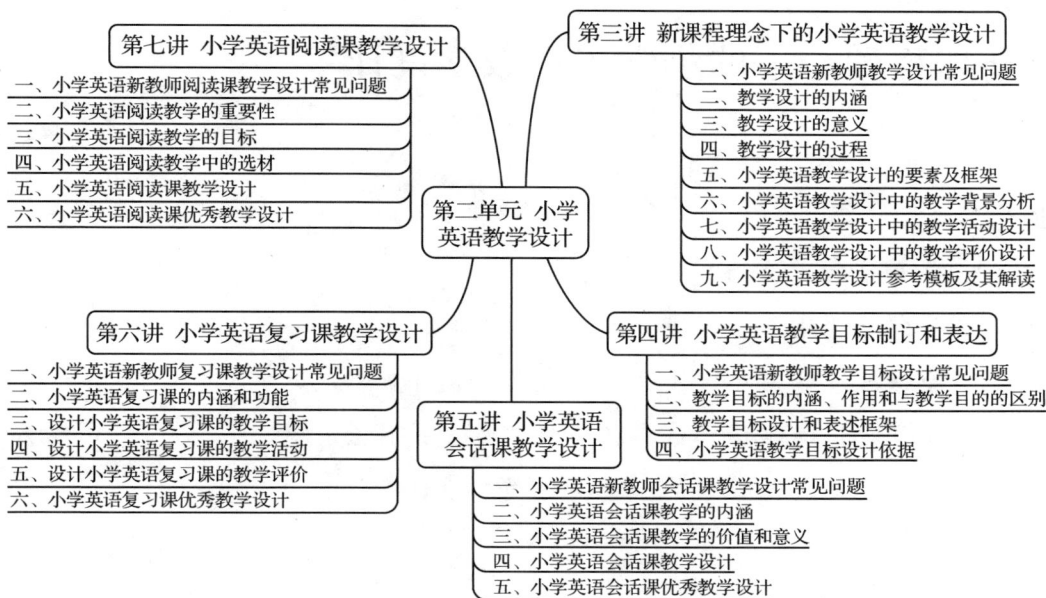

第七讲 小学英语阅读课教学设计
一、小学英语新教师阅读课教学设计常见问题
二、小学英语阅读教学的重要性
三、小学英语阅读教学的目标
四、小学英语阅读教学中的选材
五、小学英语阅读课教学设计
六、小学英语阅读课优秀教学设计

第三讲 新课程理念下的小学英语教学设计
一、小学英语新教师教学设计常见问题
二、教学设计的内涵
三、教学设计的意义
四、教学设计的过程
五、小学英语教学设计的要素及框架
六、小学英语教学设计中的教学背景分析
七、小学英语教学设计中的教学活动设计
八、小学英语教学设计中的教学评价设计
九、小学英语教学设计参考模板及其解读

第二单元 小学
英语教学设计

第六讲 小学英语复习课教学设计
一、小学英语新教师复习课教学设计常见问题
二、小学英语复习课的内涵和功能
三、设计小学英语复习课的教学目标
四、设计小学英语复习课的教学活动
五、设计小学英语复习课的教学评价
六、小学英语复习课优秀教学设计

第四讲 小学英语教学目标制订和表达
一、小学英语新教师教学目标设计常见问题
二、教学目标的内涵、作用和与教学目的的区别
三、教学目标设计和表述框架
四、小学英语教学目标设计依据

第五讲 小学英语
会话课教学设计
一、小学英语新教师会话课教学设计常见问题
二、小学英语会话课教学的内涵
三、小学英语会话课教学的价值和意义
四、小学英语会话课教学设计
五、小学英语会话课优秀教学设计

▶ 第三讲
新课程理念下的小学英语教学设计

请你思考：

1. 什么是教学设计？
2. 为什么要进行小学英语教学设计？
3. 新课程理念对小学英语教学设计提出了哪些要求？
4. 小学英语教学设计的框架与相关维度是什么？
5. 如何撰写一份合格的小学英语教学设计？

一、小学英语新教师教学设计常见问题

笔者连续三年调查研究北京市四个区县小学英语新教师的教学实践情况，结果发现在教学实践过程中，新教师在教学设计方面普遍存在以下问题。

第一，新教师不理解教学设计的概念。很多新教师听说过"教学设计"一词，师范类毕业生在大学期间也进行过专门的学习，但是付诸实践少，大多数教师会基于自己的学习经历，认为教学设计就是教案，对教学设计的基本理念、原理、包含的内容缺乏整体、科学的学习，导致在进行教学设计时问题百出，严重影响教学的有效实施。

第二，新教师对教材分析和学情分析重点的把握易出现偏差。新教师对教学设计进行整体、科学的学习之后，在进行教材分析和学情分析时仍出现偏差：一是重局部分析，轻整体思考，二是重学情分析，轻教材分析。教师分析教材本应从整体出发，在了解教学内容在本单元，甚至是本册、本学科中的地位和作用后，再进行教学设计。然而，有的新教师对教材整体的把握有所欠缺，不能很好地发挥教材分析对教学设计的基础性作用。有些新教师还出现了重学情分析，轻教材分析的情况。在备课前，教师要对教材进行分析，抓住教学的重

难点从而开展教学设计。但部分新教师会认为教材分析比较浪费时间，故不容易沉下心来挖掘与分析教学内容，而他们通常对所教的学生非常熟悉，因此开展学情分析比较容易。因此有些教师擅长进行学情分析，但对教材的分析明显不足。

第三，新教师的教学目标设计易出现偏差。教学目标是一堂课的灵魂，教学目标的设计就是为课堂赋予灵魂的过程。这些目标涉及语言知识、语言技能、情感态度、学习策略、文化意识，以及综合语言运用能力等方面，但就每堂课而言，目标可能会各有侧重。

首先，新教师易把教学活动当作教学目标，如用一件事、一个项目、一次活动来表示教学目标，或者误把语法、词汇、语言技能等教学内容当作教学目标，这都是不足取的。

例如，某新教师设定的教学目标如下。

①To learn the story and try to read it.

②To practise the pattern：I need…

③To learn the new words：seed，bud.

在该教学目标设计中，第①项其实是教学任务，而不是教学目标，应当删除。第②项和第③项把教学内容作为教学目标。第②项可以修改为"To be able to use the pattern：I need…"。第③项改为"To say and underline the parts of a plant."更为妥当。如何使用正确的行为动词进行教学目标的表述，后边章节将进行专门的论述。

其次，新教师的教学目标易缺乏层次性。新课程标准要求教学过程中注意分层推进，让每一个学生都能在课堂上有所收获，这就决定了在教学目标上要注意分层。学生发展的渐进性和个体差异性决定了教学目标内容的层次结构性。有的新教师列出的教学目标属于同一层次，如都属于语言目标，缺少英语教学中的思维目标和文化目标，未能体现教学目标的层次性原则。另外，不少新教师在教学目标的表述中有具体目标内容，但是不同的目标内容之间有时不能体现逻辑层次，下位目标、中位目标和上位目标排列无序，显得凌乱。从表达角度而言，教学目标的撰写应当展现逐层进阶的过程。

第四，新教师的教学过程设计易缺乏逻辑顺序和以学生为主体的理念。

在确定教学目标之后，我们就进入了教学过程设计的环节。教学过程往往被认为是整个教学设计的主体，也是教师在课堂中实施教学的重要依据。教学过程的设计要特别重视教与学的关系，时刻围绕教学目标的落实而展开。

首先，新教师的教学过程设计易缺乏每个环节的逻辑衔接。大部分教师的过程设计都体现了任务型教学以及情景教学的教学理念，但部分教师在运用这些理念时采用了直线型、流水式的表述方式，很多步骤更是以一问一答的形式铺展。由此产生的问题是各步骤间的关联性差，逻辑松散，结构框架让人无法捉摸。

其次，新教师的教学过程往往以教师活动为主，忽略了学生的主体地位，部分教师的设计存在只见教师、不见学生的现象：提问封闭，形式单调，教师牵着学生走，过程缺乏挑战性，学生的兴趣与潜力未能得到充分激发。学生没有成为课堂中的主角，而是成了课堂中的看客。

二、教学设计的内涵

备课是教师最熟悉的工作，认真备课是上好每一节课的前提；撰写教案是教师通过认真备课形成的笔头记录，是上课前必须要做的工作。近年，教学设计走进了教师的视野，但其尚处于刚刚开始引起关注的阶段，教师对教学设计的概况还不甚了解；一些教师虽然接受了培训，但是在进行教学设计时，仍存在设计"程式化"、新理念运用"形式化"的问题；一些教师在实施教学设计的过程中，面临着教学设计理想化，实施缺少有效性的问题。

教学设计是有效开展教学的前提和保障，能否科学合理、有效地进行英语教学设计直接关系着课堂教学效果和学生能力能否提高。

教学设计是一个系统化规划教学系统的过程。教学系统本身是对资源和程序做出有利于学习的安排。教学是以促进学习的方式影响学习者的一系列事件，教学设计就是一个系统化规划教学的过程。乌美娜等认为，教学设计是运用系统方法分析教学问题和确定教学目标，建立解决教学问题的策略方案，试行解决方案，评价试行结果和对方案进行修改的过程。[①]

---

① 乌美娜：《教学设计》，12页，北京，高等教育出版社，1994。

教学系统设计主要是以促进学习者的学习为根本目的，运用系统方法，将学习理论与教学理论等的原理转换成对教学目标、教学内容、教学方法和教学策略、教学评价等环节进行具体计划，创设有效的教与学系统的"过程"或"程序"。教学系统设计是以解决教学问题、优化学习为目的的特殊设计活动。教学系统设计既具有设计学科的一般性质，又必须遵循教学的基本规律。

课堂教学设计是针对一节课或某一个具体问题所进行的教学设计活动，也称为即时教学设计。从设计范围来看，它包括对一堂课的教学设计，也包括对一个具体的教学环节和教学情境的设计；从教学设计的特点来看，它既包括课前进行的教学设计（或称为预设性的教学设计），也包括课中进行的教学设计（或称为生成性的教学设计）。

三、教学设计的意义

（一）进行教学设计，符合新课程理念的要求

提高教学质量的关键在教师。"台上一分钟，台下十年功"，教师要不断学习，准确把握课程标准的理念、目标和内容，运用教育学和心理学原理，研究语言教学的规律。教师要根据学生的心理特征和实际情况，灵活运用各种教学技巧和方法，发挥课堂教学的调控和组织能力；掌握现代教育技术，在继续学习和实际教学中将其运用自如；自觉加强中外文化修养，拓宽知识面。同时，教师也要根据教学目标、学生的需要以及当地客观条件，积极地和有创造性地探索有效的教学方法；不断对自己的教学行为进行反思，努力使自己成为具有创新精神的研究型教师。只有在吃透课标、深钻教材、研究学生的前提下，教师才能做到精心设计教学，在教学中胸有成竹和有的放矢。

《课标（2022 年版）》在课程实施部分指出，教师是确保英语课程有效实施的关键要素。教师的专业化水平是有效实施英语课程的关键。教师应该准确、深刻领会课程理念、目标和要求，并转化为切实有效的教学实践，全面促成学生核心素养的形成与发展。教师只有不断地提高自身的专业水平，才能与课程改革同步发展。

（二）指导教学活动，提高教学的有效性

教学设计的对象是教学过程及其活动，其目的是为教学提供一个可操作的教学实施方案。教学设计是一个不断完善的过程，不是一次设计就完成的，而应在设计、反馈、修正之后再实施。它不是力求发现客观存在的尚不为人知的教学规律，而是运用已知的教学规律创造性地解决教学中的问题。

小学英语教学设计是英语教学活动的蓝图，它体现了小学英语教师关于教学目标、教学内容、教学过程、教学策略等教学活动要素的设想。一旦被付诸实施，教学设计就成为指导教师教学活动的基本依据，教学活动的每个要素、每个步骤都受它的约束和控制。因此，对于小学英语教师来说，教学设计可以为教师提供科学的教学技术手段和有效的教学工具，教师通过应用这些技术和工具，可以使教育观念、原则要求和教育学、心理学的研究成果在实践中得到有效的应用。

（三）规划教学方案，提高课堂教学质量

小学英语教学设计以系统科学的方法为指导，对影响小学英语教学的各要素进行整体安排与组合，对各种教学资源、教学要素、教学步骤等组成的教学活动进行综合、全面的规划和安排，使它们以教学目标为核心，相互协调和配合，形成一个完整的教学方案。

课堂教学的成功与否很大程度上取决于教学设计和课堂实施成功与否。教学设计是教学实施的基础。如果教学设计不合理，教学实施也不可能成功。因此，提高教师的教学设计能力对提高课堂教学质量起着非常重要的作用。

（四）创新教学方法，促进学生的发展

教学设计是一项富有创造性的活动。教学设计的过程，是教师在深入研究教材和学生的基础上，根据不同的教学目标和教学实际，创造性地设计教学方案的过程。

教师在做教学设计时要问自己四个问题：①我的学生现在的水平如何（起点）；②我希望我的学生达到怎样的水平（目标）；③学生怎样达到预设的水平（过程）；④如何知道学生是否达到了预设的水平（评价）。从这四个问题可以看出，教学设计最本质的意义是将教学重点由教师的教转到学生的学，以学生的学为导向设计和实施教学。

因此，在进行教学设计时，教师首先要做的工作是分析学习者的学习需求。教师通过对学习者学习需求和认知水平的分析，结合学习者的特点，选择和运用适合的教学策略及教学方式、方法，设计丰富多样的教学活动来激发学习者的学习兴趣，促使其主动参与学习活动，从而达到发展学习者能力的目的。

四、教学设计的过程

教学设计是对教学活动系统规划、决策的过程，所遵循的设计程序由分析、设计、评价三个部分组成，如以下文字说明及图 2-1-1 所示。

分析：设计者要分析学习需求、学习内容、学习者的特征；

设计：设计者要确定教学目标，对教学策略、教学技术和教学过程进行设计、研究；

评价：设计者要开展形成性评价和总结性评价。评价的结果是教学分析与设计的重要基础。

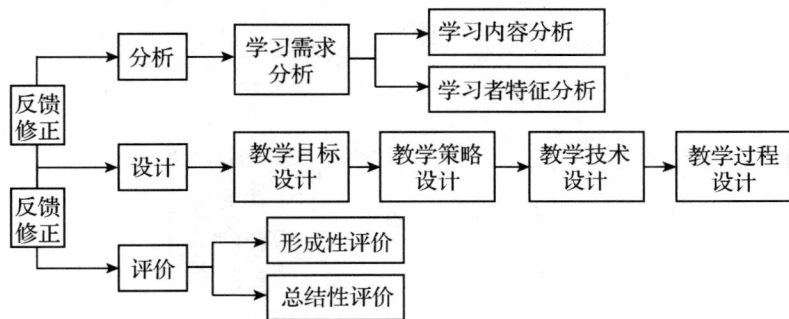

图 2-1-1　教学设计模型

上述教学设计模型集中体现了教学设计活动所涉及的基本要素。即教学目标——教学活动过程所要达到的主要预期目标是什么；教学内容——为达到教学活动的预期目标，应如何选择和组织知识与学生已有的经验；教学策略与教学过程——如何组织和实施有效的教学；教学评价——怎样及时获得和有效利用教学过程中的反馈信息，激励学生高效学习。设计者在进行常规教学活动范围内的教学设计时，综合考虑这些基本要素，有利于形成全面、合理的教学设计方案。

五、小学英语教学设计的要素及框架

教师可以从宏观、中观和微观等不同层面进行教学设计，下面我们从微观方面了解小学英语的单元、课时及专题的设计。小学英语教学设计框架如表 2-1-1 所示。

表 2-1-1　小学英语教学设计框架

要素		维度	核心关注点	次关注点
小学英语教学设计	分析	维度一 教学背景分析	学习需求分析	学习者分析
				教学内容分析
	设计	维度二 教学目标分析	教学目标的确立	教学目标确立的整体性原则
				教学目标确立的适度性原则
				教学目标确立的层次性原则
			教学目标的表述	指示要明确
				可检测性要强
				多维目标可整合
		维度三 教学活动设计	教学活动的定义	课堂教学的核心内容
			教学活动的要素	活动的目的
				活动的内容
				活动的难度
				活动的材料
				活动的步骤
				活动的参与
				活动的形式
				活动的评价
			教学活动的设计原则	活动设计的主体性原则
				活动设计的直观原则
				活动设计的游戏原则
				活动设计的体验原则
			教学活动体现的 能力层次	语言技能一级目标活动设计
				语言技能二级目标活动设计
		维度四 教学评价	学生学习效果评价	多元化学习效果评价方式
			教师教学效果评价	基于学生学习效果的教师教学反思

六、小学英语教学设计中的教学背景分析

在教学设计中，人们从最初只关注"如何教"，即教学策略的选择与运用，到后来关注"教什么"，即教学目标、教学内容的确定与安排，到现在又开始涉及"为什么教"，即学习需求的分析。在小学英语课堂教学设计实践中，教学背景分析更侧重于学习者（学情）分析和教学内容分析两部分。

（一）学习者分析

教学设计的一切都始于对学习者特征的分析。只有准确把握学生的英语学习特征，才能设计符合这一特征的教学目标、教学策略、教学技术、教学过程及评价标准。

在小学英语教学过程中，学生是教学活动的主体，教师分析学生的特点时不仅要分析学生的知识、能力和态度，还要分析学生的认知特征、情感特征、学习的有利因素，以及其他需要关注的因素等。对于这些教师可以从如下几个方面去分析。

①学生的英语知识、英语技能水平和基础。教师要分析学生已具备的语言知识和技能水平，以在教学中有效借助学生已有的知识框架帮助学生理解和操练新语言，将新语言与学生已有的知识体系进行恰当的整合，为解决学生在学习中会遇到的困难并选取适合的教学方法提供依据。

②学生的认知心理特点及认知发展水平。这是英语课堂教学设计的基础和依据，包括学习兴趣、动机、态度、自信心、意志、学习能力、学习策略和智力水平等。

③学习环境、社会背景。英语学习的环境可以分为社会大环境和课堂教学的小环境。了解环境因素对英语学习的影响和作用对教师的教学设计具有积极的指导意义。

请看下面的学习者分析案例。①

---

① 案例由北京市海淀区第二实验小学田亚娟老师提供。

本单元授课对象是刚刚步入小学三个月的学生，他们活泼好动，喜爱游戏，喜欢阅读绘本故事，感性认识占主导，注意力集中时间为 15～20 分钟，根据此特点，教师多借用绘本故事，采取生动活泼、形式多样的教学活动来吸引学生的注意力，充分调动学生学习的积极性，激发学生的学习兴趣。

通过抽样调研我发现，我班学生基本都有学前英语学习的经验，他们都能够说出 banana、apple、orange 这三个词汇，大部分同学知道 pear 和 watermelon，少数同学了解 strawberry 和 peach。他们能够用" I see…""I like…"进行表达，能够听懂"Show me…"并做出正确的反应，也能够听懂"Do you like…?"并做出回答。

在对学生已有知识的调研中我发现，我班大部分学生的已有知识水平已经基本达到本教材中的语言知识水平，依据克拉申的语言输入理论，教师在教学中给学生提供的语言材料，应稍高于学生的已有语言水平，否则学习就没有效果。

孩子们有阅读简单绘本的经验，能够借助绘本进行学习，也能够简单预测、模仿朗读、表演绘本、改编创编等。通过访谈，我也了解到，我班学生喜欢吃水果，但各有偏好。他们知道水果对身体健康有好处，也愿意提倡大家多吃水果。

案例分析：在以上案例中，教师通过对学生的理性分析，找出学生目前的学习水平与期望达到的学习水平之间的差距，了解学生的学习需要和动机，并从中发现问题，探寻解决问题的合理途径。客观而有针对性的分析可以使教学设计有的放矢。

（二）教学内容分析

教学内容是指为实现教学目标而要求学生系统学习的知识、技能和行为经验的总和。这里主要从小学英语课堂教学设计的微观层次进行分析（即分析教材）。请看下面的案例。[①]

---

① 案例由北京市东城区府学胡同小学李曼老师提供。

一、单元整体教材分析

本节课是北京版小学英语一年级下册 UNIT FOUR HOW MANY STARS CAN YOU SEE? Lesson 15，单元话题是"numbers"，功能句型为有关询问物品数量的句型"How many …?"及其答案。这是学生第一次接触这个话题。但本单元中表达拥有物品数量的句型"I have…"以及看到物品数量的句型"I can see…"在一年级上册已经接触过了。而本单元中谈论物品数量时，又会涉及如"I like…""What color is it?""Can…?"等已学语言。本单元 3 节课的对话情境都是"农场"，在"农场"这个大情境之下出现不同的小情境，学生在不同情境中做不同的事情。"农场"为整个单元的情境主线。这个情境主线不是第一次出现，在 Lesson 2 的小韵文中就提到过"cows and ducks live on farms"，而在第一单元 Lesson 1、Lesson 2 中出现过 apple、cow 及 duck，在一年级上册出现过 bird 及 star。这些语言知识的复现，体现了单元间的联系和语言学习的渐进性与持续性。

授课过程渗透了字母学习策略。"按音归类"指的是将含有相同音素的字母进行归类，这有利于学生读准字母的名称音。这种学习策略，伴随在整个字母学习的过程当中。"建立联想"是让学生通过肢体动作表示字母的形状，从而在发挥学生想象力的同时调动学生已知，使学生在知识间建立联想，并培养学生的大写字母认读意识。

二、本节课教材分析

本节课是单元中的第三课时，学生在本节课主要学习在情境中表达"How many … do you have?""I have…"以及"How many … can you see?""I can see …"等句式。学生在第一课时中学习"How many … do you have?""I have …"，在第二课时学习"How many … can you see?""I can see …"，而本节课延续本单元的情境，继续介绍两种表达数量的句型，使学生更恰当地用语言表达。

本课为学习课，一共有 4 个板块的内容。

在第一个板块"Listen and say"中，相关图片展示了课本中的角色在农场里谈论奶牛和鸭子数量的情境。学生以此来学习句型"How many … do you have?""I have…"及"How many … can you see?""I can see …"。

在第二板块"Let's act"中，学生主要运用本课所学的功能句型"How many … can you see?""I can see …"，和同伴交流看到的物品数量。

在第三板块"Listen，repeat and trace"中，学生主要学习字母 T(t)的名称音及其正确书写，以及体会字母 T(t)在单词 tire、tiger 中的读音。

在第四板块"Let's say"中，学生主要学习小韵文。学生能够在说唱韵文的过程中，继续体会字母 T(t)的读音，并在说唱韵文中体会韵律和节奏。

根据本单元"整体教学"的设计思路，本节课继续将"农场"作为本节课的情境主线。在"Listen and say"环节中，学生用"How many … do you have?""I have…"询问和表达拥有物品的数量，用"How many … can you see?""I can see …"询问和表达看到的物品数量。学生在本节课要学习两个句型的问答，这有一定难度，教师可以通过预测语言、情境感知、角色体验、情境表演来帮助学生理解和恰当表达。

在"Listen，repeat and trace"中，学生比较熟悉单词 tiger 的含义和读音，但对 tire 比较陌生。学生也比较容易掌握字母 T(t)的读音和书写。教师通过观察图片、听音模仿、联系生活、按音归类等方式帮助学生掌握字母和单词，并通过亲身示范、动作表演等方式帮助学生体会单词和字母在韵文中的韵律和节奏。

案例分析：教材是教学设计的重要依据。为了从宏观上准确把握教材，教师要认真研读《课标(2022 年版)》，明确英语教学总体目标；树立正确的教材观，正确认识教材在英语教学中的作用。在分析教学内容时，教师可以考虑以下几个方面。

第一，基于单元整体教材分析，分析每一课的课型、重难点内容、话题关联、内容选取是否适应多层次的需求。教学内容的范围、深度要既与学生的现阶段水平相衔接，又适合学生的潜在水平，以利于学生在原有认知结构基础上"同化"或"顺应"新的知识。

第二，指出教学内容的特点、内涵与外延在整体学科知识、全套教材、单元教材中的地位、层次，以及该内容与学生已经学习或掌握了的知识的联系等。

第三，揭示学习中知识和技能的关系，分析蕴含在知识中的智力因素和情感因素，以利于知识技能的掌握和智力的开发。

七、小学英语教学设计中的教学活动设计

（一）教学活动的含义

教学活动是指教师按照一定的教学思路传授知识、培养能力、发展智力、陶冶情操的活动。在学校教育中，教学活动是指教师和学生之间开展的一系列有组织有计划的学习活动。《课标（2022年版）》明确指出，教学设计与实施要以主题为引领，以语篇为依托，通过学习理解、应用实践和迁移创新等活动，引导学生整合性地学习语言知识和文化知识，解决真实问题，达到在教学中培养学生核心素养的目的。

教学活动设计应关注的核心要素包括以下几个方面。

①活动的目的。活动的目的也就是我们为什么要设计教学活动。在设计活动之前，教师先要明确活动的目的是学习语言知识还是训练语言技能。

②活动的内容。活动的内容即教学时要进行什么。每一个活动都要涉及语言知识和语言技能，特别是语言技能。因为教学活动主要是培养学生技能的，所以教师要明确活动要培养的是什么语言知识（如词汇或语法）或什么语言技能（听、说、读、写中的一种或多种），以及培养听、说、读、写四项技能中的哪一种或哪几种。

③活动的难度。在备课或者设计教学活动时，教师往往会判断这个活动适合哪个年级或哪个程度的学生。这就是活动的难易度问题。教学设计要使活动的难易度与目标学生的年级和程度相匹配。

④活动的材料。活动的材料即学生和教师为了完成这个教学活动要用到的材料。包括纸质材料和图片、音频、视频材料等。

⑤活动的步骤。活动的步骤即活动的程序。一个活动需要哪几个环节或者哪几个步骤，先做什么、后做什么，教师都要考虑到。

⑥活动的参与。活动的参与即谁做什么，和谁做；是学生和学生之间的活动，还是学生与老师之间的活动；是两个人之间的活动；还是多个人之间的活动。在活动中，参与者非常重要。

⑦活动的形式。活动的形式即活动变化的多样形式。活动设计者提前设计好活动形式，但在实施过程中会有一些调整和变化，教师要根据课堂的实际情况灵活处理。即使是根据教材组织活动，活动形式也可以是可变、灵活的，因为教材本身就是灵活的。根据《课标（2022年版）》，教材可分两种，一种是文本的，即按照课程大纲编的课本；另一种是师本的，即教师根据学生现状，对教材进行重新调整而生成的。在《课标（2022年版）》之外，还有一种，是课堂上师生互动以后碰撞出来的火花，这就是当堂课最鲜活的教材。这三种教材，教师都要考虑，以充分利用碰撞出的火花，使课堂活动形式更加适于学生学习。

⑧活动的评价。活动的评价包括评价方式和评价手段，即活动完成以后，教师用什么方式来评价学生活动的开展情况。活动是否完整，完成效果如何，学生学习效果如何，都需要有一个明确的具体的评价方式。

这八个要素是教师在活动中要考虑的，但这八个要素并不一定都要在教材或教师课件上体现出来。

（二）小学英语教学活动设计应注意的原则

课堂教学活动是课堂教学的核心内容，活动是否适应小学生的需求，是否能够帮助达成教学目标，将直接影响教学效果的好坏。以下是小学英语教学活动设计应注意的原则。

1. 主体性原则

课堂教学应该以学生为主体，小学阶段教学活动设计同样应该贯彻以学生为主体的思想。小学阶段教学活动设计中学生的主体地位主要表现在如下方面。

①教学活动采用同伴活动或小组活动的方式，提高学生的参与度。

②学生有选择活动形式的权利。

③动适应学生的认知需求，不超出也不低于学生的认知水平。

④活动关注学生学习风格特点和多元智能的差异。

2. 直观性原则

小学阶段的活动应尽可能体现直观性原则，即采用图片、实物、手势、视频、动画、表情、动作等创设语境，构建语言与其表达的概念、行为等之间的直接关系。比如，用各种颜色的塑料花进行颜色等词汇的教学，通过实景照片进行场所名称的教学，用地图上的图标进行交通标志等词汇的教学。对以形象思维为主的小学生来说，直观教学是一种非常有效的教学方法，不仅能缩短教师讲解的时间，而且有利于学生理解、记忆词汇。

3. 游戏性原则

不管是语音、词汇，还是听、说、读、写，教师都应该根据学习内容的特点设计各种游戏活动，使学生在游戏中感知语言，在游戏中训练语言，在游戏中应用语言。

4. 体验性原则

小学生以经验型学习者、动觉学习者和触觉学习者居多，喜欢在做中学。小学阶段的活动设计应遵循体验性原则，设计各种能够促进学生参与的活动，让其在完成各种任务的过程中习得语言。

在进行教学活动设计时，教师要注意以上四个原则，使教学活动设计具有连贯性；在进行教学活动时，教师要注意体现学生主体性，尊重语言学习的规律。活动的设计还必须与其所处的教学过程相符合。也就是说，在教学设计中，处在呈现阶段的活动与处在训练阶段的活动不同，处在训练阶段的活动与处在应用阶段的活动也有所区别。例如，教学目标是让学生理解天气的表达方式，处在训练阶段的活动会要求学生将表示天气的形容词与相关图片进行匹配；处在应用阶段的活动则需要学生根据所给的天气图片描述天气。

（三）根据课标要求，设计不同层次的活动

《课标（2022年版）》指出，教学设计与实施要以主题为引领，以语篇为依托，通过学习理解、应用实践和迁移创新活动，引导学生整合性地学习语言知识和文化知识，进而运用所学知识、技能和策略，围绕主题表达个

人观点和态度，解决真实问题，达到在教学中培养学生核心素养的目的。

1. 学习理解类活动

教师要把握感知与注意、获取与梳理、概括与整合等基于语篇的学习活动要求，创设主题情境，激活学生已有的知识经验，使学生在已有的知识经验和学习主题之间建立关联。

案例：

T：It is Sunday morning and Maomao is playing. Look，what is in his hand?

S：A kite.

T：Yes，Maomao wants to fly the kite. Can he do it in the yard? What does granny say?

S：…

T：Why can't he do it here? Why is it dangerous? Where can he fly the kite then? In our daily life，where can we fly a kite safely?

案例中，教师通过问题链引导学生关注主题图信息，通过预测、感知和听力，理解语篇内容，关注主题意义探究和功能句的使用，同时关联学生生活和已知经验，形成新的知识结构，感知并理解语言所表达的意义。

2. 应用实践类活动

教师要把握描述与阐释、分析与判断、内化与运用等深入语篇的学习活动的要求，在学习理解类活动的基础上，引导学生基于所形成的结构化知识开展描述、阐释、分析、应用等多种有意义的语言实践活动，内化语言知识和文化知识，加深对文化内涵的理解，巩固结构化知识，促进知识向能力的转化。

案例：

T：Listen and repeat. Then read the dialog on your own. After that read in different roles.

T：Now let's act out the dialog.

T：Next I will show your some pictures. When you see the picture，use

"Please don't…" to give a warning. Good, it is your turn to play this game with your partner. For the first turn, A shows the pictures, B says. Then change your roles.

T: Now look at the picture of a beautiful park. In the park there is a lake. Work with your partner and say some danger warnings to the park visitors.

案例中，教师通过设计学生跟读对话，自己朗读对话，和同伴分角色朗读和表演对话活动，熟悉和内化文本语言。通过图片游戏，引导学生根据图片内容，利用功能语言，试着说出危险警告，关注主题意义的表达。在内化和熟悉语篇语言的基础上，结合学生生活中的真实情境，即公园里的一角，关联生活，在情境中初步应用结构化语言做事。

3. 迁移创新类活动

教师要把握推理与论证、想象和创造等超越语篇的学习活动要求，引导学生针对语篇背后的价值取向开展推理与论证活动，加深对主题意义的理解，进而运用所学知识技能、方法策略和思想观念，创造性地解决新情境中的问题，促进能力向素养的转化。

案例：

T: Now we will read a story book named *No, David*. David is a naughty boy. Look, he often does many naughty and dangerous things at home. Please work in groups of four. Read the story and choose three dangerous things he does and give some danger warnings. You are expected to write down your warnings.

案例中，教师在迁移创新环节，利用学生熟悉的绘本资源，激发学习兴趣，同时利用所学语言和主题，给绘本中的主人公提出危险警示，创造性地解决生活中的问题，促进能力向素养的转化，进一步深化了主题。

八、小学英语教学设计中的教学评价设计

教师在授课后，要对本节课或本单元的教学情况和效果进行思考和评价。教学评价按评价功能分类，可分为形成性评价和总结性评价。为了更

好地激励学生的学习兴趣，小学英语教学评价以形成性评价为主。在进行教学评价时，教师应注意以下几点。

第一，教学评价是对学生学习效果以及教师教学效果的评价。学习效果评价具体包括学生是否学到了应学的内容，其在知识、技能、情感等方面是否得到了发展，其参与教学活动的态度、广度、深度等是否达标。教学效果评价包括教师的教学目标是否达成、教学方法的选择是否有效、课堂操作是否有效果等。

第二，评价方式要灵活多样，可操作性强，尽可能体现评价的目的性。例如，在评价方式上，可用观察、测验、展示、成果、报告等检测学生活动效果；在评价主体上，可用教师评、学生评等方式检测学生学习效果。

第三，教学设计中的评价设计除了要依据教学目标，通过多种方法（如提问、测验、问卷、观察、谈话等）查明事实，并作出价值判断外，还要特别重视评价信息的反馈，并以此来调整、修改原来的教学设计或对未达到预期目标的学生给予帮助，总结教学设计的成败之处，为今后的教学提供依据。

反思可以使教师的教学指导思想更加明确，使其教学策略和教学视野得到进一步的拓展，从而进一步提高其教学水平，使教学取得良好效果。

✐ | 实践操练 |

请你根据对教学设计整体性的理解，参考优秀教学案例，完成一课时的整体教学设计简要方案，要求能全面体现教学设计的要素，包括课标要求和学生学习过程的活动设计。

在完成教学设计的过程中，结合自己教学中的问题，请你思考：在小学英语教学设计上，教师应如何基于教材与学情分析，设计教学目标、教学活动和教学评价，体现以学生为主题的教学？

▶第四讲
小学英语教学目标制订和表达

请你思考：

1. 什么是教学目标？

2. 教学目标在教学设计中发挥着怎样的作用和功能？

3. 如何设计和表述课堂教学目标？

教学目标作为课堂教学的方向和灵魂，在决定一节课的走向以及效果方面起着举足轻重的作用，设计适切的教学目标成为一线教师必备的基本功之一。《课标（2022年版）》将课程目标分为总目标和学段目标，而且较为详细地从语言能力、文化意识、思维品质和学习能力四个方面提出了各个学段的课程目标。这就要求教师要不断跟随国家政策更新自己的理念，制订适合时代需求、对接国家育人导向的课堂教学目标。刚刚入职的新教师更是要从最新理念出发，理解教学目标的概念内涵、设计框架、设计依据等，不断优化课堂教学目标，提高课堂教学育人水平。

一、小学英语新教师教学目标设计常见问题

（一）教学目标意识亟待增强

教学目标意识指教师对课堂教学目标的重视程度。教学目标起着导学、导教、导评价的作用，因此在课前做教学设计时，教师首先应该确定教学目标。在课堂上实施教学设计的整个过程中，教师也应该不断根据学生的现场生成诊断教学目标的达成情况，并根据需要对教学目标进行调整。究其根本，这种意识背后的理念其实是希望教师在课堂教学设计和实施中先要考虑"教什么""学什么"等教学目标问题，再来考虑"怎样教""怎样学"等教学过程和教学方法问题。增强教学目标意识对教师通过研磨教学目标把握教材和学情的能力、课堂驾控能力等的提升起着重要作用。

　　然而在日常教学实践中，笔者发现新教师在做教学设计时，往往直接根据教材内容先设计教学过程和教学活动，最后才设计教学目标；同时在课堂教学中，新教师更加关心的也是如何按计划实施预设的各个教学环节和活动，所以不管学生学得怎样，都要按照教学进度进行。如果我们对这种现象背后折射出来的教师意识进行分析，就会发现新教师在课堂教学设计和实施中秉承的理念是重点考虑"怎样教"的问题。也就是说，新教师往往将教材中的教学内容直接等同于教学目标，缺乏明确的教学目标意识。

　　教学设计的操作步骤包括学生需求分析、教学目标确定、教学方案确定和学习效果评价方案确定。从这些步骤来看，"教什么"是比"怎样教"更加上位的概念。只有确定了科学有效的教学目标，才能保证教学过程和活动为目标服务，才能保证得到高效的学习效果。因此，教师首先需要增强教学目标意识。

（二）将教学内容等同于教学目标，教学缺乏重点

　　一节好课要做到教学重点突出、结构严谨、有的放矢。而新教师往往不能很好地把握教学重点，导致课堂结构松散，学生的获得散乱模糊。其背后原因是新教师将教材中的教学内容等同于教学目标，教材文本上有什么就教什么，缺乏基于教学内容和学情的目标分析。在笔者看来，教学内容是教材文本所承载的素材和信息，而教学目标是针对学生发展的应知应会，是基于教学内容的能力和素养提炼和扩展。如在小学英语会话教学中，新教师容易将教学目标设计为学生能够朗读或表演文本中的对话，这便是将教学内容混同于教学目标的表现。小学英语会话课教学目标应该是学生能够运用本文中的句型短语在情境中进行有意义的交际。

（三）按教学目标的设计缺乏学生视角

　　本班学生的具体学情是制订适切教学目标的重要依据，如针对某一课教学内容，学生已有的知识技能是制订教学目标的起点，而学生不易掌握的部分是教学目标中的难点。但对于刚刚入职的新教师而言，把握学情是一个难题。教师往往会以学生群体特征以及教材中的教学内容来判断学生学情，忽略真实学情，出现教学目标或高或低的情况。如笔者在一次关于

方位介词的教学课中看到，教材文本中出现的 5 个方位介词已被该班学生基本掌握，而教师并未在教学目标中补充拓展语用词汇，导致学生的语用能力没有明显发展。但学情也并非靠针对教学内容的学情调研来获得。经验是新教师把握学情的必然之路。

二、教学目标的内涵、作用和与教学目的的区别

（一）教学目标的内涵

从教学目标的层次来看，教学目标可分为宏观（学校教育目标）、中观（课程目标）及微观（单元或课时目标）三个层次。本文主要讨论的是微观教学目标，即单元和课时教学目标。从国际教育研究领域来看，教学目标可分为行为目标、生成性目标、表现性目标三类。在行为目标体系下，教学目标是期望学生在完成学习任务后达到的行为变化程度，是教学设计的灵魂和先行军。结合三维目标框架来设计教学目标就意味着，教师在进行教学设计前首先要考虑的是这个单元或这节课后学生要在知识与技能、过程与方法、情感与态度方面发生的行为变化。

（二）教学目标在教学设计中的作用

教学目标作为教学设计中的先行军，在教学设计中发挥着十分重要的作用。首先，教学目标发挥着导学作用，即引导学生确定学习重点，了解学习目标，引导学生自主、积极地参与到课堂学习过程中。这也是教材在每个单元前明示教学目标，以及很多教师在课前先和学生讨论教学目标的原因。其次，教学目标发挥着导教作用，即教师要根据自己制订的教学目标确定教学步骤、环节及教学活动，减少教学的随意性。因此，教师在设计教学活动时，必须思考活动与目标的匹配性，思考该教学活动是为实现哪个或哪些教学目标服务的，以提高活动的有效性。最后，教学目标还在教学中发挥着指导、评价作用。当教师对学生的学习进行阶段性评价时，必须依据这一阶段以来的教学目标设计评价项目，而非仅设计"易于考查"或"适合考试"的评价项目，从而造成评价和目标的分离，引起学生学习上的混乱。因此，教学目标是落实新课改理念的首要途径，教师需要十分关注。

（三）教学目标和教学目的的区别

教学目的是对学生所学内容的概括性陈述，通常以不定词 to 开头。教学目的可以包括学校目的、教师目的、学生目的或师生共同目的，是所有学生在学校生涯中应该达到的教育水平。教学目标是期望学生表现出来的实际行为，通常以行为性词汇进行陈述，应指出学生在完成教学活动的基础上应该做到的事情。如学生口语技能的发展属于教学目的，而通过短文学习，学生能运用"Where is it?""It's on/in…"句型及方位介词询问和回答关于房间内物品位置的问题属于教学目标。教学目的是否达成很难被测量，但教学目标是否达成较易被测量。教学目的和教学目标从概括到具体，在不同的程度上反映了课程和教学的意图。

三、教学目标设计和表述框架

（一）课标的目标框架

在第八次课程改革发轫之时，国家关于课程改革的纲领性文件《基础课程改革纲要（试行）》中就提出了对学生在知识与技能、过程与方法、情感态度与价值观等方面的发展目标的基本要求（三维目标），而英语学科课程专家根据英语作为外语的学习特点，将三维目标细化为语言技能、语言知识、情感态度、学习策略、文化意识五项，以饼图形式呈现在《课标（2011 年版）》中。《课标（2022 年版）》又提出了核心素养课程目标。不同教学目标体系的并存给教师带来一定的困惑，在设计目标时应该依据哪一个，教师们往往听从学校或教师教学用书的意见。于是各学校依据自己的理解为教师们规定了教学目标的表述维度，结果各不相同，有的学校要求从知识与技能、过程与方法、情感态度与价值观三个维度设计，有的学校要求从知识、能力、情感/德育三个维度设计，有的学校则更为简单地要求英语教师从知识、能力、其他（对于"其他"，学校的解释是有就写，没有就不写）等方面来设计教学目标。而教材配套教参上提供的目标建议也是多种多样。就初中英语而言，北京版教材教参的教学目标表述是从 topic、functions、grammar、target language、vocabulary 这几个方面入手的，而北京师范大学出版社出版的教材教参的教学目标表述是从语言能力、语言技能、文化意识、实际应用、学习策略这五个方面入手的，外语研究与教学出版社出版的教材教参的教学目标表述是从语言知识、语言技能、学习策略、文化意识、情感态度、任务这几个方面设计的。在这些纷繁多样的教学目标维度框架面前，教师们很难判断哪种最合适，失去了深入分析和把握目标的动力和方向，索性学校让怎么写就怎么写。僵硬、死板的教学目标失去了对教学的指导性，目标与过程分离。如有教师对北师大版小学英语五年级上册（2013 年版）Unit 4 Mocky's birthday 所确定和表述的教学目标如下。

一、知识与技能目标

1. 学生能够借助图片读懂故事，分角色朗读故事。

2. 学生能够正确听出、说出、理解并认读故事中的相关词汇、句型：词汇包括月份（March、September、October）及季节（spring、autumn），句型包括询问及回答生日的表达法。

3. 学生能够在老师的引导下从故事中搜索有用信息，根据图片和主要词汇的提示对故事进行简单复述。

二、过程与方法目标

教师引导学生通过谜语、师生对话、回答问题、图片排序、填写信息卡、判断正误、图文匹配、带旁白的表演故事等活动，从整体至部分，理解、学习故事。在此过程中教师启发学生思维，培养学生初步的获取、处理及分析信息的能力，发展学生的自主阅读能力。

三、情感态度与价值观目标

教师引导学生体会故事学习的快乐，保持对英语学习的兴趣。通过理解故事内容感受友谊带来的快乐，教师引导学生要关爱朋友和家人。

从这个教学目标来看，简单套用三维框架并不适合英语学科，因为其中的过程方法目标常常被教师理解为教学过程，同时该框架遗漏了英语学科重要的学习策略目标和文化意识目标，最后落实的只有知识和技能目标。

我国教育部发布的英语课程标准是教师们设计和表述教学目标的首要框架。《课标（2022 年版）》的课程目标为英语课堂教学提供了目标设计框架。《课标(2022 年版)》的总目标为学生应通过本课程学习,达到如下目标:发展语言能力,培养文化意识,提升思维品质,提高学习能力。由于小学英语教学内容较为简单,《课标(2022 年版)》并不要求每节课同时具备这四个方面的目标价值,但教师还是要根据这一框架尽可能挖掘教学内容中的教学目标价值,使教学内容更加丰富,课堂教学更加高效,同时将教学目标整合表述。根据这一框架,笔者为上述北师大版小学英语五年级上册Unit 4 Mocky's birthday 第一课时的教学案例设计了如下教学目标。

①学生能够分角色表演故事,并初步综合运用关于季节、月份的词汇以及询问、回答生日、年龄的句型进行交流;②学生能够根据同学的特点在对方生日时准备合适的祝福;③学生能够知道在西方文化中生日礼物要当时打开看并致谢。

从上述目标表述来看,小学英语教学中最核心的还是语言能力目标。其他三项目标是辅助性目标,但它们对知识、技能目标的达成提供了更为丰富、更具有人文性的情境和背景,在课堂教学中也十分重要。

（二）ABCD 框架

传统的英语教学目标表述往往是以教师的教为出发点,较为宏观、对课堂教学指导有限的语句,如"Let students master the following new words…",或者是"Enable students to understand the listening material."。在新课标理念的引导下,一个规范的教学目标应该具有 A、B、C、D 四个要素。

A 即 Audience,是指教学目标的表述主体由教师转为学生,如"By the end of the lesson, the students will be able to do…"。这样的转变体现了教师教学中心的转移,即从关注自己的教学效果转为关注学生的学习效果,为后面的教学过程设计和评价设计提供了方向和依据。

B 即 Behavior,是指教学目标对学生学习行为的描述,由具体的行为动词呈现。传统的英语教学目标表述常常使用"掌握""了解"这些笼统而抽象的动词,使教师很难检测课堂教学目标的达成度。在新课程目标体系的影响下,教师开始用具体、可检测、多层次的行为动词来表述目标,如"学生能够听读、认读、说出以下词汇""学生能够运用下列句型描述他人的外貌特征和性格特点"等。在这些具体行为动词的指引下，教师可以更有针对性地指导、监控学生的语言学习过程并检测学生的学习效果。

C 即 Condition，是指学生的学习行为产生的条件，即学生在什么情况下或什么范围内完成指定的学习行为。如"通过课文阅读……""使用某种句型或词汇""围绕某个话题"等。

D 即 Degree，是上述行为的标准和表现程度，即学生对目标所达到的表现水准，用以测量学生学习的结果所达到的程度。如"能准确流畅地做对话……""简要仿写……""初步运用……"等表述中的状语部分，便是限定了目标水平的表现程度，以便检测学生的学习结果。

例如：通过短文学习，学生能够运用"What does your father/mother do? He/She's a/an…"句型及职业词汇准确、流畅询问和回答自己家人的职业。

在这个教学目标中，"学生"是 A，"询问和回答"是 B，"通过短文学习……运用……句型及职业词汇"以及介绍"家人的职业"等是 C，"准确、流畅"是 D。

（三）SMART 原则

SMART 原则是管理学中的一个管理工具，也可以用来提高教学目标中学生行为动词的质量。SMART 是由五个英文单词的首字母组成的。具体来说：S 即 specific——明确的；M 即 measurable——可测量的；A 即 attainable——可达到的；R 即 realistic——符合现实的；T 即 time-bound——有时限的。

按照这一原则，教学目标中的行为动词要明确具体，指导教师的教和学生的学；要可检测，指导教师教学评价的设计；要可达成，符合学生现有的知识能力水平，实现 i+1 的目标设计；要和现实生活密切相关，体现学习课程的生活化；要有时限，即通过规定实现督促目标，同时尊重教育的慢特点，不急于求成。

四、小学英语教学目标设计依据

（一）确定基于单元的课时语言知识和技能目标

小学英语教材都是以单元为主线设计的，基于对小学生认知特点的考虑，单元中各课时的教学内容往往都较为简单，如一个小故事，一段小对话，或几个单词。但教材编写者是在单元整体设计基础上编写教学内容的，意图在整体把握的前提下强调单个课时的不同重点。然而教师在分析教材时，往往只关注单个课时的教学内容，并围绕单个课时的教学内容设计教学目标，孤立地进行教学，认为单个课时教学目标的简单叠加就是学生综合语言运用能力的发展。这样的目标定位会导致教学情境单一，教学枯燥乏味。

例如，北师大版小学英语（一年级起点）二年级下册 Unit 10 What color is it? 中第二课时的词汇课，教师在课堂上利用颜色卡片和物品卡片组织学生以各种形式操练 red、blue 等 16 个颜色词，以及"What color is it?""It's …"的单个句型。在课后与教师进行交流时，教师说自己根据本课的教学内容确定的教学目标就是学生能够说出 16 个颜色词，以及能够运用"What color is it?""It's …"句型问答关于颜色的语句。但笔者翻阅教材，发现本单元出现的句型还有"What are they?""They are …"以及"How many… are there?""There are …"的句型，以及 butterfly、bear 等单词。笔者于是问任课教师，为什么不同时操练一下这些句型和单词，教师说这些句型和单词上节课就学过了。于是笔者又找了几名学生做了简单的问答，结果只有很少的学生能够听懂问句并回答，其中"They are …"句型还用得不熟，而大部分学生都需要笔者将问句翻译成中文才能理解其含义。

从这节课中可以看出，"学过了"不一定意味着"学会了"。也就是说教学目标不是靠单节课就能够实现的，而应该是在单元内、甚至学期和学年内不断滚动和复现。

小学英语课堂教学尤其要重视新旧知识的联系，教师在考虑教材上的教学目标时，要做单元整体分析，同时考虑新旧教学目标的联系，尽可能复现旧的教学目标，同时以此为基础帮助学生综合运用语言，而不是仅仅围绕本课时的教学内容确定教学目标。

（二）基于学生已有水平确定恰当的语言知识和技能目标

教学目标的主体是学生，首先要体现的是学生学习前后知识与技能的变化。因此，除教材之外，学情是教师确定教学目标的另一个重要依据。要制订恰当的教学目标，教师必须对照教材上的教学目标把握学生的已有水平，然后根据学情调整教学目标，实现外语教学上的"i＋1"原则。

在这一方面，理想的状况是教材上的教学目标切合学生的已有水平，教师只要稍稍调整教材目标就可以进行教学了。但现实情况并非如此。由于各地区小学英语课开设状况各异，有以三年级为起点的，也有以一年级为起点的，导致教材的难易程度不一。如有的学校从一年级就开设英语课，而中高年级使用的教材是三年级起点的教材，导致教材上的教学目标明显低于学生的已有水平。如下面这个教学案例。

在教人教版（三年级起点）小学英语三年级下册 Unit 4 关于动物的一课时，教师设定的教学目标是：学生能够听、说、认、读单词 dog、monkey、duck、panda、cat、rabbit、pig；学生能够听懂"Act like a dog/monkey…"同时巩固所学单词。整节课的教学气氛热烈，笑声不断，师生互动频繁，给听课者留下了深刻的印象。但在课后调研中，一组数据引起了听课者的注意，全班 54 名同学中，对新授内容在课前就已经掌握的有 47 人，在课后掌握的有 52 人。也就是说，一节 40 分钟的课，只实现了 5 名同学的语言进步和发展，大部分同学只是将已会的知识技能又温习了一遍，课堂教学效率较低。

类似的小学英语课堂教学在教育基础较好、教育资源较为丰富的地区还是较为常见的。如笔者最近参加过的某区评优课活动中，比较突出的问题就是教师对学生的学情把握不够，所设定的教学目标普遍低于学生的发展需求。

因此，教师应该在课前通过对三至四名不同层次的学生进行访谈等形式了解学生的已有知识技能水平，并根据其水平调整教材教学目标。如上述案例中，基于学生的已有水平，语言知识目标还可以增加 toy 这个词，以及两到三个动物词汇，如 bear、turtle 等，语言技能目标还可以再拓展为用"This is a…""It's yellow/red."等句式描述动物玩具。

（三）挖掘教材中的隐性学习策略和文化意识目标，并将其显性化

小学英语教材中的文本语料并不一定同时具备所有方面的教学目标价值，但教师不能因此而忽视教学中的学习策略目标和文化意识目标。学习策略能够提高学生英语学习的效果，有利于学生形成自主学习能力、实现个性化学习。同时，语言与文化密不可分，语言有丰富的文化内涵。因此，教师应该尽可能挖掘教材文本语料中有的隐性学习策略和文化意识目标，并将其显性化。

如人教社精通版小学英语（三年级起点）五年级上册 Unit 3 My father is a writer，本单元中第 17 课，教材设定的新授单词有 fireman、policeman、policewoman 三个词，从学习策略目标价值分析，这三个词都是合成词，教师可将本节课的学习策略目标设定为对合成词构成法的初步感知，培养学生今后遇到类似词形时根据构词法进行猜测的意识和能力。但笔者在听课中发现从三维目标角度设计教学目标的教师只将这三个词作为新词进行孤立处理，并未给学生提供获得学习策略的契机。

教师缺乏学习策略的意识，其中一个原因是教师自身没有受过相应的学习策略训练，缺乏学习策略知识，因此也就缺乏对学生学习策略指导的能力。建议教师在培训和教研活动中要加强对教师这方面知识能力的培养。

在小学英语教学中，并不是每节课都能够有文化意识目标，但文化意识特色突出的课文，完全可以进行文化意识目标的设计。如北师大版小学英语四年级下册 Unit 9 Day and night 第四课时 A happy day 的教学中，教学内容是一篇关于周末生活的小短文。根据这个语料，教师可以将文化意识目标设定为了解中西方儿童周末生活的异同，以开拓学生的视野。

综上所述，教师一定要在理解教学目标内涵和重要性的基础上，研究教材和学生，制订合理、适切的课堂教学目标，促进学生的学习和发展。

请你按照本讲所学的教学目标制订原则、方法和应注意的问题，选择小学英语某一课的教学内容进行教学目标的优化设计，之后将其与原设计进行比较，说明改进过程中运用了本讲内容中的哪些理论观点或策略方法。

在完成上述任务的过程中，请你同步思考以下问题：

1. 在小学英语教学中，如何正确处理好单元目标和课时目标的关系？

2. 如何依据《课标(2022 年版)》、教学内容和学生情况制订教学目标？

3. 依据《课标(2022 年版)》要求、内容分析和学生情况，独立制订一节小学英语课的教学目标，并结合本讲内容的学习进行自我评价。

▶ 第五讲
小学英语会话课教学设计

请你思考：

1. 什么是会话教学？

2. 小学英语会话课教学的内涵和意义是什么？

3. 小学英语会话课教材编写意图和特征是什么？

4. 如何进行小学英语会话课教学设计？

一、小学英语新教师会话课教学设计常见问题

第一，新教师对会话教学的内涵和意义往往理解不到位，课堂教学以传授教材知识为主。师范类学生在大学里的主要学习科目是教育学、心理学、学科教学法等，而这些课程与基础教育改革有一定距离。因此，很多新教师很难把学到的专业知识转化为具体的教学行为，他们认为教师的任务就是"教书"，把教材上的东西全部交给学生就完成任务了。

第二，新教师对小学英语教材的编写理念往往理解不到位，教学设计不能体现会话教学。例如，部分新教师不知如何处理"Listen and say"部分中的主题图，使问题设置关注语言功能，引发学生深入思考。再如，部分新教师不知教材各个板块如何进行合理的衔接。

第三，新教师对会话教学各个环节活动的设计往往缺少层次，语言的学习、操练和运用活动缺少情境。

二、小学英语会话课教学的内涵

会话课教学是小学英语教学的主要课型之一。会话课教学的质量直接影响小学生英语口语交际能力的发展及其他语言技能的形成。

会话指聚谈、对话（参与者有两人或两人以上，多用于学习别种语言或方言时），在英文中，一般可以用"dialogue"或"conversation"来表示，会话是人们之间进行信息交流、沟通与分享的一种方式，参与会话的双方是平等的。在教学中，会话作为一种习得新知的方式，强调教师与学生之间、学生与学生之间动态、双向的信息交流。信息的交流使师生、生生互动得以实现，相互补充，相互促进，从而达成共享、共进。

会话课教学是小学英语教学中必不可少的内容，会话课教学贯穿于小学英语课堂教学的始终。小学英语会话课教学，是指通过课堂教学培养学生的口语表达能力和交际能力，提高会话技巧，最终使学生能够习得语言，并自主、自然地对已学和已知的语言加以运用，并逐渐形成学生自己语言能力的过程。

三、小学英语会话课教学的价值和意义

《课标（2022 年版）》在课程目标中明确指出，学生通过本课程的学习，能够发展语言能力，具体描述为：能够在感知、体验、积累和运用等语言实践活动中，逐步形成语言意识，积累语言经验，进行有意义的沟通和交流。由此可见，会话教学在小学英语教学中有着重要的地位和作用。通过会话教学，学生可得到对听、说、读、写各方面技能的训练，掌握英语基

础知识和技能，为最终形成一定的综合语言运用能力奠定基础。

　　小学英语会话课是小学英语教学中的重要组成部分，其最终目标是培养学生能在真实语境的交际场合中，灵活运用所学的语言与他人进行交际的能力。为更好地实现这一目标，教师需要努力创设出尽量贴近真实生活的教学情境。《课标（2022年版）》在教学建议中指出，教师要根据学生的认知特点，设计多感官参与的语言实践活动，让学生在丰富有趣的情境中，围绕主题意义，通过感知、模仿、观察、思考、交流和展示活动，感受学习英语的乐趣。由此可见，情境是进行言语交际活动时必不可少的重要因素，教学中贴近真实的情境创设应该以教材为背景基础，并与学生的实际生活紧密联系在一起。

　　在英语会话教学中，教师通过创设贴近学生实际生活、为学生所熟悉且乐于接受的教学情境，使学生在这种模拟真实的情境中主动、自发地进行英语对话，从而实现学生对语言知识的掌握以及对听说交际能力的培养和提高，最终初步形成综合语言运用能力。

四、小学英语会话课教学设计

（一）小学英语会话课教材特点分析

　　以北京版小学英语教材为例，会话课教材的编写思路为"话题—功能—结构—任务"。会话语篇均以话题为核心，以交际功能为主线，融合语言结构，组织和安排不同层次、多种形式的听、说、读、写活动，并且强调以学生的认知水平、生活经验和兴趣等为出发点，尽可能提供真实的情境，逐步引导学生运用语言解决问题，完成各种任务，不断提高学生的交际能力。

　　新授课教材一般分为三个板块，分别为"Listen and say""Listen, look, and learn"和"Let's do"。"Listen and say"板块在主题情境图中呈现语言，"Listen, look and learn"是功能句型的操练，最后的"Let's do"板块是在语境下的语言运用活动。在教学中遵循大量输入、适量输出的原则。所谓输入就是教材大量呈现、复现的材料，输出就是要求学生掌握的内容。教学内容贴近学生生活，符合学生兴趣，例如，数字、颜色、食品、服装、玩具、动植物、身体、个人、家庭、学校、朋友、文体、周围环境和社会生活等鲜活的话题。此外，教材采用学生喜爱的表现形式，如韵律诗歌、寓言故事、会话表演、游戏等，这些趣味化呈现足以引起他们的兴趣。

（二）小学英语会话课教学目标的设计

教学目标是指教学活动实施的方向和预期达成的结果，是一切教学活动的出发点和最终归宿，它既与教育目的、培养目标相联系，又不同于教育目的和培养目标。在英语教学过程中，教学目标的设计对教师教学过程和学生学习过程都有导向性。因此教学目标就是课堂教学过程中教与学的互动目标。

义务教育英语课程的总目标是：学生通过本课程的学习，发展语言能力，培育文化意识，提升思维品质，提高学习能力。教学目标的设定可依据以下三大基础：以教材内容为语量的基础，以文本内容为语境的基础，以主题内容为语用的基础。

第一，以教材内容为语量的基础。语用能力是交际能力的重要组成部分，是掌握一门语言不可缺少的能力。语量就是英语教学过程中学习者接触、体验、展现、获得的内容。在英语教学中，加大有效语量的输入，并在语境中有效输出，是提升学生语用能力的重要途径之一。语言的学习需要大量信息的输入来刺激和促进，在教学中增加英语语量，在课堂上增加听英语的机会，是扩大语量的主要途径，而教材内容中的信息就是语量的基础与前提。

教师在处理所有这些语言内容时，根据学习者的认知结构和学习特点，有重点、有层次地展开形式多样的机械性操练和意义性操练，对语言知识和技能进行强化和巩固，为学习者最后进入并运用语言完成交流过程搭建了递升的平台。所有这些既帮助学习者巩固了已有的英语知识，又对新旧知识进行了有机的串联和整合，学习者所需要的语言环境和背景知识则渗透于整个过程。学习者每时每刻都沉浸在可言可语的氛围中，从而能够有言有语。

第二，以文本内容为语境的基础。语境就是语言运用环境。语境可分为社会语境和即时语境。社会语境是指语言赖以存在和发展的文化背景，如传统习惯、风土人情等；即时语境是指语言运用的具体情境，如时间、场合、参与者、内容等。英语教学是在学生母语的环境中发生的，教师可结合文本中的情境，抓住学生的兴趣点，利用层层递进的问题，逐渐揭开文本内容，为学生提供适宜的感知语言的场景。

第三，以主题内容为语用的基础。要通过语境来理解和使用语言便需要在特定情境中的话语及语用。综上所述，目标设计的前提应充分挖掘和利用文本的资源，充分考虑语用功能的有效落实。

以北京版二年级下册第四单元第 13 课 Where is my shirt? 为例，本课主要围绕"衣物"这一话题展开，学习询问和回答衣物在哪里。本课重点呈现了询问衣物的单数问答形式"Where is …?""It's …"并涉及了 cap、coat、dress、shirt 等衣物名词，以及 on、in、under、behind 四个方位介词。在学情分析的基础上，本会话课的教学目标定位如下。

①学生能在情境中运用"Where is …?"询问衣服在哪里，并会正确使用 in，on，under，behind 等方位介词在句子"It's …"中做出正确应答。

②学生能听懂、认读单词 sofa、shirt、coat、cap 和 dress，并能初步感知 ward robe 和 drawer。

③通过对话学习，学生能够懂得物品摆放要整齐，养成有条理的良好生活习惯。

④在对话学习过程中，学生能够认真观察、积极思考、乐于用所学语言知识表达、交流。

（三）小学英语会话课教学活动设计

1.3P 教学模式

随着英语教学理论与实践的发展，英语教学模式也在不断地动态发展。目前，小学英语教学的基本模式为 3P 教学模式。这种教学模式包含了呈现（presentation）、操练（practice）和产出（production）三个步骤，也因为这三个步骤的英文首字母而得名。

3P 教学模式是以创设情境为前提，以活动为主线，以培养学生交际能力为目的的教学模式。然而，课堂教学没有固定的模式，教师应该根据教学内容和学生的实际情况采取不同的教学模式以达到最佳的教学效果。3P教学模式应用于小学英语课堂教学，以激发学生学习英语的兴趣为出发点，给学生创设一个轻松、愉快的课堂情境，帮助学生在习得语言知识的基础上，使语言真正运用落到实处，培养学生的语言交际能力，促使课堂真正培养学生能力和情感的全面发展。

将3P教学模式应用到小学英语课堂教学中，能帮助学生在习得语言知识的同时，锤炼英语交际能力，使他们的能力、智力、情感得到全面发展。它通过组织各种课堂教学活动，帮助学生自主学习，主动实践，突出了学生的主体作用，让学生的各种潜能和创造精神在丰富多样的活动中得到充分发挥。

3P教学模式是科学的语言教学系统。从导入环节到新授环节，再到操练环节及最后的应用环节，是由浅入深、层层递进的过程，也是不断深入、不断转换的过程。3P教学模式主要有以下几个特点。

(1)注重以学生为主体。

3P教学模式注重对学生进行语言能力和交际能力的全面训练。该教学模式认为，英语教师在授课的同时，应充分注重人的因素，调动学生的学习积极性。在教育理念上，3P教学模式强调"以人为本"，倡导为学生的终身学习打下坚实的基础，在教学行为上，为激发学生的课堂参与和成功体验，3P教学模式倡导教师积极探究"以学生为中心"的教学模式和方法。3P教学模式之所以值得我们研究和思考，是因为其十分重视师生互动平台和学生之间的互动平台，启发学生利用自己的前知识和经验去探究发现，建构新的知识去解决问题，完成语言交际的任务，这对提高学生学习外语的兴趣和渴求获得更多的语言知识和技能的愿望有着积极的作用。

(2)重视情境的创设。

3P教学模式需要教师充分地利用和创设情境，做到教学内容情境化。教师的任务是尽可能多地为学生创造运用英语的情境，为学生搭建一个平台，让学生在真实或模拟的情境中去扮演不同的角色，学会使用在这些不同的场合或情境中所需要掌握的交际语言，在大量的语言实践活动中，初步获得运用语言进行沟通、交际的能力。

（3）强调知识的运用。

3P 教学模式强调知识的运用，即鼓励学生积极地使用语言而非单纯地学习语言知识。教学内容要结合学生生活和社会实际，尽量设置具有交际目的、真实自然的语境，让学生通过大量的语言实践，把语言知识转化为语言技能，进而获得与人沟通的交际能力。

2. 任务型教学模式

任务型教学模式，就是以具体的任务为学习动力或动机，以完成任务的过程为学习的过程，以展示任务成果的方式来体现教学成就的一种教学方式。通过教师的引导，学生以感知、体验、实践、参与、合作和拓展创新等方式，实现任务目标，获得成功。同时，学生在学习过程中进行情感和策略调整，形成积极的学习态度，促进语言实际运用能力的提高。任务型教学简言之就是用英语做事情，完成任务。因此，学习者为了完成任务，就要尽力调动语言，以达到解决某种交际问题的目的。但是受到年龄与认知水平的限制，对于小学生来说，完成任务是需要教师的引导和帮助的，这就要求教师根据所教授的具体内容，设计出合理的学习步骤，引导学生逐步掌握语言表达。因此，任务型教学一般是先进行以学生理解为主的活动，再进行有控制的产出活动，最后进行具有真实意义的交际活动。

基于任务型的教学模式，教师在研究教学内容时，首先要明确这样一个概念，即学生在学完了教师所教的对话后，应该学会用英语做什么事。教师不仅自己要有这样的概念，也要让学生有这样的概念。因此，教师在教学过程中，要将这一堂课要学会做什么事，清晰明了地摆到学生的面前，直接提出任务要求，尽快将学生的思维引入话题的情境。

3. 情境式教学模式

情境式教学模式是指在英语教学中，教师需要创设一定的话题情境或社交活动的场面，并通过大量的师生、生生互动的语言交流活动，实现学生语言知识的掌握及听说交际能力的提高的一种教学方式。情境式教学为学生能够进行语言交际活动提供了平台，而交际化的英语课堂教学则需要教师充分利用和创设情境组织课堂教学，做到教学内容情境化。小学英语课堂教学应该为学生提供足够的机会用英语进行活动，让学生运用所学语言成功地进行表达。因此，这就需要教师根据不同的教学内容创设情境，做到教学情境化。首先，教师应为学生创设一个和谐、轻松的英语环境，使学生随时随地感受到英语的氛围。其次，教师应在课堂教学中创设与生活实际有关的情境，根据教学内容，在学生理解和掌握语言知识及熟练交际功能用语的基础上，最终使学生能在真实的场景中，灵活运用所学语言知识进行交际。

情境式教学具有以下特点：首先，情境式教学可以以其直观性、趣味性、生动性，激发学生的参与和学习的欲望，激发学生学习的热情。其次，情境式教学强调情境创设的生活性，紧密联系学生的实际生活，在鲜活的日常生活环境中发现、挖掘学习情境，丰富了教师的教学方式与教学手段。最后，具体的情境能有效地激发学生的想象和联想，让学生能够在特定的语境中理解教学内容，为学生提供了语言实际运用的空间。

4. 基于主题意义探究的小学英语会话课活动设计

《课标（2022 年版）》指出，教师要充分认识到学生是语言学习活动的主体，要引导学生围绕主题，学习语言、获取新知、探究意义、解决问题。教学设计和实施要以主题为引领，以语篇为依托，通过学习理解、应用实践和迁移创新等活动，引导学生整合性地学习语言知识和文化知识，进而运用所学知识、技能和策略，围绕主题表达个人观点和态度，解决真实问题，达到在教学中培养学生核心素养的目的。

第一，关注主题，激活已知。课堂开始应关注主题，激活学生已有的相关背景知识，补充必要的、新的背景知识，启发学生对有关话题的思考，同时也应为学生归纳、总结已有的语言知识和进一步学习新内容、新知识做好铺垫。以北京版小学英语三年级上册 UNIT FIVE IT'S A NICE AU-TUMN DAY Lesson 15 为例，其内容为以"What's the weather like?""It's…"等句型来询问和回答天气状况，并安排合适的活动。在课堂导入环节，教师首先利用"我就是"（"That's me!"）小游戏，进行预热和导入。教师依次呈现配有如下单词的图片：dogs、ice cream、go to the park、sunny days、hot、cold、autumn。教师说："I like dogs."如果学生和教师的情况一样，就起立，同时说："That's me!"之后，老师引出文中的人物迈克（Mike），引导学生关注"Mike likes…"，对于上述图片和词组又进行了复现。最后，播放与天气有关的歌谣。在"我就是"小游戏中，学生关注自己的喜好，真实、欢乐地感知了本课的 go to the park、cool、cold、autumn、sunny 等核心词汇，为本课的学习做了知识上的准备。教师引出文中人物迈克，为文本的学习做了铺垫，同时将核心词汇复现了一次。之后，教师播放节奏感很欢快的关于天气的视频，让学生感知了本课的核心句型"What's the weather like today?""It's sunny."，并导入活动及资源的使用。从话题、词汇到句型，层次清楚，图片色彩鲜明，视频活泼有韵律，适合三年级学生的认知，教师没有过多地设问，而是让学生充分感知，为后面的学习做了充分的准备。此外，应该注意的是，课堂导入是语言学习的准备阶段，其主要作用是：稳定学生情绪，激发学习热情，同时复习与本节课学习内容有关的旧知识，为学习新内容做准备。活动形式可以是唱歌、说歌谣、对话、游戏、讨论、情境表述等。在设计活动时，要注意以下几点：所设计的活动内容应该是学生已有知识的再现，同时又能使学生产生进一步参与教学活动的需求；活动时间要短（2分钟左右，甚至更短），只要达到激发的目的即可；活动形式要适合学生的年龄特点，有助于学生语言能力的发展。并不一定每节课都有导入活动环节，教师可以根据实际需求进行取舍。

第二，探究主题，学习语言，发展思维。此环节是语言输入的最初阶段，教师通过创设情境，整体呈现新的语言知识，使学生通过眼看、耳听、脑想初步感知、理解所学语言的义、音、形，并进行最初的练习，以主题意义探究为目的，进行语言知识的学习和语言技能的训练，同时发展思维品质。呈现活动的设计，直接影响着学生的学习成效，同时也是能否实现教学目标的关键。还以介绍课堂导入时提到的那一课为例，教师利用导入环节中迈克喜欢秋天的情景，呈现四张自制的秋天景色图，配有不同运动的场景，引导学生关注秋天的户外运动并说出 pick fruit、fly kite、play football、have picnic 等词组。教师接着创设情境："今天是秋天的一个周日，喜欢户外运动的迈克去外面玩，问妈妈可不可以。妈妈说：'Let's see the weather.'"之后教师引导学生进入教材文本的学习。学生观看动画后回答："It's sunny. Yes，they can."接着教师提问："And where do they go? Are they happy? What do they say?"学生观看课文，并重复爸爸、妈妈和迈克的话，学习新的单词：nice、cool 以及 cold、warm 和 hot。教师通过自制图片的帮助，让学生说出图片中运动的名称：play football、have picnic 等。同时，引出学习主题——weather 的语用功能，这和人们的日常户外活动密切相关。接着，教师通过提出"What does Mike ask? What does mom say? Can they go out? Where do they go? Are they happy? What does mom，dad and Mike say?"等一连串的问题，引导学生学习教材中的两幅主题图，帮助学生理解文本信息，并顺利过渡到词汇的学习。本阶段最突出的特点是结合教学需求，创造性地使用教材，对文本内容进行了适当的调整。这是在用教材教，而不是教教材。[①] 在设计新知呈现活动时，教师要注意将新知识建立在学生已有的知识经验基础上，语境创设真实自然，以贴近学生生活并利于学生理解和感知语言的意义；呈现要在语境中进行，使音、形、意相结合，学生通过多感官刺激，接触语言项目。

第三，发展主题，强化语言。教师设计丰富多样的活动，组织学生对新授内容进行巩固性训练。这种训练能在语言形式和意义两方面增强学生的感性认识，发展主题意义，为后面的语言运用做好准备。

教师采用开发和利用英文歌曲视频，自制图片和多媒体视频资源等方式，分层次让学生进行操练。第一个活动是视频观看，视频的内容是"What's the weather like today?""Look outside the window.""Is it sunny?""Is it hot?"等句型。第二个活动是对对子活动，学生进行"Are they friends?"游戏：每对学生准备两个信封，A 信封里是有关天气的图片或词组，B 信封里装有活动的图片或词组。一个同学问："What's the weather like today?"另一个同学从 A 信封抽出一张图片，根据图片内容回答天气情况。提问的同学再从 B 信封抽出一张卡片，读出卡片的活动名称，同时问：

---

① 李盛花：《从"教教材"到"用教材教"》，载《山东师范大学外语国语学院学报（基础英语教育）》，2006（6）。

"Are they friends?"两人一起判断"Yes"或"No"。第三个活动是教师在屏幕上呈现天气及相关活动的图片，学生两人一组快速操练问答："What's the weather like today?""It's …""What can we do?""We can …"操练三组之后，教师给出两组图片，只向学生提供或天气已知或活动已知的情境，启发学生根据所学和已知知识，将信息补充完整，完成对话操练。教师开发和使用课外资源，帮助学生从词汇到句型分层次进行操练活动，并且采用全班活动和对子活动的形式，利用信封图片，给予学生资源支持，让学生在有信息差的情境下，利用刚刚所学的词汇和句型，完成交际任务。虽然这些活动是控制操练，但有趣味性，学生乐于参与。此外，在第三个活动中，教师逐渐减少信息支持，启发学生思考某一种天气下可以进行什么样的活动，或者什么天气下可以进行这种活动，以此发散学生的思维，激发学生的想象力和创造力。

设计操练活动时要注意：活动尽量避免机械重复，要尽量赋予活动练习意义；活动形式要多样，除了个体活动外，还要有对子活动和小组活动。一定要防止用班级活动代替个体活动。

第四，深化主题，运用语言。教师在这个环节中要根据教学内容，培养目标和学生学习的重、难点，结合学生的日常生活，设计各种活动或任务，引导学生在情境中积极运用所学的语言进行交际与展示，深化主题意义，从而体现英语课堂的整体性与语言运用的真实性，实现学科育人。

教师用多媒体课件呈现迈克将要进行短期旅行的图片，再呈现国内主要城市的名称及相关天气。之后，教师创设情境："Mike plans to have a short trip. But he doesn't know the weather in these cities and doesn't know what to wear and what to do there. Let's help him."在教师做出示范后，学生两人一组，自选两组图片，创编对话。之后，教师提供小兔子的故事的图文素材，其中的文字如下："In spring, Brother rabbit wants to play. He comes to Little rabbit. Brother rabbit says：'let's play. 'Little rabbit says：'what's the weather like today?' Brother rabbit says：'It's warm. Can we fly a kite?'Little rabbit says：'Let's go!'"之后师生一起讲剩下三个季节的

故事。教师可以利用中国丰富的地理资源，以及教材人物迈克想旅游的情境，提出迈克去哪里，做什么，穿什么衣服等问题，凸显了解天气的重要性，让学生理解任务的必要性。经过前面几个环节的学习，学生可以运用学到的有关天气和活动的词汇，以及之前有关衣服的词汇，丰富会话内容，完成交际任务。同时，绘本资源的补充，极大丰富了学生的阅读信息，适合三年级学生的认知，可让他们再次巩固本课学习内容。

在设计语言运用活动时，教师应注意：要有贴近学生生活实际的语言使用情境；交谈的双方要有信息差；要能够解决实际问题；要能够发挥学生的自主性和创造性；要有利于学生表达自己的真实情感。

第五，建构主题，总结反思。教师对自己实施教学行为的反思，可明确活动设计时的优点和不足之处，以便进行下一步活动设计时参考；同时小结也是学生对自己学习效果的反思，学生的反思需要教师引导。

五、小学英语会话课优秀教学设计

人教版新起点(一年级起点)小学英语三年级上册 Unit 4 Pets Lesson 2[①]

一、教学内容分析

本课为整个单元的第二课时，是基于第一节课学习有关宠物名称基础上的会话教学课。内容分为 A，B，C 三项。A 项是莉莉(Lily)和彬彬(Binbin)互相谈论对方有什么宠物及宠物外貌的对话听读练习。B 项为比尔(Bill)和瑶瑶(Yaoyao)谈论宠物的对话示例，学生模仿示例创编对话。C 项为描写句子练习。

分析 A 项语篇：

【What】语篇为莉莉和彬彬在公园里相遇，谈论二人宠物的对话，情境化地呈现了本单元的目标功能句"What does it look like?"及其答语"It's… It has…"。

---

① 案例由北京市海淀区定慧里小学杨婧老师提供。

【Why】学生通过学习语篇和操练对话，学会用英语和身边的人谈论自己的宠物，并知道如何赞美他人的宠物。通过交流彼此的宠物，学生增进对宠物的观察与了解，拉近朋友之间的距离。

【How】语篇背景为莉莉和彬彬在公园中，询问彼此是否有宠物并描述各自的宠物外貌。语篇表达了对宠物的赞美之情。语篇难易适中，适合让学生进行跟读模仿练习，并根据例子创编对话。语篇中也有情感的引导，让学生学会用英语赞美他人的宠物。教师创设"北京宠物领养日"的模拟领养活动，让学生操练语言的同时，知道领养代替购买也是关爱宠物的方式之一，进一步激发学生对宠物的热爱。

二、学习者分析

认知特点：

根据皮亚杰认知发展理论，三年级的学生（8～9岁）处于具体运算阶段，可以进行简单抽象思维，因此在英语课堂上，教师需要关注学生思维能力的培养。因此，本节课将通过创设谈论教师自己的宠物的真实情境，让学生运用本节课语言，这有利于学生把所学语言迁移到生活中来，培养迁移创新能力。

知识储备：

学生在前期学习中，积累了关于宠物的词汇及基础表达，为本课的学习提供了语言支持，为学习描述自己的宠物做好了语言准备；学生互相熟悉并且能够顺畅地彼此交流，进行同伴合作。

生活经验：

"宠物"的主题与学生的学习、生活紧密相关。大多数学生都非常喜欢宠物，但由于各种因素，班级中有一部分学生家里没有养宠物。在本课的语言输出环节，教师通过模拟领养活动，解决他们因为没有宠物无法和其他学生交流的情况。同时，教师为学生介绍"北京宠物领养日"活动，让他们知道在现实生活中也可以通过领养的方式获得自己喜欢的宠物，并学会照顾宠物。

三、学习目标

1. 学生能够通过角色扮演活动，理解并有感情地朗读会话内容。

2. 学生能够在教师创设的领养宠物活动情境中运用"What does it look like?""It's… It has…"谈论宠物的外貌特征。

3. 学生能够在四线三格中基本规范地书写关于宠物名称、外貌的单词，并完成本单元宠物展海报第二部分的表格。

4. 学生能够在学习的过程中，体会宠物的可爱，加深对宠物的喜爱之情。

四、学习评价设计

评价是英语课程的重要组成部分，评价要服务教学、反馈教学、促进教学。教师依据《课标(2022 年版)》及本课的教学目标制订了本课学习活动的评价标准，如表 2-3-1 所示。

表 2-3-1　本课学习活动评价标准

学习活动	评价方式	评价标准	
1. 通过角色扮演活动，理解并有感情地朗读会话内容	教师评价	教师对学生角色扮演朗读会话的活动进行及时的口头评价反馈，关注学生的发音、语调、流利度等，对台上展示的学生进行及时鼓励，并将发现的问题对全班进行提醒和反馈	
2. 在"北京宠物日"的领养情境中，和同伴谈论宠物外貌特征	小组活动评价	轮流发言	♡（涂色）
		善于倾听	♡（涂色）
		互相帮助	♡（涂色）
3. 在四线三格中，基本规范地书写关于宠物名称、外貌的单词，并完成本单元宠物展海报第二部分的表格	教师评价；学生自评	拼写准确	♡ ♡ ♡（涂色）
		书写规范	♡ ♡ ♡（涂色）
		描述准确	♡ ♡ ♡（涂色）

五、学习活动设计

(一)关注主题，激活已知(5分钟)

1. 教师播放英文歌 *Do You Have a Pet*，学生边做动作边跟唱英文歌，快速热身并激活已知。

2. 教师出示宠物卡片的背面，让学生通过宠物轮廓猜出宠物名称，并引导学生观察宠物外貌的不同，引出本课主题"Pets Look Different"。

3. 教师播放羊驼、小猫、鹦鹉和小狗的视频，让学生通过视频感知和理解主题"Pets Look Different"的含义。

意图说明：

通过唱英文歌和猜宠物活动，学生可快速热身并激活已知。通过在猜宠物环节，教师可引导学生观察宠物外貌特征的不同，引出本课的主题。

(二)探究主题，学习语言(12分钟)

1. 教师通过多媒体课件展示教材开篇页的主题图，引导学生围绕情境进行交流。

教师提问："Our friends have different pets. Who are they? Where are they? What pets do they have?"

学生仔细观察图片，回答问题，并预测对话内容。

2. 教师播放教材的对话视频，引导学生关注文本大意。

教师介绍视频："Look，Lily and Binbin are talking. Binbin has a dog. Does Lily like Binbin's dog? Let's watch a video."

学生仔细看视频，尝试通过回答问题了解对话大意。

3. 教师再次播放教材的对话视频，引导学生关注本课重点句型的语用。

教师介绍句型："Does Lily like Binbin's dog? Yes，Lily likes Binbin's dog very much. How do you know that? Because Lily says：'Wow! What a pretty dog!' Does Lily have a dog? No，she has a rabbit. Her rabbit is not here. So Binbin wants to know what her rabbit looks like. What will he ask? He says：'What does it look like?'"

学生观看视频，关注莉莉的宠物兔子外貌的英文表达，关注句型的语用。

意图说明:

环节中,教师首先出示主题图,了解此次对话产生的情境,通过让学生预测对话内容,听两遍录音并回答问题的活动,帮助学生从初步感知对话到捕捉对话中的关键信息,层层递进。随后,教师引导学生关注"What a pretty dog!"和"What does it look like?"句型的语用,让学生在情境中理解并运用语言。

(三)发展主题,强化语言(15分钟)

1. 教师播放对话录音,引导学生听录音跟读课文,随后自读课文。

学生听录音,跟读课文,模仿语音语调。

2. 教师播放对话视频,引导学生进行角色扮演练习,随后学生通过道具和动作上台表演对话。

3. 教师出示多张不同宠主和各自宠物的合影,引导学生根据情境用"What does it look like?"进行提问并描述宠物的外貌特征。

学生观察照片中的宠物,尝试用"What does it look like?""It's… It has…"句型谈论宠物的外貌特征。

4. 教师组织学生进行关于询问宠物外貌的卡片游戏,让学生在卡片游戏中再次巩固操练本课的语言知识。首先,教师播放卡片游戏示范视频;然后,教师和一名学生再次示范游戏玩法,随后学生两人一组进行卡片游戏,练习并巩固关于询问宠物外貌的句型。

意图说明:

通过角色扮演活动、谈论教师宠物和卡片游戏,层层递进,让学生巩固操练本课语言知识,为真实输出做准备。

(四)深化主题,运用语言(6分钟)

1. 教师组织学生"领养宠物",以便开展介绍自己宠物的口语活动。由于部分学生家里没有宠物,教师让学生在小组内选择自己喜欢的宠物卡片,模拟领养宠物。家里有宠物的学生可以选择使用自己真实宠物的照片,或同样选择自己喜欢的宠物卡片。

教师创设"领养"情境:"Do you have pets? Some of you don't have pets. It doesn't matter. Look, there are many cute pets. And they don't have home. If you don't have a pet, you can adopt it. Which one do you like?"

2. 教师示范介绍宠物的范例，并介绍小组活动评价表，鼓励学生大胆表达，互帮互助。学生在四人小组内开展交流活动，轮流介绍自己宠物的名字、外貌特征等。小组交流后，全班推选几位学生上台介绍自己的宠物，并引导其他同学倾听交流。

3. 教师为学生介绍"北京宠物领养日"活动，告诉学生如果家里没有宠物，可以通过参加"北京宠物领养日"的活动来领养宠物。学生观看"北京宠物领养日"小视频，了解宠物领养的相关内容。

教师介绍领养活动："I know some of you don't have a pet, and you really want one. If you want a pet, you can adopt one on Beijing Adoption Day, there are many cute cats and dogs on the activities that day. Let's watch a video about it."

意图说明：

通过创设领养宠物的情境，学生进行模拟领养活动，家里没有宠物的学生也可以在英语课上谈论宠物。然后通过对"北京宠物领养日"的介绍，了解领养的途径并懂得领养代替购买也是爱护宠物的一种方式。

(五)建构主题，总结反思(2分钟)

1. 教师通过提问，让学生回顾本节课所学内容。

教师引导学生回顾："What do we learn today? Yes, we learn about pets. Pets are different, but they are all very cute and friendly. Which part do you like best in this English class? What do you want to know more about pets?"

2. 教师布置本课作业，学生认真听作业要求并在课下完成。

意图说明：

通过回顾本课所学内容和完成作业，学生对所学内容进行复习和巩固，提高学习效果。

六、板书设计

本课板书设计如图 2-3-1 所示。

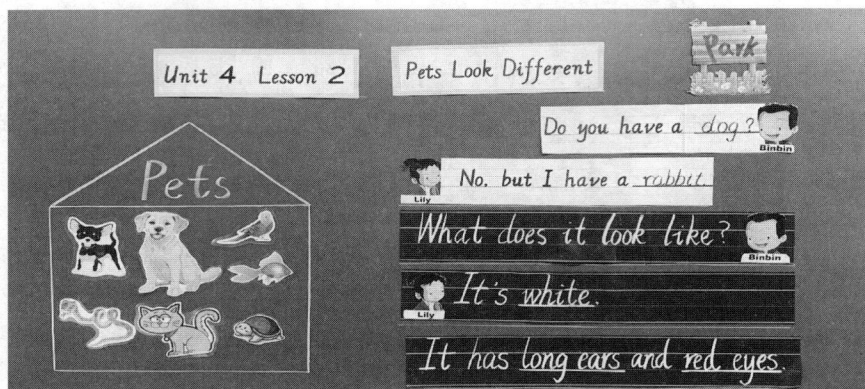

图 2-3-1　本课板书设计

📎 | 实践操练 |

　　请你利用现行的教材，选择一节会话课教学内容，结合小学英语会话课教学的基本步骤，完成一节会话课教学设计，包括教学内容分析、学情分析、教学目标、教学活动的基本步骤和每个步骤的活动设计。

　　在完成上述任务的过程中，请你同步思考以下问题：

　　1. 在小学英语会话课教学中，如何保证和完善每个步骤的活动设计？

　　2. 如何结合学生的认知水平和生活常识，设计有趣的学习活动，发展学生的综合语言运用能力？

▶第六讲
小学英语复习课教学设计

请你思考：

　1. 小学英语复习课的功能和作用是什么？

　2. 如何进行小学英语复习课教学目标设计？

　3. 如何进行小学英语复习课教学活动设计？

　4. 如何进行小学英语复习课教学评价设计？

一、小学英语新教师复习课教学设计常见问题

复习课具有较强的综合性，因此，此类课程的教学设计更具挑战性。例如，如何选择合适的教学活动，怎样恰当地控制操练时间等，教师稍有疏忽就会导致学生对复习课的学习兴趣不高，学习效果不佳。复习课教学中的问题主要体现为如下几个方面。

（一）教师对复习课的意义理解不够深入

有的教师将复习课等同于练习课，复习课需要练习，但不仅限于此。在日常复习课教学中，有的教师大量布置习题，让学生在题海里苦战，再通过机械的核对答案的方式解决问题，更有老师让学生把书后单词表中的单词全部抄写几遍，希望以量取胜。在复习阶段，学生做的作业多，老师批改的作业多，结果是老师和学生都苦不堪言，但收获未必有多大。如果说新授课的重点是"理解知识产生的过程"，那么，复习课的重点则是"巩固与运用"，将达标的技能变成精熟掌握的技能，并运用其解决实际问题。复习课有巩固、拓展运用的价值，然而，在日常教学中，教师们常常将复习课的功能简化为熟练掌握。在上复习课时，教师常常是领着学生一起回顾整个单元的基本语言知识点，忽视了它的运用价值。

（二）教师只关注语言目标，忽略非语言目标

在上复习课时，教师常常带领学生一起回顾整个单元的基本语言知识，单纯地帮助学生列举知识点，然后带领学生读一读句子，背一背单词，以巩固本单元的基本语言知识和技能。这样的复习课过分强调了语言知识点的再现和强化，而忽视了厘清语言知识点之间以及语言知识和生活运用之间的联系，影响了综合语言运用能力的发展，忽视了情感态度、文化意识、思维品质等方面的培养目标。

（三）复习课与新授课之间缺乏连贯主题

斯金纳提到，当我们对言语行为展开分析的时候，需要考虑什么环境引发了言语行为，以及言语行为的功能是什么。一旦这些变量被确定，我

们就可以在一个适用于整个人类行为的框架内解释语言行为的动态特征。[①]语言都是有功能的，不是简单的交流符号。我们之所以有交流的欲望，是因为希望实现语言的各种功能，例如，提出需求、发出邀请、获得亲密关系等。而语言的功能必须依托真实的生活情境，通过一定的动机操作被体现出来。无论是语言目标还是非语言目标，学生在学习的过程中需要获取完整的、可理解的、可以激发语言表达功能的情境。现存的大部分英语教材，内容完善，但是在新授课之间、新授课与复习课之间、复习课各板块之间的内容设计方面存在话题相同、情境却不统一的问题。因此，教师们需要在原教材的基础上进行再设计，特别是创设统一的主题情境。

教师们在新授课环节已经越来越重视真实情境的创设。然而，在复习课环节，却疏于情境创设，教学活动缺乏真实、多样的情境，活动经常为机械性的操练，从而无法体现语用功能，导致学生习得的仅仅是语言符号，运用能力受到影响。教师往往注重知识系统本身，却很少引导学生思考与系统有关的知识，即很少举一反三，使复习课丧失了温故知新的功能。

（四）新教师没有充分发挥学生的主体地位

复习课是教师与学生一起，将学过的知识进行概括性整理和提炼，形成新的认知结构，使学生获得系统提高的一种课型。但在当前小学英语复习课中，很多教师在设计复习课时，关注的是对已学习的知识点进行再讲解及设计大量的练习，这种复习课应试色彩很浓，反而忽视了学生的主体地位，忽视了复习课也是促进学生发展的本质目的。[②] 当前有的小学英语复习课上，教师很少倾听，也很少思考学生会怎么想，怎么说，怎么做，而是把学生引入自己的思路当中，使学生始终处于被动的地位，阻碍了学生的思维发展。

（五）新教师缺乏教学效果评价

教学评价在一节复习课中起着不可缺少的反馈和激励作用。但是，教师往往认为复习课就是为取得好的终结性评价而服务的，从而忽视了复习

---

① B. F. Skinner，*Verbal Behavior*，Robbinston，Martino Publishing，2015，p. 10.
② 项华：《在磨课中提升小学英语复习课的实效》，载《教育实践与研究（A）》，2018(10)。

课中形成性教学评价的作用。我们有必要思考复习课的设计是否合理，时刻通过形成性评价监测我们的教学是否促进了学生的学习，并且根据反馈及时做出课程设计调整。否则，学生的学习效果就会大打折扣。

二、小学英语复习课的内涵和功能

根据小学英语课的性质和任务，我们通常把课型分为新授课、复习课、活动课等。复习课是课堂教学的重要组成部分，是在每个单元新授内容结束后，以单元话题为中心，以单元内容为依据，以梳理巩固、整合运用、提高能力为目的而开展的课型。复习课在小学英语课堂中有着不同于新授课的重要作用和地位。

复习课的主要目的是体现知识的综合性与拓展性，提高学生的综合语言运用能力。它能引导学生系统地归纳和整理教材各部分的知识，帮助学生查漏补缺，将知识构成一个有机的整体，从而形成知识网络，有助于学生理解、巩固和运用已学的知识和技能。[①] 复习课教学并不是知识的简单复现，教师可以遵循"整合教学资源，确定教学主题；创设话题情境，开展整体教学；开展有效活动，发展语言能力"的设计思路，从激发学习兴趣、联系生活实际、培养综合能力等方面入手，探索在复习课中培养学生思维品质、语言能力、文化意识等核心素养的有效方法[②]。

英语是学生的第二语言，纵使小学生具备较强的机械记忆能力，课堂习得的言语行为也难免会由于在自然生活情境中难以得到复现和泛化而慢慢消退。那么，有针对性地分层设计复习课，对帮助学生巩固已学知识就显得尤为重要。

以北京版小学英语教材为例，教材中每单元都安排了复习课或者复习板块，每三个单元或模块后，就有复习单元，目的是以单元话题或者前边三个单元或模块的话题为主线，借助多样的语用情境，将分散的语言知识点进行整理，通过将语言知识和生活知识相融合，实现知识的条理化和系

---

① 林碧英：《在复习课中培养学生综合语言运用能力的实践》，载《中小学外语教学(小学篇)》，2018(6)。

② 吴惠玲：《小学英语复习课教学的有效设计与评析》，载《中小学外语教学(小学篇)》，2019(1)。

统化，从而辅助学生加深对语言知识的理解和运用，促进心智发展，形成跨文化意识，发展积极的情感态度和价值观。

三、设计小学英语复习课的教学目标

任何单一的信息来源(学科专家对目标的建议，对学习者本身的研究，对当代校外生活的研究，从哲学和心理学视角进行的研究)，都不足以提供能让学校为教育目标做出全面且理智的决定的基础。[①] 复习课教学目标的制订，不仅要基于课程标准明确复习课教学的总目标和具体目标；还要吃透教材的重点、难点和特点，特别是单元训练重点；更要了解学生的学习情况和个体差异，以使各个层次的学生都能通过复习有所提高和发展。[②] 此外，教学目标的制订还应关注对学生校外生活适应能力的培养，激发学生学习兴趣，鼓励学生自主探索，帮助学生发展出独立、自主的校外生活能力等。教师只有开展多维度的分析，才能为学生眼中枯燥的复习课带来一片生机。

（一）做好教材分析和学情分析

在制订教学目标之前，教师要先进行教材分析和学情分析。只有进行了这些分析，教师才能将目标制订得更准确。优秀的教师不仅要熟练地驾驭教材，更要真正了解学生已有的知识经验和心理认知特点，因此学情分析是进行良好教学的前提，是所有教学活动的出发点和落脚点。

以北京出版社小学英语三年级下册 UNIT FOUR REVISION Lesson 14 为例，授课教师针对教材和学情做了如下分析。

一、教学内容分析

本单元是复习单元，共两个课时，14 课主要以听、说、读的方式复习第三单元的"Food and Drink"主题和少部分的第二单元"Shapes"主题。为了保证复习主题的完整性，教师将教材复习内容进行了调整，删减了关于

---

① 拉尔夫·泰勒：《课程与教学的基本原理(英汉对照版)》，罗康、张阅译，5页，北京，中国轻工业出版社，2014。

② 何善亮：《复习课教学存在的问题及其改进建议》，载《当代教育科学》，2012(2)。

"Shapes"主题的活动。从教材中可以看到活动形式很丰富，但是活动之间内容关联性不强，语言点比较分散。

【What】本课以教师通过创设在食品超市中领取优惠券的生活语境引领学生回顾并巩固关于食物和饮料的词汇、句型以及相关的交际内容。

【Why】通过听、说、读的方式，复习与"Food and Drink"主题相关的词汇和交际用语，引导学生礼貌地询问和回答最喜欢的食物，同时让学生在不同的活动中夯实语言。

【How】通过听力、对话和阅读文段等形式，引导学生复习巩固不同的食物并能交流自己喜爱的食物。

二、学习者分析

本课授课对象为三年级学生。他们从一年级起就使用本教材学习英语，对于教材内的人物、结构、图片风格比较了解；能够听懂课堂指令以及活动规则讲解；经过两年多的英语学习，他们已具备了一定的小组合作、表演对话等能力。学生们在二年级时学习了一些关于食物的单词和语句，例如，baozi、soymilk、bread、meat、apple 等。本学期经过第三单元的英语学习，他们积累了更多的食物类词汇与句型，在饮食主题方面已具备了简单的听、说、读、口语表达能力，已掌握询问食物喜好的句型；对于"Food and Drink"主题的热爱是他们在复习过程中的重要动力来源。他们希望通过复习课了解更多关于食物和饮料的知识，提高自己的英语水平。同时，他们也期待在课堂上展示自己的学习成果，获得老师和同学的认可。为了保持学生们的学习动力，我们将设计具有趣味性和挑战性的教学活动，让他们在轻松愉快的氛围中学习。我们力求引导学生们能够根据教师提出的问题，结合自身情况、已有经验，进行自主且发散式的回答问题，能够很好地掌握并运用之前学过的知识。

这位教师在进行了细致的教材和学情分析之后，将教材进行了适当的调整和补充，使教材更加符合复习的主题，更加满足学生的学习需求。

（二）制订复习课教学目标

《课标（2022 年版）》中提出，对于学生来说，英语课程学习的总目标既包括发展语言能力，又包括培育文化意识、提升思维品质、提高学习能力。

教学目标是教育教学活动的出发点和依据，也是教育教学活动的归宿。[①] 教学目标也可以被理解为教师对学生达到的某种学习效果或行为的预期设想。一切教学活动都是围绕教学目标的设定来进行和展开的。教学目标也是教师进行课堂教学设计的基本依据。复习课的目标设定首先应当以英语学科总体育人目标为基础，既关注语言目标，也关注非语言目标，在语言知识与技能掌握方面，有别于新授课的精熟标准，更加侧重流利度目标，以及对语言知识、技能的恰当运用；在非语言目标设定方面，更加强调语言学习的工具性，即在真实的情境中，运用英语解决问题并学习其他学科知识，从而促进思维发展，形成跨文化意识和良好的情感态度价值观。

还是以北京版小学英语三年级下册 UNIT FOUR REVISION Lesson 14 为例，教师基于细致的学情和教材分析，制订了如下的教学目标。

通过本课的学习，学生能够：

1. 复习第三单元食品话题类所学，要求能听懂、会说、会认读食品类词句并能在相应的情境下运用(语言能力)。

2. 能阅读有关不同国家饮食习惯的描述语段，获取关键信息。能够表达自己的饮食喜好，并且知道合理膳食(学习能力、文化意识)。

3. 在游戏活动中，培养学生联想、发散的思维品质(思维品质)。

4. 知道不同国家的食品特点，深入了解中华美食文化(文化意识)。

从该教师制订的教学目标中我们不难看出，在经过精心的教材分析和学情分析之后，教师才能够从多维度考量教学目标。在关注语言目标的基础上，也不忽略非语言目标的设定，只有做到这样，教学目标才能让学生收获更多。

四、设计小学英语复习课的教学活动

在教学实践中，教师仅有目标意识还不够，还需要根据复习目标选择

---

① 张璐：《制定单元整体目标 凸显学科核心素养》，载《中小学外语教学(小学篇)》，2018(4)。

和设计合适的教学活动。复习课应该以学生为主体，采用多种复习形式，充分发挥他们在活动中的能动性、积极性。主题式教学法（Theme-Based Instruction）是基于语言与内容融合教学理念的一种外语教学模式，学习者围绕某一特定主体，通过对语言学习材料内容的探究性理解，在真实的情境中运用语言来完成真实任务，最终掌握语言技能。[①] 主题式教学法意在以语言为媒介获取信息，在获取信息的过程中提高学生的语言水平。这种教学法避免了教材复习课各板块缺乏连贯情境，任务缺少真实且具有实践性的语言目的，活动目标与内容设计与新授课相比层次性不够等问题。主题式教学法以意义探究或主题核心任务为明线，以语言知识、技能学习为暗线，整体规划学习进程。[②] 这种方法使教师提供给学生的学习经验更加系统化。采用主题式教学法的复习课教学各环节如下。

（一）热身环节（Warm up），借助真实生活情境，引出主题

在热身环节，教师创设主题情境，带领学生展开板块复习。教师可根据学生的兴趣点和情感点来创设适当的情境，例如，在复习食物的话题时，教师可以通过带着学生们实地去超市拍摄小短片，将主题鲜活地呈现在学生面前并让其回顾相关语言知识，让复习活动在学生感兴趣的情境中进行，这样更能让学生投入到学习中，巩固知识，培养技能，陶冶情感。因为复习的内容是学生已经学过的知识，直接呈现会让学生失去兴趣，不能很好地调动课堂气氛，所以教师要学会有技巧地导入，让学生进入一个特定的情境中，说出与复习内容相关的东西，从而使他们能全身心地投入学习。而且教学中的情境和现实中的情境是相似的，这就更让学生觉得亲切，从而努力地开动脑筋。

单元复习课的主题情境创设，应当基于单元内容进行整体备课，而不是在讲授完新授课后，再创设复习课情境；整册书的复习单元情境创设，应当涵盖整册书中的各个话题。在此基础上，主题情境的创设，还应当满足如下几条原则。

---

① 王建平：《小学英语主题是教学的课堂实践与研究》，载《中小学外语教学（小学篇）》，2016(9)。
② 李静：《小学英语主题单元课程的设计与实施》，载《中小学外语教学（小学篇）》，2016(5)。

①真实性原则。教材提供的学习内容都和学生真实生活密切相关，因此在复习这些学习内容的时候，教师要特别注意创设真实的语境。

②连贯性原则。这主要是针对每一个学习单元最后一课时的复习课而言的。在进行复习课设计时教师要创设和本单元学习话题一致的语境。

③趣味性原则。情境的创设是否合理，直接影响学生的学习动机。当学生很熟悉主题情境，又认为其有趣的时候，他们会更乐于参与到整个活动中来。例如：北京版小学英语二年级上册 UNIT TWO WHAT DO YOU DO ON SUNDAY? Lesson 8 的单元复习课。本课主要内容包括：听力检测，复习本单元所学地点词汇；认读连线，复习本单元所学动词词组；问答表演，复习本单元的核心句"What do you do on Sunday/Saturday?""I often …"。本课涉及词汇包括 farm、cinema、museum、zoo、bookstore、go to see grandparents、read books、draw pictures、play football 等。因此，在本节复习课中，教师为了帮助学生做好查漏补缺，巩固语言知识，自如运用语言进行交际，在设计中利用教室空间，在四周贴好本单元学习过的地点场所的图片，创设了生活场景，使学生更加明确本课的主题——周末生活安排。这样的活动可以激发学生自主安排假日的兴趣，调动学生在复习中体验、参与、实践。

（二）内容呈现环节（Lead in & Presentation），围绕主题情境，创设真实任务

基于动机操作理论，为了调动学生学习的主动性，主题式教学法中复习课的任务创设，应当是对学生而言略具挑战性的"真任务"，即学生需要通过查找获取信息，整合信息，并且对其加以适当推理和判断才能解决的任务。

1. 结合主题情境，创造性地使用教材

在不同的学情背景之下，教师有时候可以将教材的活动顺序加以调整，也可以删减或补充一些更符合学情的内容。例如，一位教师在引领学生复习食物这个话题时，教材中有项活动要求学生将零散的字母组合成学生自己认识的单词，但是此项活动并没有明确要求学生组成什么类别的单词。这位老师考虑到这个单元的主题，为了使活动契合主题内容，她巧妙地将

活动调整成了一个带有比赛性质的小任务。这位教师为活动增加了一个小标题："What 'Food & Drink' words can you make with these letters?"这样一来使学生明确了活动内容,二来激发了学生挑战的积极性。小小的变化不仅增加了活动的趣味性,更促进了学生语言能力的提升。此外,在语篇的处理过程中,通过补充和本单元话题相同的阅读素材,学生的综合语言能力得到了训练。

2. 结合情境线索,预设真实问题,创设真实任务

教师可基于主题情境,站在学生角度思考他们在情境中可能遇到的问题,并且基于这些问题设计逐层递进的真实任务。例如,在教授北京版小学英语五年级上册 UNIT SIX 时,有教师将教材原有内容与拓展内容进行了重组,并将语言知识进行整合,重新规划了五个课时的教学内容与教学活动,将教材原本设计的学习内容调整为三个基础新授课时,基于主题情境的拓展复习课程从做家务的意义入手,引发学生对做家务的思考,还设置了如下任务:"做家务可能会遇到什么样的困难和问题? 如何解决这些问题?"

再比如,在北京版小学英语三年级下册的 Lesson 14 的复习课中,为了能够将复习课中的零散活动串联起来,教师在上课伊始便抛出了一个"完成拼图得餐馆代金券"的学习任务。

T:"Hello boys and girls! Nice to meet you. What day is today?"

Ss:"It's Thursday."

T:"Wow! Weekend is coming, what are you going to do this week-end?"

S:"…"

T:"Can you guess what I am going to do?"

S:"…"

T:"I am going to a wonderful restaurant. But it's expensive. So, I want this voucher! It's said that we can play games to get it, can we play togeth-er?"

Ss:"Yes!"

在这样的任务导向过程中，教师为叙述提供了充分的情境，培养学生的信息获取能力以及思维能力，也为学生创造了运用英语学习做事情的机会。在这个任务的背景下，教师带领着学生顺理成章地完成了一个又一个语言实践活动。

3. 教师科学引导，帮助学生建构问题解决思维模型

在协助学生解决问题时，教师常用到的两种方式是问题链和思维导图。课堂中教师设计的填空练习，虽然为学生提供了语言支架，但是从培养学生思维的角度看，也限制了学生的思路。因此，教师可以尝试使用 who—what—when—where—how 的思维链，辅助学生完成任务。[①]

我们可以看看下面这位教师是如何设计猜谜游戏的。

T："Great. Let's play a guessing game. Here are some hints，please read and guess which job it is. They all wear the same uniform."

Ss："Cook？/ Waiter？"

T："What else the else can you guess？"

Ss："Baker."

T："How do you know it？"

S1："Because waiter and cook do not bake."

T："Good thinking. So we can guess a job from what they do，and we call that its duty."

在这个游戏的设计中，教师在常规猜谜活动的基础上适当增加了游戏活动难度，在发散学生思维的同时，层层推进，不断提高学生学习能力，让学生根据线索在三种职业中做出判断，这种活动旨在提升学生的分析、推理等思维能力，培养其思维的清晰性和逻辑性。

（三）在语言操练和运用环节（Practice & Production），促进学生思维能力和生活适应能力的发展

思维导图是一种开放式的学习工具，它能够帮助学生更好地挖掘和整

---

① 胡珊珊：《由一次磨课经历引发的对复习单元教学的思考》，载《中小学外语教学（小学篇）》，2018（9）。

合知识，培养学生的逻辑思维能力和创造力。在小学英语复习课上，通过引导学生自己制作思维导图，可以培养他们的综合能力，提高他们的学习主动性。

复习课上，学生们容易感到枯燥乏味，这对教师的教学提出了更高的要求。结合学习主题利用思维导图带着学生们一起复习是个非常有效的策略。导图建构的过程可以帮助他们更好地厘清知识结构，提高学习效率，激发学习兴趣，使他们更加主动地参与到课堂中来。如老师在复习"Holidays"这个主题时，老师引导学生们从"What? When? Why? How?"四个维度全方位地将零散的知识整合在一个脑图中，将知识点之间的关系以图表的形式清晰地呈现出来，帮助他们更快地理解和记忆，提高学习效率（如图2-4-1 所示）。

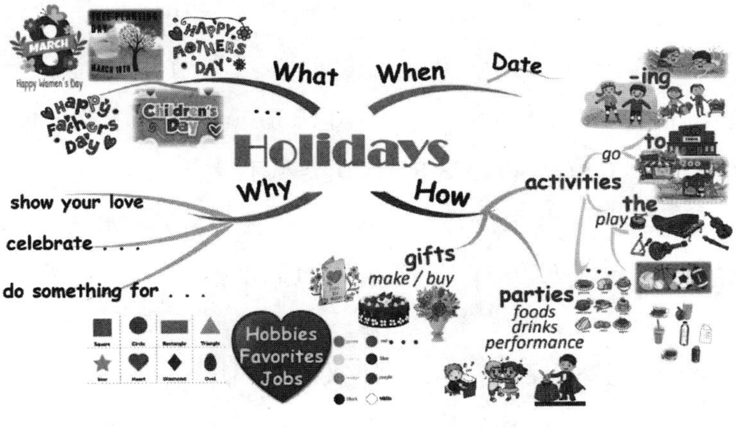

图 2-4-1　"Holidays"思维导图

教师利用思维导图来进行巩固复习还可以选择一些重点内容。比如在复习"Seasons"这个主题时，教师通过引导学生们结合学过的内容，利用思维导图，从时间、天气、活动、特殊的节日等维度可全面复习这个主题。在完善思维导图的过程中，教师巧妙地将重点单词挖空，设计了一个思维导图学习单，让学生参与进来，强化对知识的记忆（如图 2-4-2 所示）。

Worksheet 1　Let's Find

Task 1. I know about Seasons.

图 2-4-2　"Seasons"学习单

在复习课的操练和运用环节，教师不仅应当关注学生运用英语解决日常生活需求的能力，还应当尝试引导学生依托已有语言知识，学习相关科学文化知识，拓展学科综合素养。[①]

以北京版英语二年级下册 UNIT SIX WHICH SEASON DO YOU LIKE？的复习课为例。在本单元的语言操练和运用环节，教师可以尝试在主题情境下补充依托已有的重点英语句型学习季节分布特征等地理知识的环节。通过运用"How many seasons are there in a year?""There are…"的对话句型，学生可以了解不同地区的季节类型有差异，再通过进一步讨论不同季节的特征，学生可以预测该地区居民的生活特点（如饮食习惯、居住环境、经常从事的活动类型等），从而拓展他们的综合人文素养。

五、设计小学英语复习课的教学评价

在小学英语复习课教学中，用什么标准来评价教学，由谁来评价学生课堂行为，也是一个非常重要的问题。教师的肯定、同学的鼓励能够给学生提供参考和指导，是促进学生进步和成长的动力。学生不仅是学习活动的主体，也是评价活动的主体。课堂中我们要建立多元评价体系，给学生自评、互评的机会，学生在得到真正有效的评价后，复习的积极性自然会被调动起来，评价与教学真正地融为一体，评价对于复习教学的促进功能就能得到发挥。在进行评价时，评价者还要注意充分照顾到评价对象个性

[①] 齐雪婷、王文娟、刘杨等：《核心素养理念下的主题单元教学实践》，载《中小学外语教学（小学篇）》，2017(9)。

的差异，不要给评价对象造成压力，评价标准也要符合评价对象的实际。正是在这一层意义上，复习课教学更需要关注个体内差异评价的应用及其与教学的整合，从而真正实现评价促进学生发展的功能。[①]

具体来说，评价可以是教师针对某一问题对学生进行随堂口语交互式提问，通过学生的回应情况，判断学生对目标的达成情况；也可以是以文本的形式出现，例如，可以通过观察学生活动参与过程中的情绪变化，来对情感态度维度的非言语目标达成情况进行评估；或者是在课后或者下课前围绕单元主题，让学生完成一道填空题，发放一个小问卷，设计三五道是非判断题，通过学生的反馈了解学生的实际学习效果。当评价结果显示学生达到了实现一定的教学目标的要求时，教师就可以按照原有设计继续当前教学。

评价的方式可以是丰富多样的。考虑到班级中人数较多，教师可以采用分层抽样的方式，对学生的行为改变进行监测。例如，教师可以在一次问题解决过程中，抽取成绩水平各异的学生，记录他们的行为表现，看他们能否运用某一个目标句型正确表达需求。

教师要关注评价工具的设计，关注形成性评价，优化复习课设计。上文提到的完成拼图挣餐馆代金券的教学案例，既是一个核心任务，也非常新颖。

总而言之，课堂教学是实施素质教育的重要途径。教师要运用科学的教学方法，培养学生良好的心理素质，使他们保持强烈的学习兴趣，切实做好复习工作，从而提高教学质量。

六、小学英语复习课优秀教学设计

北京版小学英语三年级下册
Unit 8 Revision Lesson27[②]

一、教学内容分析

【What】本课以教师创设的"Hi-five Summer"为落脚点，通过节日串联

---

① 何善亮：《复习课教学存在的问题及其改进建议》，载《当代教育科学》，2012(2)。
② 课例由北京市东城区定安里小学章奇奇老师提供。

复习相关的词汇和功能句，最终引导学生能够设计出自己的"Hi-five Summer"。

【Why】学生在5～7单元习得了和儿童节、母亲节和父亲节主题相关的语言知识，在复习课中需要在情境中去归纳总结和有意义地应用，学生能够在复习巩固语言的同时将德智体美劳五育并举的思想融入其中，提升学生的核心素养。

【How】老师设计了完成手账的任务，通过听、说、读、写的方式梳理与母亲节、儿童节、父亲节相关的语言和活动，并最终完成"Hi-five Summer"的活动设计。

作为复习单元，教学内容不是知识的简单重复，而是知识的归纳整理、能力的不断提升。因此，在复习课中，教师围绕单元主题观念来设计单元大项目和大任务，依据主题明确具体的教学目标和设计丰富的教学活动，让学生在真实的主题语境中复习、拓展旧知，引导学生们积极、主动地在贴近生活的情境中运用所学知识，突破教学中的重难点。

二、学习者分析

性格特点：

三年级学生活泼好动，喜好手工制作类活动，乐于策划和参与家庭活动，且愿意与他人分享成果。教师通过对三年级学生的日常观察，发现很多学生喜欢使用漂亮的本子来做日记本、记事本、笔记本，他们乐于将日常的生活、重要信息用书写、绘画、贴画等形式记录在本子上，并且主动与同伴交流分享，因此在复习课中使用手账书的形式是贴合学生经验和喜好的一种方式。

知识储备：

节日的基本祝福语、时间表达、活动描述，对于节日的参与感和欢庆节日的能力已逐渐形成。掌握对物品的简单描述，会表达认同和喜好。会用一般现在时、现在进行时和将来时进行简答应答。

生活经验：

学生在过去的学习中已体验过节日的庆祝和活动，对节日的相关信息已有储备，有小组讨论及合作的经验。在以往的单元学习中使用过翻翻书、小册子等创意形式来呈现学习成果，部分学生对动手拼贴的手账书有过制作经验，喜欢图文并茂地呈现所学知识。

存在问题：

三年级学生缺乏主动向家人表达爱意、主动付出的意识；需要提升设定情境下多轮交流的综合语用能力。在假期生活中更多的是父母带领和组织的活动，学生们主要的角色都是参与者和接受者，对于假期他们大多以玩乐为主要目的，缺乏主动对假期进行全面合理的规划意识，这就需要教师梳理出助力他们成长的多彩生活的多个面向，实现"德智体美劳"五育并举。

三、课时教学目标

1. 在听、说的活动中复习5～7单元所学习的部分词汇和功能句型，谈论节日正在做和打算做的事情。（学习理解）

2. 在完善手账书任务的过程中，通过和同伴进行对话、文段转述、角色扮演等活动夯实所学语言。（应用实践）

3. 结合自己的实际意愿运用所学语言向父亲发出活动邀请。（迁移创新）

4. 制订一份指向德智体美劳全面发展的暑假活动计划。（迁移创新）

【核心短语】

kiss my mum, give a hug, take care of …, study hard, take…lessons, write stories, go swimming, play basketball, fly a kite, do magic tricks, draw pictures, play the piano, sing a song, listen to music, do housework, go shopping, cook

【核心句型】

Do you want to…?

Will you…?

What will you do?

I will… How about you?

What are you doing?

Can I…?

四、教学过程

环节一

教学目标1：在活动中复习5～7单元所学习的部分词汇。（学习理解）

教师及学生活动：

1．Let's chant

学生跟唱母亲节、儿童节、父亲节的英语歌谣。

T：What are the chants about?

S：Holidays.

2．Choose and say

学生选择热气球并找同伴接力说出气球上所示主题（Activities，Holidays，Places）下的词汇。

设计意图：学生在歌谣联唱和词汇接力的热身活动中，激活学生旧知，复习核心词汇。

效果评价：教师根据学生的跟唱活跃程度了解学生对节日活动、时间顺序的认知程度进行提问。观察学生是否了解主题词的含义并且能否及时说出相应的短语，根据学生的表达情况，出示词卡进行强化，帮助学生梳理和归纳。

环节二

教学目标2：在听、说的活动中复习5～7单元所学习的部分词汇和功能句型，谈论节日正在做和打算做的事情。（学习理解）

教学目标3：在完善手账书任务线的不同情境中，和同伴进行对话、文段转述、角色扮演等活动。（应用实践）

教师及学生活动：

T：We learned so many activities, and also we have a lot of good memories. Let's put them into a book——Scrap Book，引出主线任务，也是本课的评价形式——手账书，如图2-4-3所示。

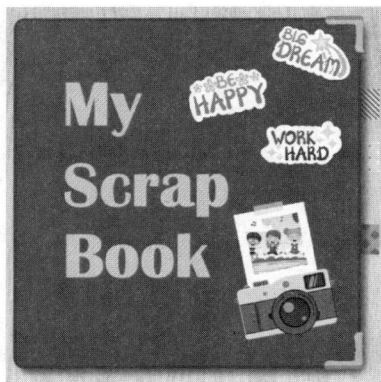

图2-4-3 "Scrap Book"学习单

1. Mother's Day

学生借助手账书，复习母亲节相关内容。通过图片观察、听力排序、转述等活动回顾并拓展 Lingling 和妈妈庆祝母亲节的情景，并和同伴说一说自己庆祝母亲节所做的事情，如图 2-4-4 所示。

图 2-4-4　听力排序学习单

例如：

S1：I go shopping with my mum.

S2：I play the piano for my mum.

2. Children's Day

T：Look at the photos. What are they doing?

学生观察儿童节活动图片表达语言，如 They are flying a kite. 借助词汇和句型，拿出结合自己真实经历并绘制的儿童节活动图片，粘贴在手账上，在教师的示范下，梳理归纳核心语言，并根据课件上的句式，进行角色替换，和同伴说一说自己的儿童节经历和收获，如图 2-4-5 所示。

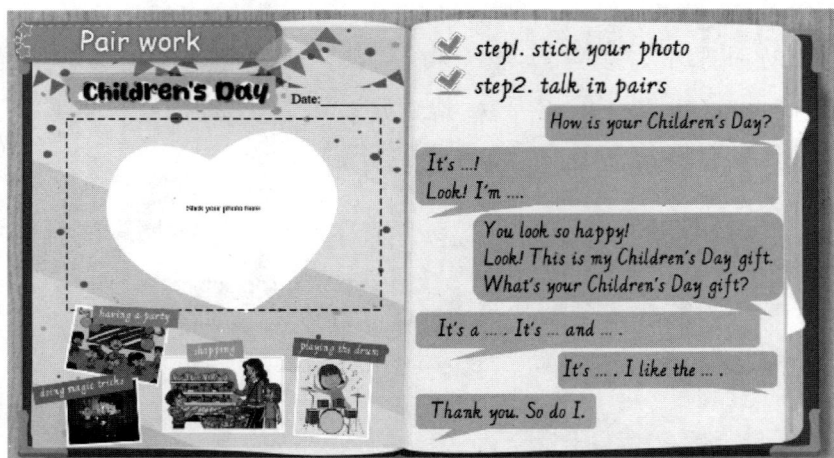

图 2-4-5　粘贴图片、编对话学习单

例如：

S1：How is your Children's Day?

S2：It's wonderful! Look! I'm having a picnic with my parents.

S1：You look so happy!

Look! This is my Children's Day gift. It's a pink pencil case.

What's your Children's Day gift?

S2：It's a doll. It's cute and beautiful.

S1：It's nice. I like her dress.

S2：So do I.

设计意图：创设学生喜爱且有过相关经验的手账书形式，让学生带着兴趣和任务进行复习。按照时间发展顺序复习节日，加强学生对节日的时间概念，在形式上，通过听和说的操练，让学生逐步内化语言进而应用语言。

效果评价：教师根据学生对母亲节活动的认知，引导学生为母亲做更多的事情，对学生的表达进行指导和鼓励。教师根据学生的表达，了解学生容易遗漏的语言点，随时提示纠正，在学生表达不畅时，利用板书的词汇卡做提示。同时，借助直播投影功能展示学生的绘画作品并聆听学生的表达，及时给予点评和指导。

环节三

教学目标4：结合自己的实际意愿运用所学语言向父亲发出活动邀请。
（迁移创新）

Father's Day

通过阅读的形式，回顾Baobao庆祝父亲节的情景并填空。

小组内设计表演Baobao和爸爸的对话，也可以根据掌握情况结合自己的真实经历创编对话，最终借助教师提供的道具进行展示表演。

例如，学生根据阅读文段边描述边进行动作演绎。

又如，学生仿照原课文对话表演，如图2-4-6所示。

S1（Narrator）：Today is the third Sunday of June. It's Father's Day. Baobao has a gift for his dad.

S2（Baobao）：Happy Father's Day, Dad!

S3（Father）：Thank you, Baobao.

S2（Baobao）：I have a gift for you.

S3（Father）：Can I open it now?

S2（Baobao）：Please do.

S3（Father）：Oh, it's a book and a card. Thank you.

S2（Baobao）：Do you like my gift?

S3（Father）：Yes. I like it.

S2（Baobao）：I'm glad you like it.

再如，学生替换礼物和部分语句改编成自己和爸爸的对话：

S1：Happy Father's Day, Dad! Here is my gift for you.

S2：Thank you! Can I open it now?

S1：Sure, please do.

S2：It's a pen. I like it!

S1：I'm glad you like it. And I want to say, "You are the best dad in the world!"

教师引导学生思考与父亲的相处时光，并给出更多的活动建议，学生应用句型 Can I/you…？向父亲提出活动邀请。

T：What do you often do together?

S1：I play basketball with my dad.

S2：I go swimming with my dad.

T：There are more things you can do with your dad. Please think about it and write down your wish on the invitation card. For example，you can say "Can you make model plane with me?" or "Can I go for an outing with you?"

图 2-4-6　阅读、选择、表演学习单

设计意图：本阶段学习活动旨在帮助学生在已知的情境中勾连自己生活经验，通过小组表演深入角色，运用语言理解意义，学生在表演设计上可以参考原语篇演绎，还可以根据掌握情况设置旁白和其他角色进行个性化表演，教师的肯定和指导促进学生勇敢的表达和自信心的建立。在讨论中激发对父亲的情感意识，创造性地使用语言，邀请父亲进行亲子活动。

效果评价：教师通过观察学生填空的情况，了解学生对语篇的掌握情况，调整核对答案的方式。教师通过观察学生排练的情况进行指导和鼓励，根据学生使用道具和动作的发挥情况，给出指导建议，鼓励学生更真实的表达。根据学生的表达，引导讨论和正确评价。

环节四

教学目标 5：制订一份指向德智体美劳全面发展的暑假活动计划，如图

2-4-7 所示。(迁移创新)

Summer vacation

学生观看视频,了解同学们暑假之中想做的事情以及向为父母做的事情,激活元认知和表达意愿。

在手账上粘贴自己绘制的暑假活动,并和同伴应用语言进行交流。

S1:What will you do in your summer vacation?

S2:I will go to Sanya with my parents. How about you?

S1:I will go camping with my parents.

T:You have a long holiday. You have no school during the holiday. But your parents must go to work. What will you do for your parents?

S1:I will make apple juice for them.

S2:I will do housework.

S3:I will cook for them.

在教师的引导和板书的梳理下,学生了解各个活动的意义,随着教师书写每组活动的主题含义,即 Love Family(德),Love Study(智),Love Sports(体),Love Beauty(美),Love Labor(劳),并思考如何兼顾这五点让自己的暑假过得更丰富且有意义,最终落脚"Hi-five Summer"主题,学生书写自己的暑假计划并做交流分享。

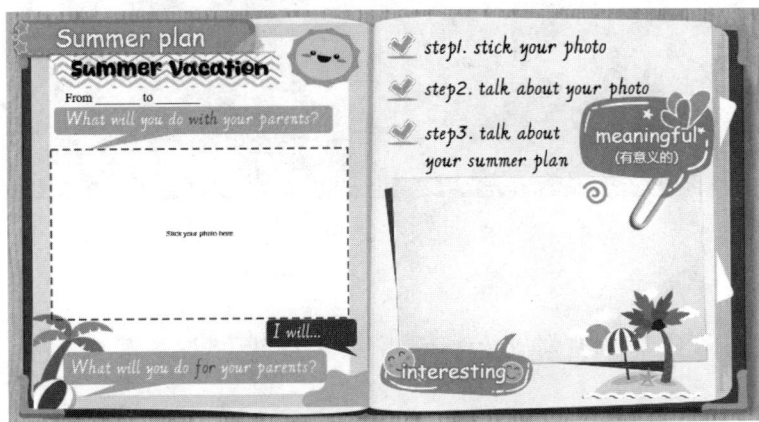

图 2-4-7 暑假计划学习单

设计意图：本阶段学习活动旨在帮助学生梳理本课所复习的所有词汇，并引导学生将词汇分类，感受意义，帮助学生更有条理地设计有丰富而意义的暑假活动，同时也体现了德智体美劳五育并举的教育理念。在学生最喜爱的暑假情景中，引导学生通过观看同伴的表达、交流自己的想法和制订适当的计划，从感知到内化输出，充分使用语言表达所想，学生在这个过程中能够进一步升华语言，将目标语言进行有效的迁移。学生从文本走向真实生活，发展语用能力，进一步深化情感意识。

效果评价：教师观察学生观看视频的反应和态度，通过核心语言来和学生进行问答，初步了解学生暑假的计划。巡视学生的小组对话情况并给予指导和鼓励。通过学生的对话，评价学生的学习效果，了解学生树立关爱家人的意识情况。

板书设计：

本课板书设计如图 2-4-8 所示。

图 2-4-8　板书设计

五、教学反思

本节课在落实课程目标上，做到了循序渐进，层层落实。

教学亮点：

1. 主题鲜明，情境真实

本课教学旨在通过探究主题意义，帮助学生构建语言知识、提升语言技能。本课的复习教学设计以"Hi-five Summer"为核心，围绕该主题设计了一系列的教学活动，在不同节日的串联下通过真实情境（完成手账）的创设，使学生在复习过程中能够感受到语言的实际应用场景，不仅让他们复习了相关词汇和句型，还在真实情境中运用了相关语言知识。这种设计大大提高了学生的学习兴趣和积极性。

2. 活动设计符合学生的学情，学生参与度高

老师在课前就让学生绘制了与儿童节、母亲节和父亲节主题相关的图画，学生带着期望和好奇参与课堂，并以学生喜闻乐见、实操性强的手账本形式连接起了多种形式的教学活动。这些活动不仅丰富了课堂内容，还有效地调动了学生的参与积极性。手账书制作活动不仅巩固了学生所学的知识，还培养了他们的动手能力、创造力以及审美能力。通过小组讨论、角色扮演、情境模拟等活动，教师引导学生深入探究本节课的主题意义，理解主题所蕴含的社会价值。

3. 寓教于情，强化德智体美劳五育并举全面发展理念

在复习节日主题时，课堂上通过母亲节、儿童节和父亲节的活动，巧妙地融入了情感教育。学生通过制作贺卡和编写感恩的话语，表达了对父母的爱和感恩之情。在巩固了相关词汇和句型的同时，还在活动中培养了学生的感恩之心，通过对话、讨论、表演等活动提升了学生主动关爱家人的意识。在课程推进中，潜移默化地将所复习的知识以"德智体美劳"大手掌的形式归纳梳理在板书上，引领学生更全面的思考假期生活的规划，即Love Family（德），Love Study（智），Love Sports（体），Love Beauty（美），Love Labor（劳），帮助学生树立德智体美劳全面发展的意识。

4. 教学目标具体明确，评价方式多样且及时

教师明确设定了与主题意义探究相关的教学目标，并在复习过程中通过多样化的评价方式（如观察、测试等）对学生的学习成果进行了评估。本节课的学习单从听、说、读、表演多维度设计，在完成学习单的过程中对学生学习成果的评估，教师也及时得到了教学效果的反馈。

不足之处：

1. 个别学生课堂活动参与度不高，教师应该关注学生个体差异

本节复习课设计的主题"Hi-five Summer"符合学情，贴近学生生活实际，尽管老师设计了多种活动形式，但仍有个别学生参与度不高，尤其是在小组活动中，个别学生表现出较为被动的情况。这提示老师在今后的教学中，需要更加关注学生的个体差异，采取更有针对性的激励措施，调动每个学生的积极性，为不同水平的学生提供差异化的教学支持和指导，以确保每个学生都能得到充分的发展和进步。

2. 教学评一体化的设计与实施还应更细致、更有效

在教学过程中，教师注重将评价与教学紧密结合，对学生的课堂表现、课堂活动完成情况、参与活动积极性等方面进行评价。同时，教师也鼓励学生进行自我评价和互相评价，以促进学生自我认知和自我提升。但在评价标准上，仍需进一步完善，以确保评价的全面性、公正性和客观性。在教学方法的选择上，仍需进一步探索和创新，以适应不同学生的需求。

🔖 | 实践操练 |

请你结合对本讲内容的理解，从"教学评一体化"的视角出发，选择教材中的一节复习课进行教学设计，并与原设计进行比较，并思考在改进设计的过程中都运用了本讲内容中的哪些方法，在完成上述任务后进行课堂实践。

在完成上述任务的过程中，请你同步思考以下问题：

1. 复习活动难度是否合适？是否有必要增加一些更加具有挑战性的任务？

2. 复习活动是否有助于巩固和扩展本单元的知识？是否有必要进行调整？

3. 学生在完成活动时是否有一些词汇或表达难以理解或使用？是否需要提供更多的解释或示例？

▶ 第七讲
小学英语阅读课教学设计

请你思考：

1. 为什么要进行小学英语阅读课教学？

2. 在小学英语阅读课教学中，教师在各年段的角色是什么？

3. 如何进行小学英语阅读课的选材？

4. 小学英语阅读教学各年段的目标是什么？

5. 如何进行小学英语阅读课各年段教学活动的设计？

一、小学英语新教师阅读课教学设计常见问题

（一）新教师对阅读课教学存在认识偏差

有的新教师在教授阅读的时候通常会先教词、语法，再让学生逐句翻译故事内容，然后再对故事内容进行提问，检测学生对故事的理解。这种教学模式讲究的是"水到渠成"，教师认为词汇和语法是阅读的最大障碍。这种认识上的偏差导致了课堂上只强调语言知识的学习，忽视对阅读篇章整体的理解及对主题意义的挖掘，将阅读课上成了翻译课、词汇课或是语法课。

（二）新教师忽视对阅读方法的培养

大多数新教师在大学里主要学习的科目有教育学、心理学、学科教学法等。在阅读教学法中，他们应该欣赏过一些原版的英文小绘本和寓言小故事，接触过情境式探究阅读法、分段阅读法、整体感知与细节处理相结合阅读法等。教师们接触的绘本内容及阅读教学法较为丰富，但新教师很难把学到的理论知识转化为具体的教学行为，从而与实践脱轨。正是因为这种理论与实践的脱节，新教师在上阅读课时，采用的教学模式单一，在各个年级段、不同题材的阅读篇章中基本都是采用根据语篇内容回答问题的教学模式。在整个教学过程中，教师缺乏对学生阅读方法、阅读策略的渗透、

解码及自主阅读能力的培养，忽视对文本内容和知识的整合及内化。教师只关注阅读任务是否完成，答案是否正确。这样的课堂多呈碎片化状态，学生缺乏深层学习，阅读体验、思维缺失，学生新知识难以建构和语言能力难以发展，从而导致学生不爱读、不会读、不能读的状况发生。

（三）新教师在阅读课上角色单一化

新教师在阅读课上角色单一化，导致了所有年级的所有课型都在一成不变地传授知识，教师在课堂中始终是主导地位。实际上，随着学生阅读能力的不断提升，在阅读教学的过程中，教师的角色也应该发生变化。在低年级段，由于学生的语言基础薄弱，基础词汇积累较少，所以教师在教学过程中是讲师（instructor）的角色，指导学生学习阅读，将阅读策略渗透在教学活动中；到了中年级段，随着学生语言知识的不断累积，对阅读方法有了初步的感知，因此，中年级段教师是指导师（guider）的角色，在课堂中创造机会，有针对性地设置任务，引导学生解码阅读策略进行主动阅读；高年级段，学生语言基础有了明显的提升，因此教师应该是促进者（facilitator）的角色，给学生足够的时间和必要的帮助，让学生独立运用策略去自主阅读，解决阅读理解中的问题。

二、小学英语阅读教学的重要性

对于语言学习者来说，阅读不仅是实现功能目标必备的技能，也是发展语言能力的必备技能。语言能力是学生核心素养的基础要素，阅读过程中高质量的语言输入能够全面促进学生语言能力的发展。学生对阅读文本的认知过程能够活跃大脑，提升思维品质。而且英语读物中包含大量的不同国家的文化要素，如饮食、风俗习惯、社会规范以及背后的审美情趣和价值观念，阅读的过程中多种文化的交织与融合能够帮助学生构建一个强大的、丰富的精神世界，从而形成其特有的文化价值观。[①] 大量的阅读使学生体验阅读的乐趣，逐渐成为熟练、成功的阅读者，为终身学习打下基础。

《课标（2022年版）》对小学阶段的故事阅读教学进行了详细的描述，在语

---

① 王蕾、陈则航：《中国中小学生英语分级阅读标准（实验稿）》，6～7页，北京，外语教学与研究出版社，2016。

言能力学段目标一级中要求学生能够借助图片读懂语言简单的小故事，理解基本信息；在二级中要求学生能够听懂日常学习和生活中简单的指令、对话独白和小故事等，能够表演小故事或短剧，语音、语调基本正确。在课程内容中的语言技能（二级、二级＋）方面，要求学生课外阅读量为 4000 至 5000词；能够阅读有配图的简单章节书，理解大意，对所读内容进行简单的口头概括与描述；在教师的帮助下能够表演小故事或短剧；能够简单描述事件或讲述简单的小故事；能够结合主题图或连环画，口头创编故事，有一定的情节，语言基本准确。由此可见，故事阅读是小学英语教学的重要组成部分，为学生习得语言知识，提升语言技能，培养核心素养提供了内容和语境。

三、小学英语阅读教学的目标

小学英语阅读教学的目标是培养学生的阅读能力还是阅读素养呢？2016 年《中国中小学生英语分级阅读标准（实验稿）》提出了中国中小学生英语阅读素养发展目标理论框架（见图 2-5-1），该框架给出了中小学生英语阅读素养发展的目标。

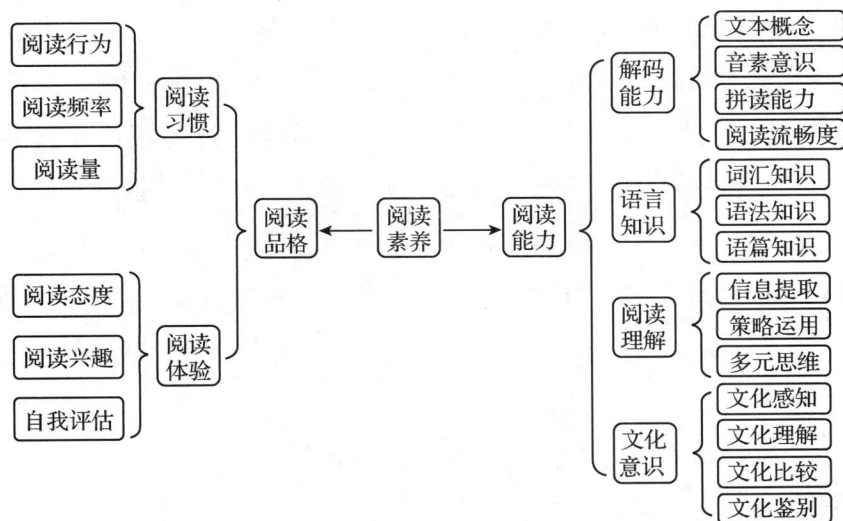

图 2-5-1　中国中小学生英语阅读素养发展目标理论框架[1]

---

[1]　王蕾、陈则航：《中国中小学生英语分级阅读标准（实验稿）》，19 页，北京，外语教学与研究出版社，2016。

从图中可以看出，中国中小学生英语阅读素养发展目标包含阅读能力和阅读品格两大要素。阅读能力由解码能力、语言知识、阅读理解和文化意识四个方面构成。阅读品格包含阅读习惯和阅读体验。[①] 由此可见，阅读素养的内涵要大于阅读能力，它不仅包括了阅读能力所涉及的各要素，还包括了阅读的态度、兴趣等促进个体参与社会活动、促进个体全面发展所需要的综合素养，也就是阅读品格。英语阅读素养不仅包括学生学习和运用所学语言和其他知识获取信息、建构意义、增长知识的能力，还包括通过阅读，发展跨文化理解、培养多元思维、获得审美体验、形成正确价值观的积极态度和良好习惯。因此，培养学生的阅读素养应该是教师阅读教学的终极目标。

四、小学英语阅读教学中的选材

目前市场上的阅读材料品种繁多，但教师只要注意自己所教学生的年龄特点，阅读材料的难易程度、体裁以及与学生所学主教材主题的匹配度这几个方面，就基本可以为学生选到合适的材料了。比如在低年级，学生以形象思维为主，再加上学生一般都是零基础开始学习英语的，所以阅读材料中的图片要大、颜色要鲜艳，以吸引学生。学生可以借助图片理解故事大意，降低阅读的难度。就阅读内容而言，图片下方的句子重复性要强，这样既降低了难度，也会使学生逐渐有句子结构的意识。阅读体裁最好是有故事情节的虚构类文本，最好再有一个意想不到的结局，教师在带领学生分享阅读时，不断设疑、预测，让学生享受阅读的乐趣。到了中、高年级，阅读材料的篇幅要逐步加长，可以选择有故事情节的虚构类文体，也可以选择非虚构的说明文体。

五、小学英语阅读课教学设计

（一）小学英语低年级阅读课教学设计

1. 小学英语低年级阅读课教学目标

低年级阅读课的主要教学目标为：激发学生的阅读兴趣，培养阅读习

---

① 王蔷、陈则航：《中国中小学生英语分级阅读标准（实验稿）》，18 页，北京，外语教学与研究出版社，2016。

惯；发展学生的语言能力；渗透基本阅读策略的训练，引导学生有选择地关注阅读材料中的信息，发展学生理解、分析信息的能力，以及思维能力；逐渐培养学生跨学科学习的意识；引导学生有意识地运用英语进行思考，并初步培养英语思维意识；了解故事文体的基本结构和特征，并能尝试模仿所学故事的结构，仿写故事。[①] 就阅读策略而言，教师要重点培养学生了解印刷品知识，总结故事文本的结构，猜测词义并预测故事内容，以及简单归纳主要信息等策略。

2. 小学英语低年级阅读课教学设计思路

对于刚入学的儿童，故事阅读课主要采用分享阅读法。分享阅读法是学生和教师一起阅读的过程，也是教师给学生做阅读示范的过程，更是师生之间共同体验、合作完成整个阅读活动的过程。其主要活动包括：（1）教师介绍故事内容；（2）学生一边用手指文字一边大声地朗读故事；（3）教师提出各种开放性问题；（4）教师用自然对话的形式，让学生参与到阅读活动中，对故事情节的发展进行预测，对故事内容进行讨论等；（5）教师根据学生的阅读水平重点讲解故事的语言结构和词汇；（6）教师根据所读的故事内容，开展一些与语言艺术相关或跨学科的学习活动。在阅读过程中，教师和学生一起多次重复阅读，使学生从以教师带着读逐渐过渡到能够自己读，最终能够和教师一起分享阅读的乐趣。

分享阅读法将有声朗读故事、听读故事、改编故事、表演故事等活动结合起来，引导学生逐步学会抓住阅读材料的主要信息，发展学生理解信息、分析信息的能力以及归纳信息的思维技巧。基于这种认识，故事课的单元教学设计遵循"准备学习—输入—理解—输出"的教学设计思路（见图2-5-2），主要包括故事大王、预热、阅读故事、复读故事、朗读故事、理解反馈、复读故事、延展活动等环节。[②]

---

① 王蔷、孙琳、程晓堂等：《小学英语课程体系整体创新的实践与探索》，142～143页，上海，上海教育出版社，2012。

② 王蔷、孙琳、程晓堂等：《小学英语课程体系整体创新的实践与探索》，145页，上海，上海教育出版社，2012。

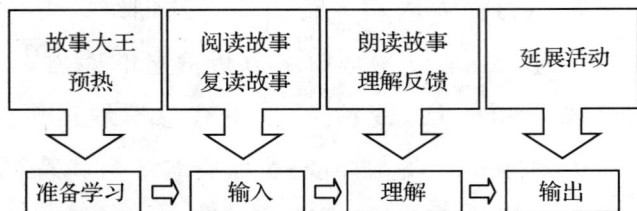

图 2-5-2　故事课环节的逻辑顺序

3. 小学英语低年级故事阅读课教学过程

此处我们以二年级绘本故事"Help Me"为例，对低年级故事阅读课基本教学过程做一个简单介绍。

绘本故事"Help Me"教学设计

一、故事简介

"Help Me"故事选自同心出版社《神奇儿童英语》(2002年版)蓝盒子第12本。故事的大致情节为一只小猫为了追逐落在树上的小鸟而被困在树上，路人前来解救它。故事中热心的小女孩、小男孩、男人、女人和警察都爬上高高的树去救小猫，但是都没成功，反而自己也被困在了树上。最后，消防员借助梯子救下了树上的小猫。

二、教学过程

(一)读前活动

1. 教师引导学生进行故事大王活动。

目的：激发学生的阅读兴趣，让学生体验与他人分享阅读故事的乐趣。

活动建议：教师请1~2名学生(自愿)给全班同学讲故事。故事内容为已学过的课内故事，或者课外故事；讲过的学生就不要重复再讲，使每一个学生都有上台展示的机会。

2. 教师引导学生进行课堂导入。

目的：激活与阅读材料主题相关的知识或经验。

活动建议：教师可以请学生唱一首已学过，且与所学故事主题相关的歌曲；可以请学生观看与所学故事主题相关的影视片段；也可以请学生谈论与所学故事主题相关的，发生在自己身上的故事等。

就"Help Me"这个故事，教师首先播放了一段孩子们遇上麻烦的搞笑视频，视频营造了轻松的学习氛围，提高了学生的学习兴趣。然后教师问学生："Have you ever been in trouble?"让学生思考他们在生活中有没有遇到过困难，遇到困难时会得到谁的帮助，从而激活学生生活中的相关经验。然后教师再介绍故事中遇到麻烦的小猫，让学生思考谁会来帮助它。预热的目的在于帮助学生初步建立文本故事与生活经验的关联，激起学生的阅读兴趣。

（二）读中活动

1. 教师引导学生阅读故事封面/扉页。

目的：阅读故事封面和扉页能够使学生区分书的封面、扉页、标题、作者和绘图者，并在此基础上，预测故事的大致情节、内容。

活动建议：①教师给学生展示故事书的封面、封底、标题、作者、绘图者，并指出它们在书中的所在位置；②学生在教师的带领下对故事封面内容进行描述、预测。

在此环节，首先教师把故事书放在投影仪下方，让学生找一找这个小故事的标题、作者和绘图者。教师可以提问以下问题："What's the title of the story?""Who is the writer?""Who is the illustrator?"目的是培养学生对文本知识的认识。然后再根据封面预测故事内容。教师可以提问如下问题："What do you see on the title page?""Who will say 'Help me'?""What will happen in this story?""Can you take a guess?"这些问题能够培养学生的想象力和推理能力。此时教师不对学生的答案给予对错的评价，而是让学生到故事中去验证自己的推断是否正确，这样更能激发学生阅读的兴趣和欲望。

2. 教师引导学生进行图片环游。

图片环游的本质是分享阅读，是教师和学生共读故事、合作建构意义的过程。①

---

① 王蔷、敖娜仁图雅、罗少茜等：《小学英语分级阅读教学：意义、内涵与途径》，79 页，北京，外语教学与研究出版社，2017。

目的：图片环游的主要目的是培养学生的观察力和想象力，让学生在教师的带领下了解故事的主要内容及故事中的主要词汇。

活动建议：①教师把故事书放在投影仪上，带学生一页一页地读故事，一边指图片上的相关内容，一边描述故事，将学生自然地带入故事的情境中；②教师适时地向学生提出问题，如让学生从图画中寻找线索，推测故事下一步将要发生的事情等；③教师示范指读该页的文字等。

图片环游环节，师生共同阅读，在分享阅读乐趣的同时，借助故事的插图引入语言情境，既自然又生动。图片环游环节还原了语言学习的本质，就像小时候妈妈给孩子讲故事一样，娓娓道来，用大量的语言输入，加上适时的问题引导，帮助学生理解故事的大意及细节信息，培养学生的观察力，激发想象力。在图片环游的过程中，教师和学生分享阅读的乐趣，并为学生示范阅读技巧和方法，为学生在中、高年级使用阅读策略和方法去自主阅读打下基础。因此，图片环游环节是意义的探究活动，学生通过阅读可以体验故事，收获语言知识，认识世界，也可以分析问题、解决问题，甚至发展思维、享受阅读。教师在讲述故事的过程中，可根据思维帽理念设计不同层面的问题。思维帽理念是一种思维训练模式，也是一个全面思考问题的模型。思维帽包括六种不同的颜色，不同颜色的帽子代表不同层面的思维活动。在小学英语阅读教学中，我们可以提出六种思维层面的问题。白色思维帽（white hat）意味着学生需要关注故事中的事实性信息；红色思维帽（red hat）意味着学生需要关注故事的情感发展，以及由故事引发的自己的感情；黄色思维帽（yellow hat）意味着学生需要关注故事中反映的乐观、满怀希望、建设性的观点；黑色思维帽（black hat）意味着学生需要关注故事中反映的判断、裁决信息；绿色思维帽（green hat）代表创造性，它要求学生有创造性地回答或解决某个问题；蓝色思维帽（blue hat）代表对思维过程的控制，它要求学生对自己的思维活动进行组织。根据低年级学生的心理发展阶段特征，教师应重点采用白色、红色和绿色思维帽的问题类型，对学生提出关注事实性、情感性、创造性等不同类型的问题，以此引发学生大脑中不同层面的思维活动，从而发展思维品质的深刻性、灵活性、创造性和批判性。例如，通过提问"Why is the cat climbing up the tree? Who said 'Help me'?"引发学生结合故事情境分析、思考和推理，培养学生思维品质的灵活性和创造性；通过提问"What will happen next?"等问题引发学生对故事情节发展的进一步思考，给学生提供发散想象的空间，培养思维品质的创造性；通过提问"Can the girl/boy… help the cat? Why?""How does the firefighter help the cat?"等问题，引导学生将故事情境与自己的生活经验关联起来，对故事的发展进行判断，培养思维品质的深刻性；通过提问"What do you think of the firefighter? Do you like the story? Why?"引导学生对故事中人物和情节进行评价，培养思维品质的批判性。此环节中教师提出的部分问题如下："Where is the cat? What does the cat say?""Who said 'Help me. '? Can she help the cat? Why?""Who comes to help the cat next? What did the boy/man say? Can he help the cat?""Are these people in trouble now? Why?""What do you think of the firefighter?""Do you like the story? Why or why not?"。

（三）读后活动

1. 教师带领学生朗读故事。

目的：朗读故事的目的是让学生把声音与词形对应起来。教师应在跟读的过程中引导学生模仿故事光盘的语音、语调朗读故事，并培养指读的习惯。

活动建议：①学生看光盘，听故事；②教师指句子，学生跟光盘读故事；③教师把故事书发给学生，学生拿到书后可以先自己翻翻故事书，默读一遍故事；④学生听光盘指读、跟读故事；⑤两人一组读故事；⑥全班集体指读、朗读故事。

学生在理解故事的基础上进入读后活动环节。读后活动的第一个环节是朗读故事，低年级都是有声阅读，学生在听、跟读的过程中，体会故事中角色的不同情感，有助于加深对故事的理解。在朗读的过程中指读文字，可以帮助学生把声音与词形匹配，更好地认读单词。基于此目的，我们的朗读故事环节分为以下几个步骤：①教师播放故事视频并示范指读故事，学生听故事；②教师再次播放故事视频并示范指读故事，学生跟读故事；③教师请学生打开故事书后，教师播放故事音频，学生在故事书上指并跟读故事（教师下到行间检查指读情况）；④教师请学生自己指读一遍故事（此时教师在行间巡视，解决学生在朗读过程中遇到的问题）；⑤教师请学生两人一组（共用一本书）指读故事（标题两人一起读，然后一人读一句，最后一句一起读）；⑥教师请两到三组学生在台前展示朗读故事；⑦全班集体指读、朗读故事。朗读故事环节可以为学生创设一个完整、充足、丰富的阅读体验过程，提升阅读的流畅度。

2. 教师带领学生归纳故事。

目的：培养学生归纳故事的能力。

活动：教师引导学生一起回忆、归纳整个故事，并引导学生关注故事情节发展的逻辑顺序。归纳过程中，教师将相应的单词图片贴在黑板上。

归纳故事环节包含两个层面的目的：回忆故事主要信息和归纳故事逻辑结构。此过程可以借助文本信息组织图，把故事信息结构化、逻辑化，如图 2-5-3 所示。

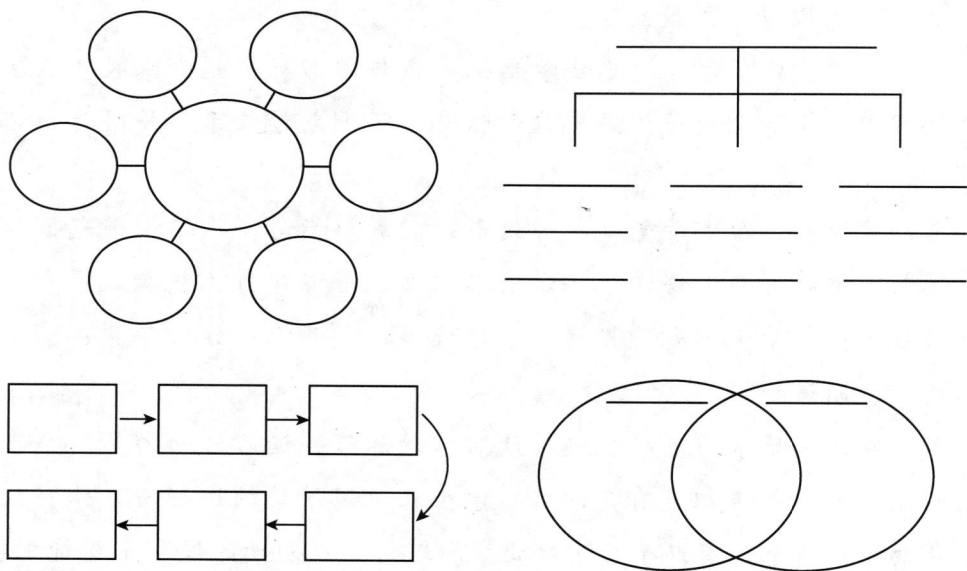

图 2-5-3　文本信息组织图示例

在"Help Me"故事的教学中，教师将学生分为两人一组，每组发一个信封，每个信封里装有一棵树的图片和故事中人物的图片。教师请学生对故事内容进行归纳。在此过程中，学生整体回顾故事，对故事情节发展顺序进行系统整理，逐步完成从碎片化信息到整体的建构过程（如图2-5-4所示）。

图2-5-4　"Help Me"归纳图

3. 教师引导学生进行反馈活动。

目的：了解学生对故事主要内容的理解情况。

活动建议：每节课教师可以根据情况选择1～2个活动，例如，①模拟表演：教师可以把故事中的句子做成句条，教师出示句条，学生用动作表现句子的意义；②图片排序：教师事先准备好表现故事主要内容的图片，让学生以小组为单位根据故事的内容进行排序；③句子排序：教师准备好单个的句条，并将其顺序打乱，让学生以小组为单位根据故事的内容进行排序。

4. 教师引导学生进行扩展活动。

目的：鼓励学生创造性地表达自己对故事的感受，建立关联，形成自己对故事的理解和判断，促进语言的运用、迁移与创新。

活动建议：此环节教师可以根据具体情况选择活动，例如，①改编/表演故事；②改编故事结尾；③话题讨论；④制作小故事书；⑤跨学科学习活动等。教师可以根据故事内容及本班学生特点选择一至两个活动进行扩展。

"Help Me"这个故事，特别适合表演，所以在理解与反馈环节，教师让学生在近似真实的情境中以小组为单位表演故事。之后进入扩展活动环节，教师抛出问题，请学生思考、讨论："Why can the fire fighter help the cat?""Will you help the cat like these people?""What will you do if you want to help the cat?"通过提问，引导学生将故事话题与自己的实际生活经验再次建立关联，进一步思考、分析、质疑故事中各种人物的做法，找到合理的解决办法，注重学生思维品质中逻辑性、批判性、创新性的培养。讨论后，教师播放小故事"司马光砸缸"的视频，引导学生关注在现实社会中遇到问题和困难时应先思考再行动，量力而行；见义勇为，不仅需要勇气，还需要智慧。

到此环节，课上的学习告一段落，教师可以请学生下课后改编故事或是改编故事结尾。此项作业正是课上扩展活动中讨论话题的延伸："你还有什么更好的办法能够把猫解救下来？"（"What will you do if you want to help the cat?"）通过课上的讨论、分享、思维碰撞，孩子们基本都有了自己的办法、主意，所以改编故事和续编结尾的作品也是五花八门、创意十足。图2-5-5、图2-5-6及图2-5-7都是学生作品。

图 2-5-5　学生改编故事作品 1

图 2-5-6　学生改编故事作品 2

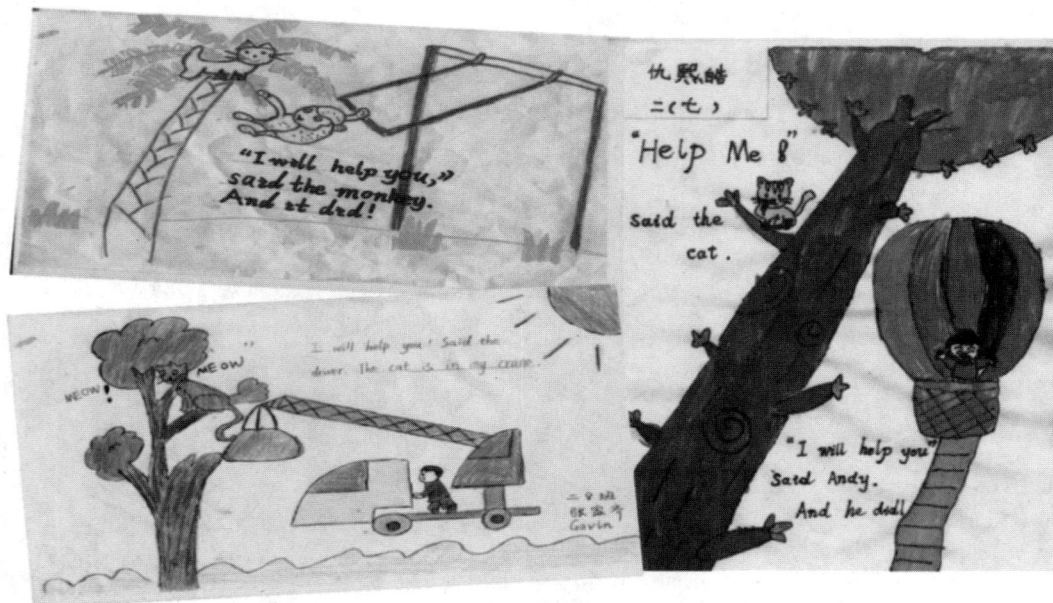

图 2-5-7　学生改编故事结尾作品

低年级段的阅读课，其实是一个发现问题、分析问题再解决问题的学习过程。本课中，从提出问题——小猫被困在高高的树上，该怎么办，谁会来帮助它；到探讨解决问题的方案——众人爬上树但都没能成功救助小猫；最后到解决问题——消防员借助一个梯子把小猫救了下来，教师要引导学生关注解决问题的关键是消防员用工具把小猫救下来，从而扩展到让学生思考还有什么更好的解救小猫的方法。最后教师又将话题拉向学生的生活，引发学生思考生活中如果遇到了这种问题应该怎样做。整个学习过程体现了英语学习活动观的设计理念，学习理解、应用实践、迁移创新这三个阶段实现了逻辑递进，实现了由知识到能力再到素养的转变。

（二）小学英语中年级段阅读课教学设计

1. 小学英语中年级段阅读课教学目标

中年级阅读课的主要教学目标为：增加阅读量，继续激发学生的阅读兴趣，培养阅读习惯；给学生提供使用基本阅读策略的机会，培养独立阅读的能力，通过自我反思，强化使用各种阅读策略的意识；促进综合语言运用能力和跨学科学习能力的发展。这个阶段的阅读材料涉及的话题可以延展到各个学科领域，以促进学生综合语言运用能力和跨学科学习能力的发展，培养英语思维习惯。

2. 小学英语中年级段阅读课教学设计思路

中年级阅读课设计多以小组为活动单位，通过分享阅读的方式，让学生展开各种阅读活动，理解阅读材料的内容，同时继续发展学生的阅读策略，扩充语言知识。教师要给学生提供运用各种阅读策略的机会，独立思考的机会，以及解决阅读问题的机会，在教学设计中增加"策略训练""独立阅读""反思与反馈"环节。"独立阅读"环节，主要目的是让学生熟悉故事情节，加深对故事的理解，同时也为学生提供机会，让他们反思新学到的策略和技巧，提高阅读的流畅性。"策略训练"环节，主要目的是引导学生关注在阅读过程中所运用的各种阅读策略，同时对学生进行简单阅读技巧的指导。"反思与反馈"环节，主要目的是让学生描述出帮助他们解决各种阅读问题的行为或策略，通过分享这种经验和知识，丰富各自的阅读策略，同时提高使用阅读策略的有效性，帮助学生从无意识地使用阅读策略过渡到有意识地使用阅读策略，最后再到有效地使用阅读策略，合作完成阅读任务。

3. 小学英语中年级段阅读课教学过程

以三年级故事"The Pirate Captain"为例，我们对中年级故事阅读课基本教学过程做简单介绍。

绘本故事"The Pirate Captain"教学设计

一、故事简介

绘本故事"The Pirate Captain"出自同心出版社《神奇儿童英语》2002 年版黄盒子第 35 本。故事的主要内容是一位海盗船长想招聘几位海盗船员，前来应聘的海盗都能在船上做一些力所能及的事情，因而应聘成功；而懒惰的海盗船长却只想吃饭和睡觉，最终被三位船员推下了船。

二、教学过程

(一)读前活动

教师带领学生进行课堂导入。

目的：激活与阅读材料主题相关的知识或经验。

活动建议：在中年级，预热一般情况下是学生以小组活动的形式讨论与阅读故事主题相关的知识。

在读前环节，教师首先通过播放轻快的歌曲并展示有趣的图片，活跃课堂气氛，激发学生的学习兴趣，激活学生已有的与职业和所从事的活动相关的知识和经验，为新知识的学习做好铺垫。

(二)读中活动

1. 教师引导学生阅读故事。

目的：让学生理解故事的主要内容和主要词汇的意义，培养学生的观察力、想象力和语言表达能力。

活动建议：此环节可安排图片环游活动。教师可以逐页讲故事，引导学生关注文字，再用提问或直接讲解的方式，帮助学生理解故事；也可以先引导学生看图，再讲故事，然后带领学生读句子。

在读中环节，教师首先使用寻读的策略带领学生一起快速览图。通过观察图片，学生可获取故事中主要人物信息，基本了解故事的发展过程。接着教师进行图片环游，带领学生精读故事，捕捉细节信息。在图片环游的进行过程中，教师强调故事的完整性和情节的发展。教师在讲述故事的过程中，提出有关事实性、情感性、创意性等不同类型的问题，以此引发学生不同层面的思维活动，帮助学生理解故事大意，发展思维品质的深刻性、灵活性、创造性和批判性。例如，关注事实性层面的问题有"What did he say?""Can he come to the pirate ship?""What did the captain say?"等；关注创造性层面的问题有"If you were the captain, what would you say?""What will happen at the end of the story?""What would happen then?"等。

2. 教师对学生进行策略训练。

目的：强化学生运用阅读策略、技巧的意识和能力。

活动建议：教师请学生默读故事，在小组内交流阅读策略的使用情况。当有组员遇到阅读困难时，小组成员共同讨论解决方法。教师可以通过提问鼓励学生展开讨论（每个故事可以侧重一两个问题），例如，"What did you do to help you understand a new word?"（小组交流：请学生介绍自己在故事中遇到了生词，自己是怎样解决的）"Did you try the beginning sound? How did you know the meaning? Did you look at all the letters in a word?"（教师在黑板上写一个故事中的词，问学生怎样读出这个词，再看故事中含有这个词的句子，问学生是怎样读的）"Did you look for known parts in a word?"（学生举例说明）"Did you reread when you had trouble with a word?"（学生举例说明）。

本节课中，通过前面的快速览图和图片环游，学生对故事已有了一个大致的了解。此时教师请学生自己默读故事，对故事情节进行一次整体的回顾。之后进入策略训练环节，教师通过问题引导，在回顾故事的过程中，有效地向学生渗透阅读策略。首先，教师让学生翻书快速找读"What can pirate one, two and three do?""Where can you find it?""How can we find the number of the pirates?"，为学生运用阅读策略提供了机会，训练了学生快速提取文本中关键信息的能力。接着教师引导学生关注文中的黑体字①，帮助学生深刻体会故事中人物语气在情感上的变化，为接下来学生正确模仿朗读原文中的语音、语调奠定基础。此环节，教师采用直观可视化的方式将三个本节课用到的阅读策略贴在黑板上，以引起学生的关注：

（1）Look at the pictures quickly.（通过图片快速获取文章中的基本信息）；

（2）Focus on the key words.（帮助学生锁定关键信息，忽略次要信息，这是日常阅读中很重要的一个阅读策略）；

（3）Focus on the bold words.（引导学生关注黑体字所表达的强烈的情绪）。

---

① 原文用黑体字表示语气。——作者注

这样的训练可以为学生将来自主选择合适的阅读策略进行自主阅读打下良好的基础。

3. 学生朗读故事。

目的：培养学生有感情地朗读故事以及按意群朗读的习惯。

活动：教师可根据学生对故事的掌握情况适当调整朗读次数，或使用不同的朗读形式。例如，①看光盘，学生听故事；②看光盘，学生跟读故事；③学生看故事书，自读故事(教师提醒学生利用图画理解文字的意义)。

在模仿朗读的过程中，教师要进一步引导学生关注人物情绪的变化及语音，语调，轻、重音的变化，加深对文本故事的理解。

4. 学生独立阅读故事。

目的：让学生熟悉故事情节，加深对故事的理解，同时也为学生提供机会反思新学到的策略和技巧，提高阅读的流畅性。

活动建议：教师可以请学生独自阅读故事，或者两人一组，轮流阅读整个故事，互相监督，互相帮助(此时教师可以深入一组，了解个别学生的阅读行为，包括技巧、策略的运用，并帮助他们解决存在的困难)。

5. 教师引导学生归纳故事。（教师可根据实际决定是否需要此环节）

目的：强化学生对故事的理解，培养学生的归纳总结的能力。

活动建议：①教师可以使用多媒体课件展示归纳故事的表格，介绍其各个条目；②教师和学生一起完成故事标题、场景以及人物的总结；③学生在小组内根据图表要求口头归纳故事的起因、经过和结局；④教师选一个小组作为代表口头陈述归纳内容；⑤教师带领全班整理其归纳内容，并修正其中的语法错误，将内容填入表格中。

注意：此活动建议适用于虚构类体裁的绘本故事。教师可以根据绘本的特点或体裁的不同选用合适的文本信息组织图。

(三)读后活动

教师引导学生进行扩展活动。

目的：加深学生对故事的理解情况，同时促进学生创造性思维的发展。

活动：教师可以根据故事的具体内容，具体安排1～2个扩展活动。例如，①以小组为单位，改编故事，丰富语言和情节；②以小组为单位，表演故事（可以加入个性化的对白）；③以个人或小组为单位，续编故事。④以小组为单位，就故事的具体内容安排话题讨论。

就"The Pirate Captain"这个故事，教师设计的第一个读后扩展活动是"思维帽讨论故事"。不同颜色的帽子代表了不同层面的思维活动。教师结合思维帽的表现形式引导学生就故事内容展开讨论。通过对文本的解读，再结合学生当前的认知水平，教师选择了红色、黑色、黄色和绿色思维帽，用其代表四个不同思维层面的问题（如图 2-5-8 所示），以此来引发学生对故事内容的思考。

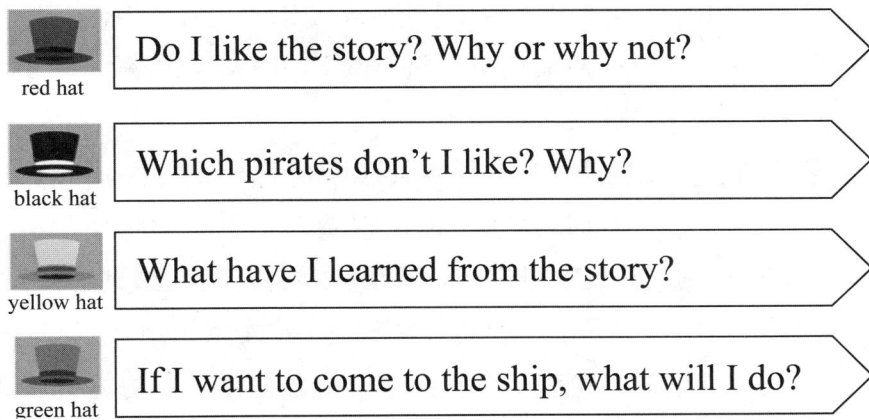

red hat — Do I like the story? Why or why not?

black hat — Which pirates don't I like? Why?

yellow hat — What have I learned from the story?

green hat — If I want to come to the ship, what will I do?

图 2-5-8 思维帽问题

通过思维帽四个层面问题的讨论活动，学生积极思考并在四人小组内轮流回答不同层面的问题。学生能够表达自己对故事以及故事中人物的喜好，并说出恰当的理由，而且他们能够逐渐从多角度去看待同一问题。教师在这一过程中以引导者、启发者的身份，进行适时、适当的发掘，追求"润物细无声"的渗透方式，学生在提升综合语言运用能力的同时，思维品质也得到了全面的发展。

语言的落脚点在于运用，教师设计了第二个读后扩展活动，引导学生想一想如果社区的敬老院招志愿者，他们可以为老人做点什么。教师以真实存在于学生身边的事物为语言输出的载体，为学生创设了一个近似真实的情境，调动学生已有的知识与经验，引导学生运用语言，提高了综合语用能力的同时，适时培养了学生热爱劳动、关爱他人、学会感恩的美好情感，促进了学生良好的品格和正确的人生观与价值观的形成，提升了他们的英语学科核心素养。

（三）小学英语高年级段阅读课教学模式

1. 小学英语高年级段阅读课教学目标

高年级阅读课除了增加学生的阅读量，继续激发学生的阅读兴趣之外，还需要培养学生的默读习惯，提高阅读的速度。教师要给学生提供使用基本阅读策略的机会，尤其是泛读策略，培养独立阅读的能力，进一步发展学生用英语思考和想象的能力。教师要帮助学生了解不同文体的特征（如记叙文、说明文），引导学生对阅读材料进行讨论、思考、质疑，提出自己的观点，做出正确的价值判断。

2. 小学英语高年级段阅读课教学设计思路

经过低、中年级段的阅读基本策略的渗透和训练，学生使用阅读策略的意识和能力都得到了一定的提高。高年级段的阅读课上，教师可以根据阅读材料的特点，借鉴指导型阅读的设计理念，让学生以小组为活动单位，采用拼图式阅读方式完成阅读。学生通过小组合作学习的方式完成阅读任务。高年级的阅读不只是停留在对阅读材料本身意义的理解上，更重要的是对阅读材料所包含的信息进行分析、归纳，积极地思考阅读内容潜在的意义，通过分享、交流，发展学生的英语思维和综合语用能力。

3. 小学英语高年级段阅读课教学过程

以五年级语篇"Inventions Make Our World Smaller"为例，本书在这里对高年级阅读课基本过程做出介绍。

语篇"Inventions Make Our World Smaller"教学设计

一、语篇简介

本语篇选自北京语言大学出版社《朗文新派少儿英语》(2010 年版)5B 提高级中的 Unit 8 A Small World，是该单元中的一篇非虚构体裁的说明文章，讲述的是四项有趣的发明：烟花、日历、巧克力和飞机，涉及发明的诞生国家、发明时间以及发明的起因等。

二、教学过程

（一）读前活动

教师带领学生进行课堂导入。

目的：激活学生与阅读材料主题相关的知识或经验。

活动：教师根据阅读材料的话题，设计一些激活相关图式（如背景知识、个人生活经验等）的活动，也可以大致介绍语篇的主要内容，或者让学生预测语篇的主要内容。

在本节课的读前活动环节，教师出示两张有趣的小发明的图片，用问题引导的形式激活学生已有知识和经验，有效地帮助学生在新旧知识之间建立联系。

教师用来引导的问题如下。

T：“What inventions do you know？”

T：“How can they help us？”

（二）读中活动

1. 教师带领学生阅读语篇。

目的：（1）引起学生对语篇的主要信息和次要信息的关注；（2）重点处理一些语篇中理解上的重点和难点；（3）引发学生深入思考；（4）培养学生独立运用各种阅读策略进行阅读的能力；（5）培养学生的小组合作学习能力。

活动建议：课堂上的阅读一般由四个步骤完成。教师可根据具体故事体裁、语篇的长短及难易程度做相应的调整。

第一步，图片环游或跳读。本步骤使学生快速找出语篇中的时间、地点、人物等大致信息。

第二步，全面理解式阅读。本步骤给学生大概 10 分钟的时间，使学生基本清晰本语篇的发展过程，并将故事分为四个部分——起因、经过、高潮、结局。在讨论过程中，学生的整体理解和归纳分析能力得到培养，为下一步分部分选读做好铺垫。（如果文章段落清晰，篇幅较短，此步骤

可省略）

注意：以上分部分的方式适用于虚构类体裁的语篇，非虚构类体裁的语篇可根据文章目录进行分层。

第三步，小组细读。教师请学生选择他们各自喜欢的一部分去读，以此将学生分成小组进行拼图式阅读，并完成各组的阅读任务单。

第四步，信息反馈（getting feedback）。教师带领全班学生进行各组阅读任务的反馈，从而实现全班范围内的信息共享。

注意：各组对于其未选择进行详细阅读的部分，在其他组汇报后，也能得到大致了解。在信息反馈的过程中，教师对文章细节，阅读策略、技巧，及学生自己对阅读文章的观点分析进行点拨、指导。

教师在讲"Inventions Make Our World Smaller"这一语篇时，进入读中活动环节，首先用多媒体课件出示 3 个问题："How many inventions does the story talk about?""What are the inventions?""Where were they invented?"，以此请学生快速览图，借助文章中的插图引入四个发明。

在学生清楚本课要学习的四项发明后，教师请学生四人一组，运用跳读策略开始拼图式阅读。小组内每人选择读一项发明，完成一项发明的学习单（见图 2-5-9），完成后进行小组内组员间的初步信息分享。在此过程中，学生有选择地快速找读细节信息，培养默读习惯，训练阅读速度。因为学生间的阅读内容不一致，"信息差"产生了，这能激发学生的阅读动机，也给学生之间的真实互动交流提供了机会。教师用小步子教学方法组织阅读活动，可以有效监控活动的时间和进展，提高课堂时间的有效性。各个小步子如下。

小步子一：教师宣读指令，学生小组内分工，对哪一项发明感兴趣，就负责阅读哪一项。各小组注意分配，使每个小组成员读的都不同。

小步子二：学生个人选好要阅读的部分后，先浏览学习单上相应部分要完成的任务。

小步子三：学生独立阅读自己选择的部分，并完成学习单上的任务。

小步子四：学生在自己的小组内分享自己阅读部分的信息。

Page 1: Answer the questions.

1. Who invented fireworks?_____invented fireworks.

2. When was it invented? It was invented_____.

3. Why did they make fireworks?

Maybe_____.

❖❖❖❖❖❖❖❖❖❖❖❖❖❖❖❖❖❖❖❖❖❖❖❖❖
❖❖❖❖❖❖❖❖❖❖❖❖❖❖❖❖❖❖❖❖❖❖❖❖❖

Page 2: Fill in the blanks.

1. Calendar was invented in a number of countries:_____,

_____, _____, _____, But the first calendar

with 365 days was invented in _____.

2. The_____calender had_____months. Every month had_____days.

The five days left were used for_____.

❖❖❖❖❖❖❖❖❖❖❖❖❖❖❖❖❖❖❖❖❖❖❖❖❖
❖❖❖❖❖❖❖❖❖❖❖❖❖❖❖❖❖❖❖❖❖❖❖❖❖

Page 3: Answer the questions.

1. Who invented chocolate? _____.

2. What did they use to make chocolate?

They used _____to make chocolate.

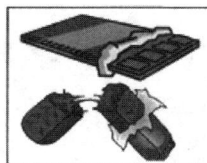

❖❖❖❖❖❖❖❖❖❖❖❖❖❖❖❖❖❖❖❖❖❖❖❖❖
❖❖❖❖❖❖❖❖❖❖❖❖❖❖❖❖❖❖❖❖❖❖❖❖❖

Page 4: Fill in the blanks.

1. The first working airplane was invented by _____

on_____.

2. Describe the process(过程) of invention.

First, they experimented with_____. Then they tried_____.

图 2-5-9　"Inventions Make Our World Smaller"的学习单

　　拼图式阅读的四个步骤完成后，教师再带领全班学生一起反馈学习单上各部分的内容，并把主要信息贴在黑板上的文本信息组织图上（见图 2-5-10），将文本信息结构化、逻辑化。同时，教师设计更多问题来引领学生讨论关于四项发明更加细节的信息，补充了发明者、发明年代和发明原因。通过拼图式阅读，学生可以在短时间内精读文本中的一个部分，又可以在与同组分享其他部分重点信息及在与教师集体反馈的过程中对整个文本都有大致了解，最终在短短一节课中从较长文本中获取更多信息。

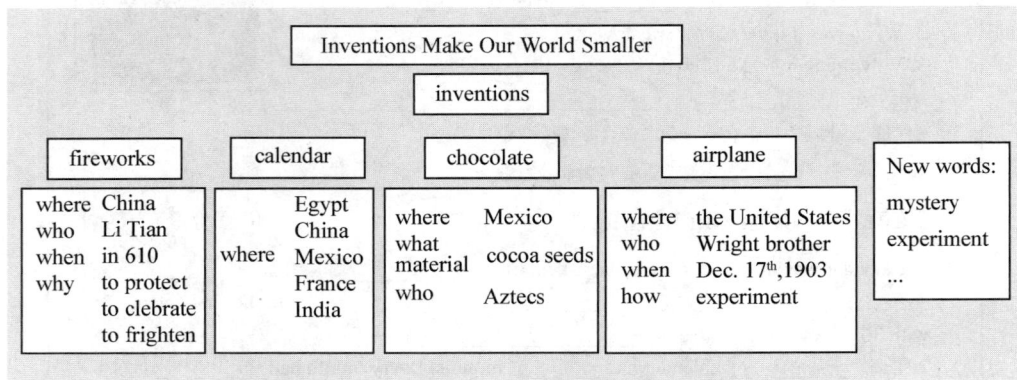

图 2-5-10 "Inventions Make Our World Smaller"的文本信息组织图

2. 教师带领学生复读语篇。

目的：加深学生对语篇的理解，引导学生从关注语言意义向关注语言形式过渡。

活动建议：①教师让学生看光盘，跟光盘同步朗读；②学生自己默读一遍语篇；③教师发给学生阅读理解练习纸，教师带领学生审题后让学生独立完成练习；④教师选1～2个小组说说答案；⑤学生把练习交给教师，教师注意修改其中的语法错误；⑥教师把修改后的练习发给学生，学生修改错误并反思自己错误的原因。

注意：教师可以根据文本内容或课上的时间情况选择完成一至两项活动。

（三）读后活动

目的：①培养学生归纳总结的能力；②培养学生段落写作的能力；③结合学生的生活经验，促进学生创造性思维的发展；④跨学科学习活动等。

活动建议：教师根据学生的实际情况给出1～2个任务，学生根据各自的兴趣和能力，有选择地完成。举例：①在故事中，学生选出自己喜欢的段落，抄写下来并配图；②学生写一个阅读总结并配图；③请学生就故事中的内容进行讨论。

通过读中环节的拼图式阅读，学生对四项发明有了大致的了解，就可以进入到读后活动。教师在读后活动设计了话题讨论："What do you want to invent in the future?"这可以引发学生的进一步思考。通过阅读故事，学生体会到发明在给人们生活带来巨大变化的同时，也可以给人类的生活环境带来一定程度的破坏，这能促使他们认识到未来的发明创造应该具有更多的积极作用。

六、小学英语阅读课优秀教学设计

《丽声北极星绘本》第三级上"Sara's Medicine"①

一、文本分析

"Sara's Medicine"是出自外语教学与研究出版社《丽声北极星绘本》第三级上中的一个故事，本文为记叙文，讲述了一个叫康纳（Connor）的男孩子帮助妈妈去购物的一次经历，此文本对应的课标主题为"生活中的问题和解决方式"。

（一）主题意义和主要内容（What）

本文是与话题"购物"相关的故事，教师通过讲述主人公的一次购物经历，引发学生对他的做法的思考，传达出"生活中做事情要有条理，有策略"的主题意义。本书的主人公是一个叫康纳的小男孩。妈妈由于要照顾生病的妹妹萨拉（Sara），不方便出门，所以需要康纳去超市购物。康纳带着妈妈给他的购物单，在小伙伴詹姆斯（James）的陪同下，先后去了药店、超市、宠物商店，买齐了所有东西，但是回家后却发现给妹妹买的药找不到了。没有办法，康纳只好又在小伙伴詹姆斯的陪同下返回了刚才经过的几个地点，试图找到萨拉的药，遗憾的是他们并没有如愿，只好沮丧地回家了。到家后，就在无奈地听着妹妹由于没有按时吃药而号啕大哭的时候，门铃响了，药店的邓恩（Dunn）先生送来了康纳遗落在药店的药，帮助他们解决

---

① 课例由北京市西城区奋斗小学王红老师提供。

了问题。

(二)写作意图(Why)

首先，作者展现小主人公的这次购物经历，非常贴近学生的实际生活。在国外，当孩子到达法定的年龄后很多家长会通过让孩子去购物这件事来锻炼孩子的能力，但是值得注意的是，对 11 岁左右的孩子来说，独自一人出去并不安全，所以在没有大人陪同的情况下可以和小伙伴结伴购物，比如在这个故事中，"安全第一"的原则体现在小主人公不是独自一个人去购物，而是有小伙伴的陪同，购物的地点是附近的商店，而不是大型购物中心等方面。

其次，在故事情节上，作者按照非常清晰的发展顺序进行描述，即故事的起因—发展—高潮—结局。故事以康纳回家后发现给妹妹萨拉买的药找不到了为转折点，使原本平淡的事件多了一份紧张，同时也暴露出了一些值得让同龄孩子思考的问题，比如到底是弄丢了药，还是药被忘在药店没有拿走；在发现药不见了之后除了沿路去找还有没有别的办法；现实生活之中，在购物时有哪些注意事项；怎样避免书中类似的情况发生等，引发读者思考，传达给读者做事情时一要有条理，就像书中妈妈购物前准备购物清单；二要有策略，比如应该像妈妈那样，买完一样东西后就划掉或确认一下；三要分清主次，比如书中可能在所有购物的物品中萨拉的药是最重要的，因此，在购物的时候先去买最重要的物品，并确保放好。所有这些都能很好地帮助学生形成在生活中做事细心、有条理的好习惯。

(三)文体结构和语言修辞(How)

全文共分为四个部分，第一部分是故事起因，妈妈交代康纳去购物；第二部分是故事的经过，讲述了康纳和詹姆斯购物的过程；第三部分是故事的高潮，呈现了当妈妈发现没有萨拉的药后，康纳和詹姆斯又马不停蹄地去找药，结果还是没找到；第四部分故事的结局，药店的邓恩先生送回了萨拉的药，故事有了圆满的结局。

本文使用一般过去时，按照情节的发展顺序进行描述。顺序词 first、next、last 与动词短语 went to、asked for、walk to、lost、looked on 清晰地展现了康纳购物的路线；形容词及短语 heavy、tired、too late、not very happy 与动词短语 filled a big bag、hurried back to 使整个故事变得生动有趣，牵动人心，有助于读者体会主人公当时的心情和感受。另外，"Can I help you?""How much is …?""Have a nice day!""Thank you!"及一些与购物相关的词和短语：medicine、shopping list、shop、chemist、supermarket、milk、bread、vegetable、pence、kilo，为学生们理解、迁移语言用法提供了很好的范例。

二、教学目标

在本节课学习结束时，学生应掌握以下内容。

1. 感知、理解故事大意，提取故事的主要人物康纳从帮妈妈去买东西，到回家后发现给萨拉的药不见了，再到返回去找药这一故事主线，尝试运用故事结构图梳理和概括康纳的购物经历。

2. 分析康纳在购物和返回找药时情绪的变化，评价康纳这个人物的性格特征，谈论对此次购物经历的一些看法。

3. 表达自己对主人公康纳和整个故事的看法，结合具体问题进行讨论并分享观点，从而明白做事情既要细心还要有条理，此外，要总结一些规则，帮助自己养成好的生活习惯。

三、教学重点

1. 运用阅读策略理解大意，并借助情节理解词汇（如 chemist）。

2. 通过阅读康纳的购物经历，总结故事的六个要素：人物、场景、起因、发展、高潮和结尾，以故事结构图的形式梳理。

四、教学难点

1. 根据故事结构图复述康纳的经历。

2. 通过故事阅读，传达给学生做事情既要细心还要有条理的道理，再通过讨论总结一些规则，帮助学生养成好的生活习惯。

五、教学过程

（一）读前活动

1. 复习引入主题。

T："We've learnt Module 2. What topic is it about? Yes，it's about shopping. Do you remember what happened? In today's story there are two helpful kids, too. What would happen, let's find out. "

2. 认识题目页信息。

T: "When we get a story book, we need to pay attention to these 3 parts: title, writer and press. The title of this book is "Sara's Medicine", and the writer is Jane Longford. A press can publish books. The press of this book is Foreign Language Teaching and Research Press. "

3. 预测故事情节发展。

教师引导学生观察封面，初步预测故事情节。

T: "Then we'd better to make a prediction before reading. Who is Sara? What would happen in the story? Would Conner buy all the things back?"

教师引导学生观察标题页，请学生再次预测。

T: "What about this time? Do you want to change your prediction? Why?"

教师要引导学生预测故事情节是忘记买药了还是把药丢了，从而进入故事的阅读。

设计意图：根据封面预测情节使学生建立对故事书的初步认识和了解；使学生能够认识书的封面并区分书的标题、作者及出版社；引导学生通过观察图片，猜测故事的大意；借助多次、多层的预测培养学生的创新思维能力。

(二)读中活动

故事呈现，提取信息：分享阅读和独立阅读。

1. 分享阅读(shared reading)。（书本的第 2～6 页）

(1)教师讲述第 2 页(起因部分)。

教师呈现第 2 页的图片，朗读文字，介绍事情起因，引导学生观察康纳此时的表情。提问建议如下。

①"What did Mum say?"

②"Why did his mother remind him not to forget Sara's medicine?"

③"Did Connor walk to the shops alone?"

教师引入另一位人物詹姆斯。

(2)教师讲述第 4～6 页的内容，让学生听录音回答如下问题。

①"Where did they go first?"

②"Where did they go next?"

③"Where did they go last?"

学生反馈后教师追问："Why did Connor go to the chemist first?"

2. 教师引导学生自主阅读第 7～15 页。

(1)教师讲述第 7～8 页的内容。教师先对前半部分进行梳理："So far, Connor bought all the things，then they went back home."之后再呈现第 7 页的图片，请学生观察康纳和詹姆斯的表情和妈妈的行为。提问建议如下。

①"How did the boys feel when they got home?"

②"What did Mum do?"

教师指读文字部分："What did she say?""Where is Sara's medicine?" "Mother couldn't find it!"并呈现第 8 页的图片。提问建议如下。

①"What did the boys do?"

②"What did they say?"

③"What would happen then? Let's try to predict again. And we are going to use this chart to record our thinking."

教师引出预期单，如表 2-5-1 所示。

表 2-5-1　预期单

Before Reading	Statement	After Reading	Evidence
	1. The boys went back to the chemist first.		
	2. The boys went back to the supermarket first.		
	3. The boys went back to the pet shop first.		
	4. The boys didn't find Sara's medicine.		

= agree　　　　 = disagree

（2）学生自主阅读第 9～15 页内容。

①教师用多媒体课件呈现预期单中的所有步骤，请学生先自己阅读，初步了解整个过程。教师向学生说明要求："There are 4 statements, please read them by yourself first."

②教师带领学生阅读预期单中的陈述（Statement）部分，请学生根据自己的经验和推测做出判断："We are going to judge statement 1 and statement 2 together. Think Aloud."并向学生示范如下。

"I think they would go back to the supermarket first, because they bought many things there, it was easy to leave the medicine there."

③教师下发故事书，请学生独立阅读第 9～15 页内容并为自己的判断找到依据，在提问学生前，教师要先对如何找依据进行示范。

④教师带领学生进行反馈，补充读后（After Reading）一栏中的表情。

（3）教师讲述第 14～15 页内容（结局部分）。

教师出示第 14 页的图片内容："The boys didn't find the medicine. How would they feel? Sad and worried. But please look at this picture."教师请学生观察康纳的表情并向他们提问。提问建议：

①"Why was Connor so excited?"

②"What happened?"

第 15 页提问建议：

①"Who sent the medicine?"

②"Where did they lose the medicine?"

③"Do you have any other questions?"

设计意图：阅读过程采取两种方式，分享阅读及独立阅读。

分享阅读：在本部分中教师与学生共读，在图片环游的过程中深入观察图片，借助问题培养学生的观察力和想象力，了解故事的主要内容，让学生理解和说出故事中主要词汇的意义；借助关联经验的方式预测故事情节，提升学生的创新思维能力。

独立阅读：在本部分中，学生会进行独立阅读。借助预期单，学生可将思考、分析的过程记录下来，对比实际故事情节与学生自己预测的故事情节的异同，以此发展批判思维；借助找依据的过程，学生既可练习使用阅读策略，也可培养在发表观点或做出判断时要有理有据的意识；而借助现场生成的问题，学生可进行思维碰撞并培养思维品质；借助问题引导，学生将课文情境与自己的生活经验联系起来，对故事的发展进行判断，可激发学生思考并培养其创新思维能力，使学习活动变得有意义。

（三）读后活动

1. 学生听读、模仿故事录音。

故事回顾：原音输入，内化语言。

2. 回顾故事情节。

(1)借助板书回顾故事。

(2)根据故事结构图(如图 2-5-11)，以全班接龙的方式回顾故事经过。

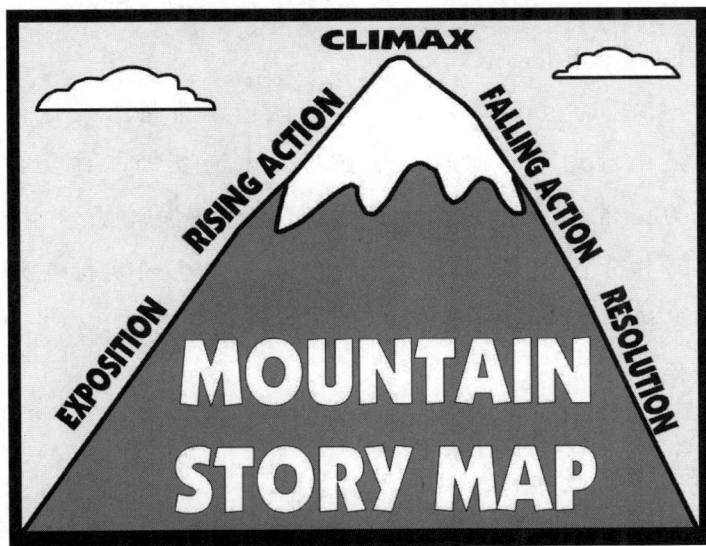

图 2-5-11　故事结构图

故事迁移：推理判断，深度思考。

3. 深度思考文本，分享个人观点。

提问建议如下。

①"In the story, Connor had a big problem. What was it?"

②"Connor lost Sara's medicine. How did he solve this problem?"

③"What would you do to solve this problem? Would you go back to the pet shop first?"

④"How could we avoid this kind of problem?"

⑤"How to be a careful and orderly kid? Summarize some rules."

学生生成预设如下。

①"I would make the phone calls."

②"I would go back to the chemist first."

③"I would buy the medicine on line."

4. 总结本课内容。

总结提问建议如下。

①"Why did the author make this story?"

②"What did they want to tell us?"

③"What have you learnt?"

设计意图：培养学生听读习惯，以听促读，为语言表达做铺垫；学生通过讲述故事强化对文本的理解，增强与文本的互动，建立知识结构，提高总结概括能力；借助多种归纳方式以及小组合作训练学生的创新思维；借助推理作者写作意图，反向将故事的内容与学生的实际生活相关联，培养学生的创新思维，引导学生关注故事蕴含的教育意义。

（四）布置作业

1. 听音频，朗读故事。

2. 借助学习单将故事讲给其他人听。

本课板书设计如图 2-5-12 所示。

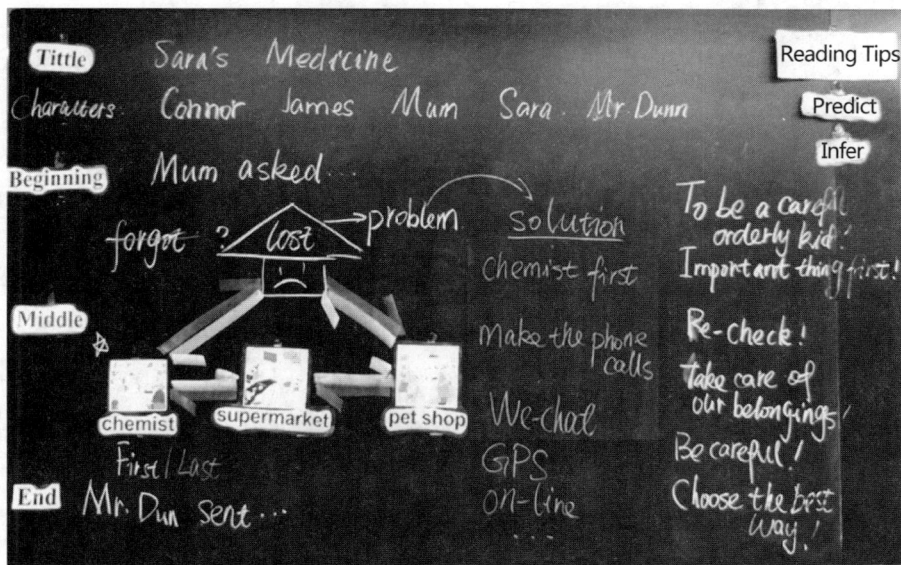

图 2-5-12　本课板书设计

📎｜**实践操练**｜

请你按照本讲所学的阅读课教学的设计方法，构思并完成一本绘本的教学设计简案，要求能够根据年段特点及绘本的体裁特点进行整体设计。

在完成上述任务的过程中，请你同步思考以下问题：

1. 你所选择的绘本故事从难易度、趣味性及与主教材主题契合度方面是否适合本班学生？

2. 你所教年级是哪个年段？在教学设计中是否运用了本讲内容中该年段的设计方法与策略，活动设计是否关注到该年段教学环节设计的变化与侧重？

3. 在本课的设计中，你是否能够根据学生年段特点，对学生进行阅读策略的培养，提升阅读素养？

4. 在本课的设计中，你是否关注了教师角色在该年段的特点？

单元小结 ……▶

　　小学英语教学设计是小学英语教师对课堂教学行为进行事先整体筹划的过程。小学英语教学设计要基于义务教育英语课程标准的要求，运用现代教育理论，融入学习科学的研究成果，追求最优化的教与学过程并促进学生的真实发展。教学设计有多个基本的构成要素，在做教学设计时教师需要系统全面地考虑各个要素的特点及要素之间的关系，在整体的视角下反复厘清教学设计各要素间的关系，形成科学规范的教学设计方案。作为新教师，掌握教学设计的基本方法，练就教学设计的真本事，不是一招一式的事情，需要结合教材中的设计策略进行反复学习、思考、实践、研究，经过反复修炼，最终实现教学设计能力水平的提升。

单元练习 ……▶

　　请结合本单元的教学设计、教学目标设计、会话课教学设计等内容，参考本单元的教学设计模板和优秀教学设计，完成一份完整的课时教学设计。在教学设计的每个环节中都力求至少体现所学的一条设计原则或设计策略。

阅读链接 ……▶

1. FRES C. *Teaching and Learning English as a Foreign Language*［M］. Ann Arbor：University of Michigan Press，1954.

2. KRASHEN S D. *Principle and Practice in second language Acquisition*［M］. Oxford：Pergamon Press，1982.

3. WILLIS, J. *A Framework for Task-based Learning*［M］. London：Longman，1996.

4.［美］R. M. 加涅，W. W. 韦杰，K. C. 戈勒斯，等 . 教学设计原理（第五版）［M］. 王小明，庞维国，陈宝华，等，译 . 上海：华东师范大学出版社，2007.

5. 李静 . 小学英语主题单元课程的设计和实施［J］. 中小学外语教学

（小学篇），2016(5)：11-15.

6. 郯利芹．主题意义探究与语言能力培养[J]．中小学外语教学（小学篇），2017(8)：41-44.

7. 郯利芹．借鉴 CLIL 教学模式优化小学英语复习课的课例分析[J]．中小学外语教学（小学篇），2016，39(11)：1-4.

8. 吴惠玲．小学英语复习课教学的有效设计与评析[J]．中小学外语教学（小学篇），2019，42(1)：19-24.

9. 王蔷．小学英语教学法教程［M］．北京：高等教育出版社，2003.

10. 朱浦．教学问题思考［M］．上海：上海教育出版社，2008.

第三单元　小学英语教学实施

1. 理解教学实施中班级管理与学生习惯培养的策略。
2. 理解并反思教师课堂话语有效运用的策略及常见问题。
3. 理解课堂教学中有效提问的原则与方法。
4. 理解课堂教学中有效开展形成性评价的意义及策略。
5. 理解教育戏剧的内涵及常用范式。

　　课堂教学实施环节是教师前期教学设计与学生核心素养培养之间的关键环节与桥梁。学生良好的学习习惯对学生文化品格的培养具有重要意义，是落实学科育人的切入点。由于英语学科的特殊性，教师用英语口语进行课堂教学，利于学生的语言组织与发展；有效设计问题链并在课堂教学中培养学生的思维品质和学习策略，可促进学生的深度学习。形成性评价是促进学生核心素养发展和教师专业能力提高的有力抓手。在教学实施过程中，设计适合小学生英语学习的活动以及戏剧活动，是在课堂教学中落实学科育人价值和核心素养的关键。

单元导航 ……▶

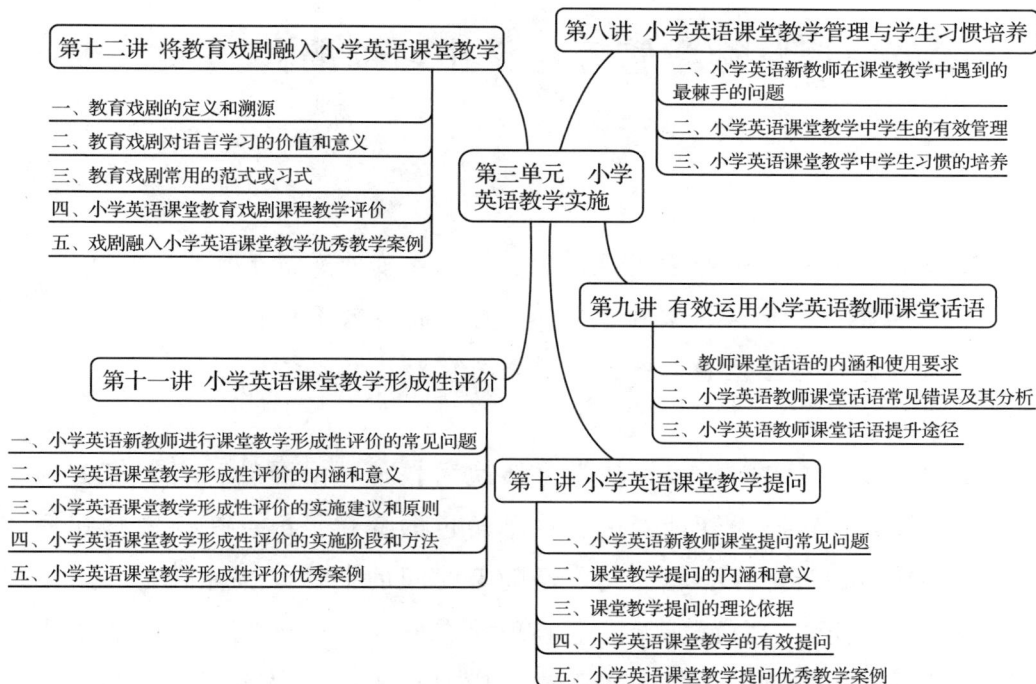

第十二讲 将教育戏剧融入小学英语课堂教学

一、教育戏剧的定义和溯源
二、教育戏剧对语言学习的价值和意义
三、教育戏剧常用的范式或习式
四、小学英语课堂教育戏剧课程教学评价
五、戏剧融入小学英语课堂教学优秀教学案例

第八讲 小学英语课堂教学管理与学生习惯培养

一、小学英语新教师在课堂教学中遇到的最棘手的问题
二、小学英语课堂教学中学生的有效管理
三、小学英语课堂教学中学生习惯的培养

第三单元 小学
英语教学实施

第九讲 有效运用小学英语教师课堂话语

一、教师课堂话语的内涵和使用要求
二、小学英语教师课堂话语常见错误及其分析
三、小学英语教师课堂话语提升途径

第十一讲 小学英语课堂教学形成性评价

一、小学英语新教师进行课堂教学形成性评价的常见问题
二、小学英语课堂教学形成性评价的内涵和意义
三、小学英语课堂教学形成性评价的实施建议和原则
四、小学英语课堂教学形成性评价的实施阶段和方法
五、小学英语课堂教学形成性评价优秀案例

第十讲 小学英语课堂教学提问

一、小学英语新教师课堂提问常见问题
二、课堂教学提问的内涵和意义
三、课堂教学提问的理论依据
四、小学英语课堂教学的有效提问
五、小学英语课堂教学提问优秀教学案例

▶第八讲
小学英语课堂教学管理与学生习惯培养

请你思考:

    1. 对新教师而言,小学英语课堂教学中最难的事情是什么?

    2. 如何在小学英语课堂教学中对学生进行有效管理?

    3. 如何培养小学生良好的英语学习习惯?

    新教师从学校走向学校,从学生转换为教师,由受教育者转换为教育者,由被管理者转换为管理者……种种角色的变化,都会使新教师在短时间内产生兴奋、新奇等心理变化,但随着时间的推移,这种兴奋和新奇很快就被焦虑、担忧、急躁、无措等心理状态取代。这种现象产生的主要原因不是新教师自身语言、教学水平难以应对英语教学,而是在很大程度上取决于对学生难以进行有效管理。

一、小学英语新教师在课堂教学中遇到的最棘手的问题
(一)课堂纪律的问题
    新教师从大学校园走进小学的英语课堂,面对几十位幼小、充满童趣的学生,常常不知道如何与学生相处。教师过于严厉,学生会不喜欢;教师过于宽容,课堂会难以驾驭。一个学生捣乱或搞怪,引起一群学生注目或哄笑;小组合作吵吵嚷嚷,屡禁不止;比赛活动中争论不休,频繁告状,难以推进下一个教学任务。问题解决一个又有多个,按下葫芦浮起瓢……纪律问题是小学英语新教师面临的课堂学生管理的主要问题,也是最令新教师头痛的问题。

（二）学生习惯的问题

1. 良好的课堂学习习惯未养成

（1）上课不会听讲。

上课不会听讲是小学生最常见的问题。教师在台上讲，学生在座位上玩，教师讲完后，学生不知道教师讲了什么或一知半解，这种现象非常普遍。外面有一点声音干扰，学生的注意力立即分散转移的情况也频繁发生。

（2）不会倾听别人发言。

倾听别人发言，从别人的发言中获取信息，顺着别人的发言延续并推动对话的发展是课堂交流互动的重要方面。但小学生往往不会倾听别人发言，你说你的，我想我的，不倾听、不关注他人说话的内容，前一个人说完了，后面的人仍旧重复表达同样的观点，既耽误时间，又没有新思想观点的产生。

（3）不敢表达自己的观点。

小学生刚开始接触英语，往往受语言或性格的限制，不会或不敢表达自己的观点，缺乏表达或表演的自信和勇气，常常表现为心里知道，嘴上不敢表达。学生不会倾听和表达，就难以建立课堂学习中的互动和关联，影响信息的获取、传递。

（4）不会主动思考。

课堂上教师经常抛出问题，让学生带着问题通过视听或阅读的方式获取问题答案。但是，小学生表现出来的却是在听或读的过程中不是在动脑思考问题，而是等待老师和同学说出答案，然后做抄写记录。不会思考、不愿思考是小学生比较常见的问题。

（5）不会合作完成任务。

在合作朗读、表演、阅读等学习任务中，往往强势的学生参与较多，内向或能力弱的学生无事可做，时间久了，一部分学生便成了合作学习活动的旁观者。有时候，学生会因争抢其中的某个角色而未在规定时间内完成小组活动。不会合作、不懂交往是小学英语课堂同伴活动或小组学习活动中的主要问题。

（6）未养成良好的听、说、读、写、看习惯。

听、说、读、写、看是语言技能发展的基本内容，这五项能力的高低直接决定英语学习效果的好坏。在听、说、读、写、看等习惯养成方面，小学生表现出来的问题往往是：不会听（听前不看任务要求，听中不会做记录，听后不会分析），不会说（语言表达无序，缺少逻辑），不会读（不知道读的方法和技巧），不会看（只看热闹，找不到关键），不会写（书写不规范，即使有插图和提示也不知从哪开始写）。

（7）不会做学习笔记。

做笔记是小学高年级阶段应培养的学习习惯。笔记可以使学生及时梳理学习内容，加深印象，便于复习。通过整理和归纳，学生将知识点构建成知识网，最终形成适合自己的英语学习策略。教学中新教师往往缺乏培养学生记笔记的意识和经验。

2. 按时、认真完成作业的习惯未养成

不按时完成预习和复习作业，对于作业敷衍了事的现象在小学阶段是很普遍的。一般而言，英语教师经常会布置上网查阅相关资料等实践性预习作业和听录音跟读对话、将对话读给父母听等口头复习作业，并要求学生将录音上传到相关网课平台证明已经完成该作业。但对于这样的作业，总有部分学生以家长不在家、家长不让用手机、家里没电脑等为借口偷懒不做；对于抄写作业，有的学生也不认真完成，字迹潦草，质量难保。

3. 带齐学习用具的习惯未养成

不带齐学习用具的情况通常出现在低年级小学生的英语课堂中。忘记带英语书、忘记带课堂活动手册、忘记带水彩笔等学习用具的现象时有发生。当教师开始布置学习任务了，学生马上举起小手："老师，我忘记带水彩笔了。""老师，我的剪刀丢了。""老师，我没有橡皮泥……""老师，我妈没给我装彩纸……"即使教师在上一节课时一再提醒，也难免有学生遗忘。

4. 自我管控的习惯未养成

小学生自我管控能力一般比较弱，做事情有时缺乏目的性、规划性和条理性。在与教师和同学相处过程中，他们遇事容易冲动，发生矛盾时易怒、难以控制情绪。

二、小学英语课堂教学中学生的有效管理

一般来讲，大多数学生喜欢青年教师，因为年龄差异不大，学生很容易与新教师和谐共处，但有个别喜欢调皮捣蛋或不喜欢上英语课的学生会在新教师入职初期这段时间内"试探"新教师的脾气秉性和处理事情的方法，他们会根据自己的"观察结果"决定今后自己上英语课时的行为表现，如是继续睡觉，还是要偶尔欺负一下新教师，或是收敛自己的不良行为，等等。所以，学生对新教师是接纳还是排斥，能否建立相互信任、和谐融洽的师生关系是英语教学能否顺利进行的关键。

（一）上好开学第一课

良好的师生关系可以促进教育教学的成功。新教师要建立专业自信，克服学生管理困难这一心理障碍。在与学生正式接触之前，教师要做好充分准备，备好开学第一课。教师要熟悉所教内容，要了解教学对象，要做好自我分析，要设计并规划学生管理方案。俗话说，亲其师信其道，在第一节课里，教师应有一个精彩亮相，给学生留下深刻的印象，让学生感觉这个老师"不简单""可亲、可信但不可欺"。

开学第一节英语课，教师不要急于讲课，而是应用一节课的时间做好以下几件事情。

1. 在学生面前展示一个独特的"我"

第一节英语课，教师要通过自我介绍让学生认识自己。如何介绍自己？介绍什么？用多长时间？教师都要想清楚。一般而言，新教师担任低年级英语课教师的情况较多，也有少数教师被安排在中高年级。面对不同的教学对象，教师可以采取不同的介绍方式，如面向高年级学生介绍自己时，可采取边画漫画边介绍的方式，与学生进行互动交流，学生会在此过程中积极参与，并很快获取该教师的毕业院校、所学专业、兴趣爱好、年龄、性格特点等信息。新颖、鲜活、独特的5～8分钟的自我介绍，对学生而言是非常难忘的。亲切、活泼、可爱的年轻老师很容易让学生喜欢并接纳。

2. 在教师面前展示一个精彩的"我"

教师进行自我介绍之后，学生对教师有了清晰的了解。接下来是老师

认识学生。如果教师能在短时间内记住并说出学生的名字，学生会自觉地给教师打高分。那么如何启发学生介绍自己呢？教师可以给学生布置这样的任务：请你用最独特的方式介绍自己并让教师记住你。给学生 5 分钟左右的准备时间，之后由教师和学生轮流抽签决定自我介绍的人员。若班额较大，一节课不可能让所有的学生都介绍完，教师也不可能把所有学生的名字都记住，没来得及介绍的学生可以将自己的特征写或画在纸上，在第二节英语课之前交给老师，让老师猜一猜并认识自己。

3. 简要说明课堂常规要求或做一些必要的指令沟通

师生彼此了解之后，教师还要利用 5～10 分钟的时间详述英语课的常规要求，如学具准备、课堂听讲、发言、作业、小组合作等。如有必要，教师可以把这些要求打印在彩色的卡纸上并发给学生，让学生粘贴在英语书上，作为随时提醒的温馨小贴纸；教师也可以将其设计成温馨提示张贴在教室的某个地方，并附上"Read carefully, clearly, emotionally and gracefully!"等语言要求。

一年级英语课的教师，还需要让学生练习听沟通指令行事。师生要约定用固定的动作来传递信息，如指向耳朵便是 listen(听)，指向眼睛便是 watch(看)，同时指向耳朵和眼睛是 watch and listen(视听)。学生要明白教师手势语的意思，如"OK.""Good.""Very Good.""Wonderful."等。

4. 创建小组、起组名、给学生起英文名

第一节英语课，教师要给学生起英文名。英文名最好简单易记，符合学生年龄特点，或使用他们感兴趣的名称，比如水果、动物类名词，可以与汉语的名字意义相同，如 Snow(杨雪)，可以与学生的中文名发音相同、相近或相关，如 Lily(李莉)、Linda(林达)、Julia(朱莉)。英文名可以由教师起，也可以由家长起，还可以让学生自己起。如果学生原来在幼儿园有英文名，也可延续使用。起了英文名后，教师要把学生的英文名做成精致、卡通风格的姓名卡，让学生上英语课时将其挂在胸前或摆在课桌上。

除了英文名，教师还要将本班学生分组，便于课堂组织活动。分组的原则是组内异质、组间同质，每组 4～6 人为宜。组建小组后，要给小组命名，小组成员为本组设计组名图标。小组名建议以同类词为主，如可以用

水果、动物、方位等词语，最好与单元或课时学习内容相关。小组名可定期或根据学习内容不定期更换。

（二）"约法三章"与评价并行

小学生违纪是因为学生年龄小，自我约束能力、自我管控能力还没有完全形成，他们是发展中的人，教师要正确看待这种现象，宽容学生出现的错误，积极努力地引导学生朝着正确的方向改进。教学中，教师可以通过榜样的示范引领和"约法三章"来提醒学生养成良好习惯。

对于学生屡次不完成作业的情况，教师可找学生谈话，了解学生不做作业的原因，让学生自己找一个信任的伙伴帮助自己，监督自己，并且和伙伴一起"约法三章"，实施自我监督、同伴监督和教师监督多方管理。在制订"约法三章"时，不要好高骛远，起点要低，目标要小，还要多鼓励、巧点拨，让学生认识到写作业这件事重要且不难。教师可以与学生约定，如果连续五次不拖沓作业且作业质量较高，学生可得到一张"免做作业卡"，并且自己选择时机使用一次。

对于在小组活动时学生争论不休、吵吵嚷嚷的问题，可以借助评价手段来处理。比如要求每组所有成员必须参与表达或表演，如果小组内有一人未参与，则不可得到合作星；如果有两人以上吵吵嚷嚷，则不可得到和谐星……这样的"约法三章"有利于学生提高团队合作的效率。学生在相互提醒、自我约束的过程中提高合作学习的能力，形成合作的意识，养成良好的习惯。

对于故意搞怪的顽皮学生，教师要真诚地去提醒他，关爱他。如果该生一而再、再而三地出现违纪问题，教师要通过谈心的方式，弄清学生这样做的原因，并让其预想一下同学们对他这种行为的看法。教师要晓之以理，动之以情，巧妙引导学生认识到这种行为的不当之处。

（三）榜样示范与小老师培养

由于英语教师所教班级多，管理的学生人数多，早自习及小组活动有时不能很好地关注到所有学生，因此，培养小老师可以协助教师完成教学任务，如组织活动、示范引领等。小老师可以协助教师播放录音或课件，这样老师便可以随时走到学生中间，重点关注学习能力弱的学生。小老师可以在小组活动时进行任务分配，组织讨论、表演等任务；也可以做辅导，一对一帮扶学习有困难的学生；还可以帮助教师收发作业、检查课前学生学习用品准备情况等。教师赋予小老师一定的权力，但不能让他们享有特权。小老师不能固定为一人，要注意发挥具有不同优势的学生的特长，让众多的学生都有组织管理的机会，从而培养每一个人的责任感和荣誉感。教师要通过调动学生参与学习和参与管理的积极性，来培养学生的组织管理能力。小老师的培养建议从低年级开始。

（四）借力攻擂

在小学生的心目中，学科任课教师远没有班主任"威力"大。他们对班主任言听计从，在班主任的课上遵规守纪，但对学科任课教师则不同，在这些教师的课上也习惯放纵。如果学生在英语课上反复违规，屡教不改，英语教师可以与班主任沟通一下，了解学生的情况，或与班主任一起联合商议学生管理的有效措施。比如，在教室的门后面张贴英语课学生表现评价表，由英语教师在每节课后填写。班主任根据英语教师的评价评选出各学科每月进步达人、最佳表演明星等。除了与班主任配合外，英语教师也可以建立家长微信群，随时将学生的最佳表现发给家长，随时跟家长沟通学生的学习状态，借助家长的力量督促学生改正错误，养成良好习惯。

三、小学英语课堂教学中学生习惯的培养

课堂教学管理的问题一般与学生习惯的养成有直接关系。一个好的习惯可以使人受益终生。《课标（2022年版）》中的学习策略内容要求学生尝试运用多种途径学习英语，遇到问题主动向老师或同学请教，并在教师指导下制订简单的学习计划且付诸行动（一级元认知策略）；要求学生敢于开口，表达中不怕出错（一级情感管理策略）；要求学生根据需要进行预习，对所学内容主动复习和归纳，并在教师指导下制订简单的学习计划，合理安排学习时间并主动了解英语学习方法，探索适合自己的学习方法（二级元认知策略）；要求学生借助图表、思维导图等工具归纳、整理所学内容（二级元

认知策略）；要求学生保持对英语学习的积极态度和自信心，主动参与各种学习和运用语言的实践活动（二级情感管理策略）。这些既是学习策略的内容要求，也是学生应该养成的学习习惯。那么，在小学阶段，学生应养成哪些良好的学习习惯呢？

（一）主动问候的习惯

语言不是靠死记硬背学会的，而是在应用中学会的。无论是低年级还是中、高年级，教师都应该引导学生从一天当中的问候开始坚持应用所学语言，早晨起床跟父母说"Morning/Good morning，Mum/Dad."；到校见到老师说"Good morning，Miss …/Mr …/Mrs …""Nice to meet you."；见到同学说"Hi! Hello! Morning!""Nice to see you."；离开学校对老师和同学说"Goodbye!""Bye! See you tomorrow"等。学生还要养成做错事主动道歉并说"Sorry!"，打扰别人或有事求助别人要说"Excuse me."的习惯。教师要鼓励学生将课本语言还原于现实生活，让使用英语成为自觉的行为习惯。

（二）自觉预习、复习的习惯

预习和复习都是学生个体学习行为方式。小学生养成自觉预习和复习习惯的关键在于教师的引导。在起始阶段，教师可将预习和复习的任务打印在卡通即时贴上，或让学生抄写在自己准备的小本子上。教师布置的预习和复习任务要适量、可操作、可检测。低年级的预习作业可以布置为具有限定性的，比如，听对话录音，圈出不认识或不会朗读的单词。高年级的预习作业可以布置为具有开放性的，比如，搜集有关中秋节的故事传说并用自己喜欢的方式（如做 PPT 演示文稿/画手抄报/摘抄等）记录下来。复习作业可以设计为回忆型的，比如，抄写单词、句型，读书，背诵等。让学生睡前闭上眼睛想一想当天英语课学习的内容也是一种非常有效的复习方法。这种方法就像让学生自己播放电影一样轻松、有趣，且不受时间限制。需要教师注意的是：预习和复习的内容、形式要根据学生的年龄设计，尽量具有可选择性，时间最好控制在 10～15 分钟。尤其刚开始的预习和复习时间一定要短，不要让学生感到疲劳、厌烦。预习和复习的任务一定是教师精心设计的，有计划、有目的。随着学生年级的升高，预习和复习的习惯基本养成之后，学生便可自主设计安排预习和复习内容。

（三）做笔记的习惯

俗话说，好记性不如烂笔头。学生在听讲的过程中记笔记可以掌握重点、难点并捕捉教师讲课中的关键点。在课上记笔记还可以锻炼学生的速记能力。在听课后做笔记，有助于学生将所学知识系统化、条理化，并在此过程中运用联想发散思维。因为做笔记是身体和思维共同运作的过程，可排除外界干扰并使注意力集中，此过程可加强对知识的记忆和理解。记笔记不宜在低年级进行，而应在小学高年级开始培养。教师教学生记笔记要把握好听中和听后两个时段。尤其是听后再记更能发挥学生的主观能动性，便于学生运用思维和想象，体现个性化的思维方式和优势智能的发挥。比如，在学习北京版小学英语六年级上册 UNIT FIVE WHEN DID THE ANCIENT OLYMPIC GAMES BEGIN? Lesson 16 时，学生记录的笔记有很多种。有的学生将教师的板书照搬在自己的笔记本上，有的学生自己设计了独特的笔记。如表 3-1-1 和图 3-1-1、图 3-1-2 所示。

表 3-1-1 照搬教师板书的笔记

The Modern Olympics	
Starting Time	1896
City & Country	Athens, the capital of Greece
People	Both men and women
Events	More events
Players & Visitors	From different nations
Motto	Higher, Faster, Stronger (in 1920)

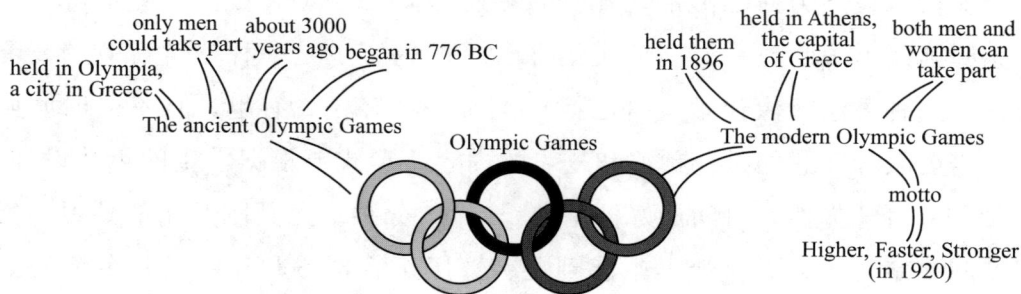

图 3-1-1 学生自己设计的笔记

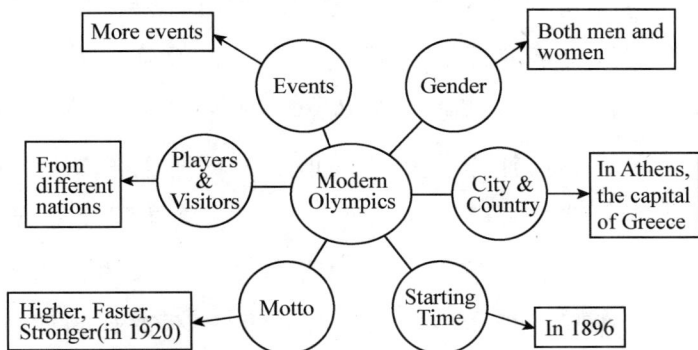

图 3-1-2　学生用 PPT 制作的笔记

（四）认真倾听的习惯

课堂注意力不集中、容易受外界干扰、重复别人发言、频繁举手但却没想好要说什么、老老实实地听但却不知道教师讲的是什么……这些现象都是不会倾听的表现。导致学生不会倾听的原因很多，其中心理特征是一方面，比如低年级学生好动、注意力集中时间短、容易受他人影响和外界干扰；缺乏兴趣是一方面，比如学生遇到喜欢的内容、喜欢的课、喜欢的老师就认真听，否则就不认真听；缺乏倾听的方法也是一个方面，比如学生随意打断别人发言抢话说，重复说别人说过的话等。因此，指导学生学会倾听很重要。

1. 激发倾听的兴趣

教师要遵循学生的年龄特点，采用多种教学形式，如音视频、歌曲歌谣、人物模仿音等激发学生听的兴趣，调动学生听的主观能动性，赋予听的活动趣味性，同时要确保听的时间不宜过长、听的内容不宜过难，让学生听可理解的内容，才能保证听的兴趣。

2. 进行倾听方法训练

要让学生会倾听，教师必须要随时进行倾听方法训练。第一，听前教师要给学生手势提示或交代听的任务，让学生知晓要干什么、要听什么。第二，教师要讲明听的要求。比如，不能打断他人发言，不在别人讲话时插嘴，听后再发表意见；小组发言时轮流说，不能抢话，要认真倾听，不能重复他人说的内容和阐述的观点；别人发言出现错误时不能随意打断别人发言，要等发言结束后举手指出错误。第三，教师要布置听的任务，给出听的提示。比如让学生预测听到的内容，比如给出情境、抛出问题、设置悬念、摆出矛盾点等，让学生有目的地听。即听前预测听的内容、听中带着疑问验证预测内容、听后回答问题、转述或总结别人的观点等。第四，教师要做会倾听的示范者。学生不会倾听往往与教师的行为习惯有关。比如，教师经常不注意倾听学生发言而给学生做出不正确的评价，或经常发现不了学生发言过程中的错误或问题，不能顺着学生发言的思路引出新的观点，总是在学生发言的时候随意打断学生或指出学生的错误等。久而久之学生会在不经意间进行效仿。第五，教师要完善评价方式，鼓励学生倾听。通过运用"You listened carefully."" Good answer!"等赞美的语言肯定学生听的效果；或运用"聪慧的耳朵"小贴画对学生的倾听发言结果进行物质奖励等。

（五）独立思考的习惯

不思考的学习不是真正的学习。21世纪需要有创新能力的人才，而创新型人才有一个明显的特征就是会深入思考。英语学科核心素养也强调要发展学生的思维品质。对于小学生而言，只有学会思考，才能产生真正意义上的学习。英语课上所有的学习活动都应将思维参与纳入语言学习和实践之中。杜威的"在做中学"理论强调的就是边实践边思考。

思考是伴随着听、说、读、写、看等学习任务产生的。因此，在设计学习任务时，首先，教师要想清楚听、说、读、写、看这些活动需要学生思考哪些问题，问题的设计是否具有针对性、启发性、开放性；其次，教师要给足学生独立思考的时间，尽量不要打断学生思维的过程；最后，教师要教会学生记录思维的过程，便于梳理、调整思路，发现答案。

（六）大胆开口的习惯

英语课程的总目标是培养学生的综合语言运用能力。综合语言运用能力的高低要通过口头或笔头两种形式呈现出来。《课标（2022年版）》中的一级认知策略要求学生积极运用所学英语进行表达和交流；一级交际策略要求学生在表达遇到困难时，用简单的手势、指示代词等手段辅助表达；一级情感管理策略要求学生敢于开口，表达中不怕出错。这种表达能力要在日常模仿和表达中获取。近年，初、高中英语增加了听说考试的内容，且分值比例不断加大，这是应时代发展的要求而定的，体现了国家对学生英语听说能力的重视。要摆脱"哑巴"英语的问题，就要从小培养学生大胆开口的习惯。

第一，要营造宽松、愉悦的课堂学习氛围，坚持"容错"原则，使学生克服紧张心理，消除心理障碍，多表扬鼓励，无批评讽刺，让学生在放松的情况下愿意说英语，主动说英语。

第二，要提供真实的语言学习情境，激发说的欲望，增强说的自信。教师可以为学生提供贴近生活的语境进行模拟对话，鼓励学生坚持每日用英语打招呼，坚持每天进行3分钟的看图说话或英文报告，坚持每周英语日活动、每年英语节活动等。说的前提是要有充分的语言积累和一定的交流平台。因此，在确保学生有话想说的基础上，教师还要保证学生有话可说、有话能说，特别是为学生提供说的语言框架能提高学生语言表达的准确性、流畅性。

第三，要给学生创造语言实践的机会。教师要充分利用社会、家庭、学校等能提供的资源，开展丰富的课内外活动，如英语广播、英语小舞台、英文卡拉OK、一日小记者、家庭英语情景剧表演、走进首都机场、我的主题咖啡厅以及职业体验等，鼓励学生走向社会，走向生活，体验不同生活角色，广泛使用英语。

第四，拓宽练习口语的渠道。教师可让学生通过网络平台进行模仿朗读、经典英语故事趣配音打卡及外教线上口语交际等学习方式，实现随时、随地、按需练习口语。

第五，充分利用评价手段，激励学生自觉、主动地进行口语表达。教师可每月定期评选英语口语小达人，每学期评选英语"巧嘴八哥"，举行"家庭模仿秀"，每学年组织英语口语闯关晋级赛、口语综合能力达标赛等活动。

（七）自主阅读的习惯

英语语言技能中的"读"包含朗读和阅读。朗读重在体会语音、语调、语感、节奏，通过朗读学生可以感受到语言的抑扬顿挫及感情的跌宕起伏。每天用 5~10 分钟时间进行对话模仿、朗读、配音、背诵不仅可以帮助学生进一步理解所学内容，还可以训练良好的语音、语调，帮助学生形成语感。

阅读是学生汲取知识、积累词汇、巩固语法、拓展思维的重要途径。阅读可以激发学生的学习兴趣，提高理解能力，开阔知识视野，提高文化底蕴和文化修养。阅读习惯的培养重在坚持，教师要让学生的阅读从指导性阅读向自主性阅读过渡，从有目的的阅读向无目的的阅读过渡。如教师可根据学生的年龄特点和兴趣爱好，为各年级学生提供英语阅读书目，指导学生制订个性化的阅读计划；开展图书漂流和阅读日打卡活动，评选出每月或每学期的阅读小达人并进行表彰；或是通过开展阅读交流分享、亲子阅读等活动，促进家校协同工作的开展。需要教师注意的是，阅读书目的提供要针对学生的年龄特点，题材和内容要尽量广泛，兼顾配图故事、叙事性日记、人物故事、寓言、幽默故事、童话等记叙文，介绍类短文、科普类短文、简短书面指令、操作程序等说明文，贺卡、邀请卡、书信、活动通知、宣传海报等应用文以及电子邮件、网页等新媒体语篇。详见《课标（2022 年版）》语篇类型内容要求中的一级和二级描述。

（八）英文写作的习惯

《课标（2022 年版）》的语言技能内容要求中表达性技能一级要求学生能够正确书写字母、单词和句子；能够根据图片或语境，仿写简单的句子。表达性技能二级要求学生能够围绕图片内容，写出几句意思连贯的描述；能够模仿范文的结构和内容写几句意思连贯的话，并尝试使用描述性词语添加细节，使内容丰富、生动；能够正确使用大小写字母和常见标点符号，单词拼写基本正确；能够根据需要，运用图表、海报、自制绘本等方式创造性地表达意义。在听、说、读、看、写等语言技能中，"写"对学生而言是最难掌握的。培养学生良好的写作习惯，应从以下几个方面入手。

1. 培养良好的抄写习惯

在英语学习的启蒙阶段，即小学一、二年级，教师要对学生的字母笔顺、大小写、占格、单词的正确拼写以及句子内单词之间的距离、标点符号等进行严格要求和训练，让学生养成规范的书写习惯，为今后的写作打好坚实基础。学校要坚持定期组织作业评比并开展班级作业展览活动，鼓励学生养成干净、整洁、规范的书写习惯。

2. 通过写日记培养学生的写作能力和写作习惯

学生进入小学三年级，可以进行简单的仿写练习。最简单有效的培养仿写能力的方式是记日记。在仿写的最初阶段，教师要教给学生写作的方法，让学生明确日记的格式、内容和要求。至于学生能写多少句话，教师不要做硬性要求，让学生根据自己的能力来决定，以免打击他们写作的信心。教师可以给学生复印一张手写的日记模板，并把月份类单词、星期类单词、天气类单词都附在日记模板下面，让学生张贴在日记本上。之后学生参照模板进行写作。如三年级开学第一天有的学生模仿英语课本第一课写了如下日记。

Wednesday，September 1st，2019，sunny

    Today is the first day of our school. I am back to school. I see Miss Li again. I am very happy.

在开始写日记时，不要要求学生每天都写，因为受语言限制，有时学生会觉得无话可写，或者有话可写但又不会写。因此，学生可以在上英语课的当天写日记。一周三篇日记也是可以的。教师要坚持对学生的日记进行两方面评价，一方面评价学生的书写习惯，如字体是否美观、格式和标点是否正确等；另一方面评价学生的日记内容，着重检测语言表达的规范性、单词拼写的正确性、句式应用的多样性等。教师给出的两方面评价可以图文结合，如用星星加评语来评价书写习惯，用 ABC 等级来评级书写内容。每个月结束后，学生可以选择一篇自己满意的日记誊写在彩色卡通特制纸上，由教师进行压膜放入学习档案袋进行留存，待家长开放日时进行

展示。中年级记日记强调的是学生书写习惯的养成，写的内容可以是对英语教材对话的加工，也可以是自己的见闻和感想，教师对语言不要做过高要求，重在让学生积累语言。高年级记日记则更加注重语言的规范性和内容的丰富性，更加强调让学生用所学的英语知识描述自己身边发生的事情或感想。

3. 基于话题，开展专题写作

目前，很多版本的小学英语教材都是以话题为纲进行编排的。基于话题开展专题写作也是培养写作习惯的一种途径。以北京版小学英语三年级下册 UNIT SEVEN I WANT TO BE A TEACHER 为例，可以设计仿写活动如下。

Liu Yibo	My name is Liu Yibo.		
	I'm nine years old.		
	I like to play football.	（自画像）	
	I want to be a football player.		

教师还可以设计适合高年级的半开放或开放性写作活动，如结合图片（图 3-1-3）和语言提示，以 "My/Kate's/Tom's Happy Day" 为题写一篇短文。学生可以第一或第三人称的方式记录图中人物的生活和感受。

提示：Children's Day; an amusement park; sing songs

图 3-1-3　半开放性写作活动举例

教师在备课过程中，要根据教材所提供的话题，确定可以进行写作的内容，设计写作的任务，制订评价的标准和方式，让学生在写作中巩固语言知识，提高写作兴趣和写作水平。

4. 通过转述教材对话，提高写作能力，培养写作习惯

小学英语教材呈现的对话众多，这些对话语言的人称和表达方式与叙述性语言存在差异。要让学生能清晰、有条理地描述他人对话内容，必须抓住 Who、When、Where、What 和 How 这几个关键点。如果学生在每学完一篇对话后，都能自觉地组织语言把对话描述出来，就可以快速提高表达和写作能力。北京版小学英语教材恰恰给学生提供了这样的范例。比如，从三年级第一学期的教材开始，每三个新授课时之后，都会安排一节复习课，复习课的其中一个板块是"Now I can read"。这个板块以转述的形式概括了前三课时对话的内容。教师完全可以充分利用这个资源，将这个板块拆开，分别安排在三个新授课的对话之后，让学生用两三句话描述对话大意并以日记或写作的形式写出来，久而久之，学生的写作能力就可提高，写作习惯也可养成。

（九）完成作业的习惯

小学生自制力弱，有时不能按照要求完成作业。时常有家长反映学生做作业用了很长时间，其实并不是因为作业多，而是学生一边做作业一边玩导致效率低下。还有的家长喜欢在旁边陪着或看着孩子写作业。教师要告诉学生，写作业是学生自己的事情，学生要自我监督，不需要家长陪和看。教师布置的作业要适量，要严格遵循《教育部办公厅关于加强义务教育学校作业管理的通知》中的要求，即小学一、二年级不布置书面家庭作业，小学其他年级学生每天书面作业完成时间平均不超过 60 分钟。学生如果能在课堂完成，就尽量不将作业带回家。作业形式要多样，具有可选择性。教师要努力减少机械性、抄写性作业，增加动手实践性作业，让学生喜欢上做作业。

（十）及时改错的习惯

学生作业中经常会出现这样或那样的错误，比如书写不规范、字母占格不正确、单词抄写有错误、句子表述语序混乱等。有时教师已经用红笔圈出了学生出现的错误并在旁边进行了批注和正确的示范，但有的学生依然没有改错的意识和行为。出现这种情况，一定与教师的要求有关。因此，在第一次作业指导时，教师就要明确提出改错的要求，比如，学生要在错误出现的原处标出序号1、2、3……，在下一次做作业之前，在作业本上写上"改错"二字，之后按标注的序号进行改错，每个错误要改正两遍。只有老师提出了具体要求，学生才知道怎样改。如果学生忘记了改错，教师一定要及时查找并督促其改正，使学生养成及时改错的习惯。

习惯对人的发展具有十分重要的作用。在英语教学中，教师要以身作则，用自己的智慧、人格、言行影响学生；要尊重学生，与学生平等相处，遇到问题冷静思考，不能搞"一言堂"或放纵学生；要努力创设宽松、民主、和谐的学习氛围，不要放大学生的缺点。通过这些做法，教师可帮助学生养成良好的英语学习习惯。

> **实践操练**
>
> 1. 请你结合自身优势设计开学第一课与学生见面的自我介绍活动。
>
> 2. 请你根据情境想一想：假如你是新一年级的英语任课教师，你需要培养学生哪些学习习惯？请设计实施方案。假如你接手五年级英语教学的任务，面对学生不完成作业的情况，你会采取哪些有效措施帮助学生改正这种不良学习习惯？请设计实施方案。

▶ 第九讲
有效运用小学英语教师课堂话语

请你思考：

1. 什么是英语教师课堂话语？

2. 英语教师课堂话语与学生发展有何关系？

3. 如何判断教师是否有效运用了教师课堂话语？

4. 作为英语教师，你的课堂话语方面存在哪些问题和困惑？

5. 提升英语教师课堂话语有哪些路径？

一、教师课堂话语的内涵和使用要求

教师课堂话语是教师在组织和实施课堂英语教学时产生的话语，其中主要是英语，也包括母语（如汉语）；此外，还包括教师的体态语。英语教师课堂话语是学生重要的目标语输入来源，也是教师与学生互动的核心媒介与必要手段，还是课堂教学实施的关键工具，直接影响学生心智与情感的发展。课堂话语不仅可以反映出教师的英语语言水平与文化素养，还可以反映出教师的教育理念及教师的课堂生态状况。教师课堂用语的使用要求如下。

首先，教师课堂话语需要体现《课标（2022 年版）》的核心理念：①发挥核心素养的统领作用；②构建基于分级体系的课程结构；③以主题为引领选择和组织课程内容；④践行学思结合、用创为本的英语学习活动观；⑤注重"教—学—评"一体化设计；⑥推进信息技术与英语教学的深度融合。

其次，教师课堂话语还应符合小学生的认知特点。具体体现在：①小学生经常间接学习，摄入的信息并不局限于教师个人话语，还来自他们所看、所听、所参与的活动，要求教师组织多样的活动进行教学；②小学生较难理解语法规则等抽象概念，要求教师课堂话语简洁；③小学生一般拥有较高的学习热情与好奇心，要求课堂生动有趣；④小学生需要他人关注和赞赏，这就需要教师的课堂话语具有一定的激励性，教师不应吝惜赞美之辞；⑤小学生喜欢谈论自己，喜欢学习与日常生活相关的主题，要求教师课堂话语的内容要与学生的生活紧密相关；⑥小学生注意力时间有限（10～15 分钟），要求教师课堂话语所呈现的教学活动要多样；⑦小学生模仿能力特别强，特别是口语模仿，要求教师为学生的语言学习提供地道的话语输入。

最后，小学英语教师课堂话语还应有利于构建健康的生态外语课堂。生态外语课堂教学观认为：外语学习是学习者的知识和经验与外界环境互动的过程，外语课堂教学中多种因素互相依存与制约，构成了一个生态系统的整体；互动性与多样性是生态外语课堂教学的核心特征，它们是外语课堂教学成败的关键。因此，教师课堂话语还应为学生学习建构丰富而和谐的环境，体现多向而良好的师生互动。

二、小学英语教师课堂话语常见错误及其分析

下面我们从新教师课堂教学设计及课堂教学实践的案例中，摘录和提炼出小学英语新教师在课堂话语方面常见的错误，并加以分析，解读如何反思自身课堂话语运用的有效性。

（一）教师课堂话语不规范

小学英语教师课堂话语存在多种不正确或不准确的例子，具体如下。

1. 助动词误用

例如："Are you agree?""Do you clear?""Are you finished?"（应为"Do you agree?""Is it clear?"或"Do you understand?""Have you finished?"）

2. 单词发音误读

例如：says 误读作/seiz/，应为/sez/。

3. 介词误用

例如："This is a plan of this weekend."（应为"This is a plan for the weekend."）

4. 冠词缺失

例如："Look at weather report."（应为"Look at the weather report."）

5. 副词语序颠倒

例如："Let's together read it."（应为"Let's read it together."）

6. 宾语从句语序错误

例如："Do you know where did he go yesterday?"（应为"Do you know where he went yesterday?"）

7. 中式英语

例如："Who is all right?"（应为"Who got all the right answers?""Who has 100% answers?""Who is 100% right?""Who got them all right?"）

以上错误，均属于语言的准确性错误，也是教师典型的中式思维的结

果，即授课教师忽略了汉语与英语两种语言结构的差异。教师正确规范的语言示范作用的缺失，会导致学生缺乏对语言准确性的判断意识和能力。为确保话语规范，教师可以运用英文搜索引擎分析目标语使用的语境与频率，判断所用教师话语是否准确或地道。此外，建议教师多阅读英汉语言差异方面的书籍，逐渐提升自身英语思维的能力。

（二）教师课堂话语不得体

教师课堂话语使用不当指的是语言的得体性错误，也称为"语用失误"，主要表现为说话方式不妥，或者不符合特定语言与文化社区的表达习惯。[①]

1. 师生之间的称谓不当

教师对学生称谓不当。如在小学英语课堂中，某些教师用 you 来称呼学生，并往往因距离学生比较远，且教师手势指向并不清晰，常会导致两名学生一同站起来回答问题的尴尬局面。用 you 称呼单个学生，不利于缩小师生之间的心理距离。无论是自己班的学生还是借班上课，建议教师都称呼学生的姓名，因为大多数学生往往会因教师记住自己的名字而感到高兴，从而提高对英语学习的兴趣。

另外，师生之间的称谓也不得当。首先体现在学生对教师称谓不当，如"Good afternoon，teacher."在英美国家，小学生不用 teacher 称呼教师。建议教师引导学生以 Miss、Ms.、Mr. 等来称呼自己，从而符合英文的表达习惯。

2. 教师课堂用词不当

有些教师不能意识到某些英语词汇的内涵，导致用词不当，如"Who is fat in our class?"。实际上，fat 一词形容人时常含有贬义，因此学习这个词时，教师可以用肥胖动物的图片，不宜拿本班同学举例。

---

① 徐国辉：《基于平行语料库的小学英语教师课堂用语核心问题解析》，载《中小学外语教学（小学篇）》，2011(8)。

（三）教师课堂话语不符合学生的语言认知，不易于学生理解

1. 句式过于复杂

请看下面的例句："I'm going to tell you about something that happened to me when I was younger and what I want you to do is to listen and decide，think about whether I was a well-behaved child then or not."

例句中，教师使用相当复杂的句式，从小学生的反应来看，不易于学生的理解。因此，教师课堂话语需要符合小学生的实际认知水平，力求做到简洁易懂。建议使用小学生可接受的词汇与句式，比如，"I'm going to tell you a story about me when I was young. Listen and decide if I was a good boy/girl."这样的语言，适合小学生的语言认知水平，有利于高效的课堂教学。

2. 教学活动指令语模糊

例如，小学二年级教师想让学生跟同桌用"This is…"句型描述各自图片中的景点(如 the Great Wall)。

教师发出指令："Pick one card and talk about it with your classmates."（"跟你的同学说说你挑选的配图卡片。"）而学生先是愣了一会儿，然后起身去找自己合得来的朋友去描述手中的配图卡片。

我们知道，classmates 与 partner/neighbor 意义不一样，教师本意是让学生与相邻的同伴一同谈论，但 classmates 一词给学生带来了困扰。教师可以使自己的语言更精确，用"Two students talk about your card with each other."，然后挑选一两对学生，让他们在引导下进行示范。

3. 全英授课，缺乏恰当母语与非语言交际手段的支持

小学英语教学提倡全英文授课，但并不排斥在恰当的时候使用母语给学生以支持。如教师使用英文无法解释清楚指令语，可以将指令语打在屏幕或写在黑板上，也可以附在学案中并适当配上中文，或口头用中文解释一下。同时教师可恰当运用肢体语言帮助学生理解。此外，在活动实施之前，教师与某些学生可以一起为全班做出指令语示范。

（四）教师课堂过渡话语生硬不自然

有些教师的课堂话语之间过渡不自然，过多地使用 OK、now、right

等作为过渡语，缺乏逻辑性与层次性，不能做到过渡无痕。实际上，教师话语之间缺乏连贯性与层次的原因主要包括：（1）教师语言基本功支撑不了思维的表达；（2）教学活动设计本身缺乏逻辑性与层次性。针对这种情况，我们对教师的建议如下：（1）多研究教材中的过渡方式；（2）多回看自己的教学实录，反思过渡语生硬的原因；（3）从多种渠道观看学习优秀教师的课例，并与同行与教研员多交流，提升自身的教育理念，增长教育智慧。

（五）教师课堂话语不利于构建融洽的师生关系

1. 不能倾听学生的发言

例如：

T："What can you see in the picture? Talk to your neighbor."（学生开始"对对子"活动）

S1："I can see a bridge."

S2："I..."（刚说了一个单词 I）。

T：Stop.

以上案例中，教师在发完活动指令之后的 10 秒左右，就发出"Stop."指令，此时每对学生只有一个学生刚说完一句，双人对话活动进行不充分。建议教师走下讲台，走到学生的身边倾听他们的发言，及时发现问题。

2. 不能适时关注学生

教师需要自始至终关注学生。而某些教师在播放录音、视频或听力题目材料时，关注的是录音机或视频内容，而非学生的具体表现，从而丧失了了解学生学习进展的好机会。因此，教师还需要用眼睛说话，及时发现学习有困难或开小差的学生，并给予指导。

3. 不能尊重学生

课堂上，教师使用语言折射出对学生的不尊重体现在两方面：一是使用不礼貌的手势，比如个别教师无意中用一个手指指向学生，显得很不礼貌，我们提倡使用朝上的手掌做"邀请回答"的手势；二是对学生的课堂行为反馈简单粗鲁，例如，当学生回答错误时，教师立刻反馈"No, you are wrong."，容易伤害学生的自尊心与自信心。我们建议教师在语言操练阶段注重学生语言准确性，适时纠错；在语言运用阶段注重语言流畅性，等学生回答完毕再纠错。教师可以用声调重复学生的答案或让学生从两个选项中再次选择（例如，"A or B?"）。让学生自行纠错，利于保护学生自尊。教师还可以让学生重复一遍，如"Sorry, I didn't catch that, can you say it again?"。如果学生不能自行纠错，我们建议教师采取委婉纠错策略，比如降低问题的难度。

4. 不能有针对性地激励学生

小学生特别需要教师的激励与表扬，但某些教师给学生的反馈，往往是笼统的（特别是在中高年级阶段），如"Very good!""Great!""Excellent!""Super!""Perfect!"。有些教师不能根据学生的具体回答给出有针对性的反馈，这往往会使教师的激励话语失去效果。我们建议教师根据学生的具体表现给出恰当的激励话语，比如激励学生有创新精神可以使用"Good idea!""I like your idea.";激励叙述问题回答得好可以使用"Good answer.""Let's give him/her a big hand!";激励学生表演得好可以使用"You are super actors."

（六）教师课堂话语过多，剥夺了学生的学习机会

课堂的主体是学生，教师组织和实施课堂教学，应该关注学生的思维和对语言学习的参与，而不是取而代之。例如，北师大版小学英语（一年级起点）四年级下册 Unit 11 Uncle Jack's farm 的教学片段如下。

T："What are they going to do? They are going to…"

Ss："They are going to visit Uncle Jack."

T："Yes, they are going to visit Uncle Jack. And they are going to ride horses."

Ss："Yes."

在以上案例中，教师在学生回答完问题"What are they going to do?"之后，不仅重复了学生的回答内容，还自己补充了问题的答案，从而剥夺了学生回答的机会，这不利于学生的语言与思维发展。教师应把预测/猜测的机会还给学生。此外，教师还应给学生创造出主动提问的机会，把学习的主动权归还给学生。一些优秀教师经常会给学生提问的机会，常用的表达包括"Any questions?""What other questions do you have about the story?""What do you want to know about the story?"，等等。

（七）教师课堂话语与学生的互动深度不够，不利于学生语言、情感与思维的发展

某些教师所运用的课堂话语不能很好地促进学生语言与思维的深度发展，主要体现在以下两个方面：一是师生互动话语的话轮转换模式主要为"教师启动—学生回应—教师反馈"，缺乏对课堂生成的深度扩展；二是教师话语的思维导向主要集中在低层次思维，忽略了对学生高层次思维的培养。

1. 课堂生成关注不够

教师对学生的课堂生成（回答）关注不够，表现为师生交流只在表面，教师急于完成教学流程，案例如下。

T："What do you usually do at weekends?"

很多学生的回答是"I usually do sports/watch TV…"，但有位学生回答："I can't play with my classmates on Saturdays. So I don't like weekends."

T："OK，next one，please…"

以上案例中，面对学生与众不同的回答，该授课教师并没有回应，可以看出该教师并没有关注学生话语的内容，没能及时与学生进行真实的交流，忽略了学生的真实情感，在一定程度上打击了学生学习的积极性。

2. 未能有效调动学生的高层次思维

在小学的中高年级阶段，学生的抽象思维与逻辑思维开始发展。然而，我们发现，在许多中高年级阶段的小学英语课堂中，教师话语还是指向学生的低层次思维（如让学生跟读或直接在文本中寻找答案），难以激发学生的发散性思维。

在中高年级阶段，我们建议教师恰当运用疑问词提问有关文本或学生个人经历的开放性问题，如下所示。

"How do you know that? Can you guess why?"

"What do you think of … ?"

"Find out the differences between …"

"Guess/Write the end of the writing …"

（八）教师课堂话语未能有效激活学生个体的生活经验

我们知道每个学生都是带着自身的生活经验来到学校的，另外小学生也特别喜欢谈论和自己生活相关的话题。可是有些教师只顾埋头机械教授教材中的内容或句型，整节课几乎没有涉及与学生生活相关的话语，导致教学效果不是很好。但以下案例中教师却做得较好。

案例1：人教版（一年级起点）英语二年级上册 Unit 4 In the Community

在学习地点名词 supermarket、hospital、bookstore 时，某些老师只顾出示图片并让学生跟读这些单词。而另外一些优秀的教师，会在让学生跟读完每个单词后，联系学生实际生活进行追问，如：

T："What can we do in a supermarket?"

Ss："We can buy food，clothes and others in a supermarket."

T："What can we do in a hospital?"

Ss："We can see a doctor in a hospital."

以上案例中，看似简单的一个追问，却极大激活了全体学生的不同生活体验，每个学生都有话说，并且无形中重复了所学单词，又用语言进行了真实的互动交流。

案例2：人教版（一年级起点）英语三年级上册 Unit 6 Birthdays

本节课中，一位教师的话语中体现了与学生生活相关的各个方面。①学生姓名："What's your name?"；②学生身体部位："Put your tongue out，BIRTHDAY."；③学生认知："I want to check your memory …"；④学习用具："Let's take out your textbook …"；⑤学生生日："What do you want for your birthday?"；⑥学生作品："… and make your own book."；⑦学生所处的物理环境："Go back to your seat."；⑧学生同伴/朋友的生日："Do you know your friends' birthdays?"；⑨学生家长的生日："Do you know your father's birthday?"。

以上案例中，授课教师的课堂话语涉及了学生自身的认知、学生的成果、学生所处的物理环境、学生与同伴的关系以及学生与亲人的关系等方面，全方位调动了学生的多种感官与多种学习体验。教师引导学生在课堂的真实交际中运用语言，势必会极大地促进学生的语言与思维的整体发展。[①]

除了以上列举的小学英语教师课堂话语常见的几类问题外，小学英语新教师在课堂话语运用方面，还应注意课堂语言的丰富性、多样性，激励全体学生参与课堂，激发学生的学习兴趣，从而让英语课堂充满温暖的人文关怀、高涨的学习兴趣和积极的思维参与。

三、小学英语教师课堂话语提升途径

课堂话语是英语教师需要跨越的第一道门槛，尤其对于小学英语教师来说，更为重要。因为小学生的年龄和认知特点，教师的课堂话语会对小学生英语学习的兴趣和质量产生很大的影响，所以，小学英语教师需要不断地提升课堂话语的质量。

1. 学习和阅读英语教师课堂话语手册类书籍

教师英语口语手册旨在帮助广大师生提高课堂英语互动能力，主要围绕课堂的时间顺序、上课的内容及师生交流三个方面进行编写。手册的内容涉及课前的基本问候，课中的提问、课堂活动、内容讲解、测验与考试、课堂作业，课后的师生交流，以及英语国家课堂教师授课现场实例。这些内容从功能上，可以分为引导材料、授课材料及师生生活材料；从构架上，可以分为实战对话和例句精选。

另外，一些中小学英语教师课堂话语手册是为了方便教师教学和日常生活而编写的。这种手册通常以短句的形式将广大中小学教师在课堂内外经常使用的英语语句收录其中，并附上中文译文。手册内容一般包括课堂常规用语，日常交际用语，出国旅游、学习常用语，谚语与习语，常用语法术语和常用英语术语等几个部分，既有助于规范课堂话语，也有助于提

---

① 徐国辉：《基于平行语料库的小学英语教师课堂用语核心问题解析》，载《中小学外语教学（小学篇）》，2011(8)。

高中小学教师的英语口语水平。

2. 对自身或他人的课堂话语进行分析，发现问题，及时解决

有效提升课堂话语质量的一个有效途径是"照镜子"，即教师观看自己的授课实录，最好能将自己的课堂话语转化成文字，并结合相应的课堂话语分析框架进行分析，从中找到自身在课堂话语分析中的问题。此外，教师还可以分析其他教师的课堂实录，这也利于反思并提高自身对课堂话语的认识。

3. 观摩优质课例，向优秀的同行学习

教师们可以关注全国，所在省、市和区、县的教学大赛，积极参与并学习获奖课例。获奖课例都是专家团队多次打磨而成的，在教学设计、教学实施等方面，都具有非常高的学习和借鉴价值。此外，一些英语视频网站会提供许多高质量的英语教学音视频资源，包括语言知识教学、发出指令、发问和诱导、课堂管理、纠正学生、培养信心、训练发音、提供准确的说话模式、使用母语等，也是广大英语教师提升自身英语语言水平的非常好的资源。

总之，教师课堂话语质量直接决定着课堂教学的质量，合理而有效地运用教师课堂话语，教师不仅需要提升自身英语语言文化素养，还需要时刻从学生的学习规律、心理特点、认知特点和实际需求出发，设计和实施教学。每一位小学英语教师都应能够合理而有效地运用教师课堂话语，从而点燃学生的心智，促进全体学生的多元发展，最终实现教育目标。

🔖 | **实践操练** |

请你参考本讲教师课堂话语的有效运用的相关内容，观摩一节优质课例并反思一节自己实施的课例，记录课堂教学中教师的语言。

在完成上述任务的过程中，请你同步思考以下问题：

1. 在优质课例中，教师的语言从哪些方面体现教师课堂话语的有效运用？

2. 在自己的课例中，哪些语言体现了教师课堂话语的有效性？还有哪些需要改进的地方？

▶第十讲
小学英语课堂教学提问

请你思考：

1. 什么是课堂教学提问？

2. 小学英语课堂教学提问的内涵和意义是什么？

3. 小学英语课堂教学提问的类型和特征是什么？

4. 小学英语课堂教学如何进行有效的提问？

一、小学英语新教师课堂提问常见问题

（一）问题浅层化、碎片化、随意化

课堂提问的浅层化，表现为教师提问只检测学生是否读懂了教授的课堂内容的字面意思，不检测他们是否记住了相关知识。例如，在中高年级教学中，新教师在讲解课文主题图时，还在提问"How many people are there in this picture?""What can you see?"这些没有任何难点和拓展空间的问题，这只能让提问的新教师了解学生是否读懂了文字的字面意思，而无法了解学生是否理解了文本的结构、思想，以及学生是否通过英语阅读学习生成了新的英语知识。课堂提问的碎片化，表现在部分新教师在讲课时，不时会提出"Is it right?""Yes or no?""Are you clear?"等问题。课堂提问的随意化，表现为提问偏离文本内容和教学目标。例如，在一次授课中，新教师引导学生阅读一篇关于愚公移山的文章，设定的教学目标为"学生能复述故事，并对故事中的角色表达自身的情感态度"。然而该名教师设置的提问内容是"Did the Foolish Old Man remove the mountain?"，学生只要回答"Yes!"就算"完成任务"，这远远未达到教学目标的要求。

（二）提问方式单一化，忽视学生主体性

在提问环节，新教师选用较多的两种回答方式为集体回答和个体回答。

这两种形式完全由教师主导，是一种比较快速的提问方式，可以节约课堂教学时间。小组讨论后进行回答的方式很少被采用，生生对话没有得到体现。除此之外，还有问题提出后并没有得到学生的回应，而是教师自问自答，没有真正起到引起师生之间对话的作用。

（三）提问走过场，不给学生真正的思考时间

教师在提出问题后，等待时间的长短意味着学生能否进行充分思考。尤其是一些高认知水平的回答，需要学生进行推断、判断、创造等复杂思维过程，等待时间应当适度增加。部分新教师对等待这一候答技巧认识不足，在让学生回答问题时，经常是谁先举手就叫谁回答，并不会注意学生思考了多长时间。

二、课堂教学提问的内涵和意义

提出一个问题往往比解决一个问题更重要。课堂提问是英语课堂必不可少的教学方式，也是一门艺术。教学的艺术在于如何恰当地提出问题和巧妙地引导学生作答。合适的课堂提问往往能突出学生的学习主体地位，使学生积极思考问题，寻求解决问题的途径和答案，从而培养学生分析问题、解决问题的能力，还可以发挥教师的主导作用，及时调控教学，提高英语课堂教学效率。

课堂提问是在课堂教学过程中，根据教学内容、目的和要求设置问题并进行教学问答的一种形式，它是教学过程的有机组成部分，是整个教学过程推进和发展的重要动力，是影响课堂教学的主要因素之一。它具有强化知识信息的传输，评价学生学习的状态，调控课堂教学的进程，激发思维活动的开展，沟通师生感情等多项功能。

课堂提问不是单纯的心智技能或动作技能，而是二者相互配合，共同作用的一种教师教学基本技能。课堂提问技能的心智技能体现为教师能够根据教学目标、教学内容和学生情况设计不同层次、类型的问题，并能够在课堂中选择恰当的提问时机及回答问题的对象和方式（学生单独回答、全体回答、小组讨论），能够根据学生对问题的回答进行正确的反馈和引导。

课堂提问的动作技能体现为教师在课堂上提出问题时的语气、表情、停顿、手势、走动等行为。

三、课堂教学提问的理论依据

（一）皮亚杰的平衡化教学过程——提问如何引导学生有价值地思考

皮亚杰用平衡化过程来解释学生面对外界刺激时的心理变化过程。皮亚杰把儿童在各个阶段的逻辑叫作"图式"。如果儿童完全按图式的逻辑解释外界刺激的意义，这就叫作"同化"。但是当儿童能动地作用于外界，发现在他的原有图式中不能同化外界刺激时，儿童就得变更图式本身，这就是调节（或称顺应）。[①] 儿童将新的图式产生出来以便同化外界，形成一种平衡状态，这个过程就是平衡化过程。新的图式是否能够产生，不仅与外界刺激有关，还与儿童所处的心理发展阶段有关。皮亚杰提出了有名的"发展阶段说"。他认为，人的认识自人降生以来要经历若干不同质的阶段，最终达到成人的完成阶段。各阶段之间有其独特的逻辑，也有一贯性。处于某一阶段的儿童的认识方式是从前一阶段派生出来的，又引导后一阶段的认识。这种阶段顺序是不容颠倒也不能超越的。因此，成人与儿童的认识上的差异，不独是知识量上的差异，更重要的是认知结构（质）上的差异。[②] 以这一理论为基础的教学过程称为平衡化教学过程。这一教学过程有以下三个要点。

①在同化作用中，摄入外界的图式是必要的。向学生提示与其原有的图式全然无关的教材，不会产生同化作用。更通俗地说，考虑学生的发展阶段与思维方式的教材提示很重要。

②促进调节作用的教材提示，会引起发展。只有同化不会产生发展。略高于学生思维水平的教材提示会使学生产生认知矛盾，可以促进学生认识的发展。

③学生的这种不平衡状态是不稳定的，他们总要求得平衡状态，这就叫作"平衡化过程"。在皮亚杰看来，有效的教育操作，最终是要使学生产

---

① 郄利芹：《教师教学技能培养系列教程：小学英语》，106 页，北京，中国轻工业出版社，2019。
② 郄利芹：《教师教学技能培养系列教程：小学英语》，106 页，北京，中国轻工业出版社，2019。

生不平衡状态，而适当的平衡状态是否产生，则依存于学生各自的发展水平。所以说皮亚杰的理论是教育依存于发展的理论。

皮亚杰的理论对课堂提问如何才能引起学生有价值的思考有指导作用。根据发展阶段说，提问中对学生所要求的思考任务应该符合学生相应发展阶段的思维方式。因此在一系列的提问中，那些用学生已有的图式就可以完全同化的问题也是有价值的，如记忆型的问题。而且在一个问题中，问题的条件应该是学生已有的图式可以完全同化的。在问题的思维任务中，如果没有学生可以直接同化的成分，问题的解决就失去了必要的条件。平衡化过程说明只有同化没有调节的提问不能促进学生认识能力的发展，所以在教学中应该有引起学生认知结构发生变化的问题，这类问题的作用就是要使学生产生不平衡状态。

（二）认知层次理论——提问类型划分的依据

教师在构思问题的过程中，不仅要考虑学生的答案中可能包含的内容，而且应当了解学生在回答问题的时候应用的思维类型或过程，从而确定问题的类型。布鲁姆的教育目标分类可以用来帮助教师区分不同种类的思维或认知方式，从而在教师设定教学目标、设计教学活动、进行教学评价时，帮助教师形成促进学生学习的有效问题。[①] 同时，布鲁姆的教育目标分类也可以帮助学生理解教师所提问题的要求，理解怎样形成自己的问题。

布鲁姆的教育目标分类分为记忆、理解、应用、分析、评价和创造六个维度，这也与我们设定教学目标时要用行为动词相一致，因为思维本身就是一种行为。布鲁姆的教育目标分类在每个认知维度上都提供了两个或更多具体的认知过程，并对认知过程进行了描述。

1. 记忆

记忆是人脑对过去经验中发生过的事物的反映，是新获得行为的保持。记忆是最低层次的认知加工过程，这一层次所涉及的是具体知识或抽象知识的辨认。教师可用一种非常接近于学生当初遇到的某种观念和现象时的

---

① 郜利芹：《教师教学技能培养系列教程：小学英语》，107 页，北京，中国轻工业出版社，2019。

形式，让其回想起这种观念或现象。记忆通常由要求学生再认或重现信息的问题激发，其对有意义的学习和问题解决非常重要。

2. 理解

理解就是利用已有知识经验获取新的知识经验，并把新的知识经验纳入已有的知识经验的系统之中，使输入的知识被整合到已有的图示和认知框架中的过程。理解能够帮助学生在新知识和已有知识和经验之间建立联系，从而使学生能够将记忆类的信息运用到新的环境中。理解可以被看成通向迁移的桥头堡，同时也是最广泛的一种迁移方式。

3. 应用

应用就是在给定的情境中运用不同的程序完成操练或解决问题。完成操练是指学习者已知如何运用适当的程序或已经有了一套实际去做的套路；解决问题是指学习者最初不知道如何运用适当的程序，因而必须找到一种程序去解决问题。

4. 分析

分析就是将学习材料分成不同的部分，并确定这些部分怎样与彼此、整体结构或目标相联系。将材料分解为其组成部分并且确定这些部分是如何相互关联的，这一过程包括了区分、组织和归属。虽然有时候教师也将分析作为独立的教育目标，但是我们往往更倾向于将它看作对理解的扩展或者评价与创造的前奏。

5. 评价

评价就是在各种标准的基础上进行判断。评价包括了核查(有关内在一致性的判断)和评判(基于外部准则所做的判断)。尤其要指出的是，并非所有的判断都是评价。实际上，许多认知过程都要求某种形式的判断，只有明确运用了标准来做出的判断，才属于评价。

6. 创造

创造是将要素整合为一个内在一致或功能统一的整体。这一整体往往是新的"产品"。这里所谓的新产品，强调的是综合成一个整体，而不完全是指原创性和独特性。理解、应用和分析虽然也有整体和部分之间的关系，但它们主要是在整体中关注部分；创造则不同，它必须从多种来源抽取不同的要素，然后将其置于一个新的结构或范型中。

在实际运用的过程中，这些认知过程彼此协调来促进有意义的学习的发生。大多数真实的学习任务需要若干认知过程协调运作。我们将在后面第五节"案例分析"部分通过具体教学案例来分析认知过程的相互作用。

四、小学英语课堂教学的有效提问

传统的英语教学中，课堂提问往往被"师问生答""一问一答""分组问答"等模式所垄断，形成了千人一面的固定模式，变成了单调乏味的"催眠曲"，失去了它应有的魅力和作用。因此，教师必须重视课堂提问的艺术，促进英语教学水平提高。[①]

（一）小学英语课堂教学提问的原则

1. 科学严谨原则

教师应该严肃对待教材，抓住英语教材中的主要知识。教师应反复推敲自己设计的问题中有无学科知识性的错误，不仅如此，还要看这些问题是否符合英语语言的学习规律和英语文化的习得习惯，是否具有一定的合理顺序或层次性。如所设计的问题是否符合学生的认知规律，使学生有言可发；所设计的问题是否能引发学生积极思考，促使学生调动头脑中的知识储备来表达自己的思想。

2. 学生主体原则

学生在年龄、性格、认知方式等方面存在差异，具有不同的学习需求和学习特点。因此，教师的问题设计要注重人性化，做到以人为本，因材施教，即根据学情进行提问。提问只有最大限度地满足个体需求，才有可能获得最大化的整体教学效益。因此，在设计问题时，教师应充分考虑所有学生的现有英语水平和发展需求，把握问题的深度和难度，使各层次、各类型的学生都参与到问题解决中，体验成功，得到发展。

---

① 朱浦：《教学问题思考》，100 页，上海，上海教育出版社，2008。

问题设计应符合学生的知识基础，在设计问题时应避免一"问"即"发"的浅问题和"问"而不"发"的难问题。一般而言，问题的设计应以班里发言较为积极的学生的水平为基础，这样既有利于激发、维持这些学生的参与积极性，又能鼓励其他学生参与发言，从而提高全体学生参与的积极性和主动性。

例如在"I Want to Move"①故事的教学中，授课老师通过"wh-"问题，启发学生思考，培养阅读兴趣，使学生带着对问题的思考和期待开始学习。在学生阅读完绘本之后，教师提问："If you are the little rabbit Tom, where do you want to live?"这样的问题能发散学生的思维，让学生能够设身处地地想象。一旦想象力被激发，学生就快速地融入了文本。在讲解的过程中，教师又提出很多开放性的问题，例如，"What does the grasshopper say to Tom?""Why does Tom miss home?""What does Tom say when he sees parents?"等，让学生有话可说，整节课极少使用仅凭"Yes."或"No."就能回答的无效问题，注重学生课堂的生长点。虽然课堂看起来并不热闹，但全体学生都在教师问题的引领下，认真思考聆听。

3. 启发思维原则

教师的提问，应富有启发性。因为课堂提问本身不是目的，而是启发学生思维的手段。"满堂问"其实是"满堂灌"的翻版，会成为学生学习的负担。这与新教材以学生为中心的教学思想是相悖的。因此，教师所提问题应能激发学生的思考和求知欲，促进学生思维的发展，引导学生的探索活动，并在探索活动中培养创造力。教师不能为提问而提问，必须明确启发式提问重在所提问题有价值和有意义，能够引导学生积极思考，发展思维能力。例如，在"The Lion and the Mouse"②的教学中，教师在图片环游环节，向学生展示狮子被困网中、老鼠目睹狮子被困在网中的图片时，可借助如下问题链引导学生深入理解故事内容，激活学生的思维。

"What happened to the lion?"（观察图片）

"How did the lion feel?"（体验角色情感）

---

① 该语篇通过讲述小兔子汤姆（Tom）搬家的故事呈现英语文本。
② 该语篇通过讲述小小的老鼠也能将巨大的狮子解救出捕兽网的故事呈现英语文本。

"Look，the mouse came. What would the mouse do?"（提升推理能力）

"If you were the mouse，would you save the lion or not? Why?"（联系自身，发表观点）

"If you want to save the lion，how do you save him?"（提升问题解决能力）

"How would the mouse save the lion? Please guess. "（回归故事角色，提升推理能力）

伴随着以上问题链，师生之间环环相扣的提问与讨论引发了课堂上的思维高潮，学生的逻辑思维能力、判断力和创造力等都得到了提升。需要注意的是，教师在设计问题链时不仅要设计好单个问题，还要精心设计问题的序列，使问题以一定的逻辑顺序展开，凸显问题的关联性与连续性。教师只有不断拓展教授的知识维度与想象空间，才能有效推进学生的思维发展，提升学生的思维能力。

4. 激发兴趣原则

学生学习的内在动力是学习兴趣，教师的提问应该能激发学生的学习动机和兴趣，使他们有学习的原动力，这是启发式教学的关键。浓厚的兴趣会增强人们对外界信息的敏感性。假如教师能寻求学生兴趣与课堂深度的契合点，找出学生最感兴趣而又同文章重点难点有着紧密联系的问题，使问题提得巧妙，发人深思，讲求新意，激发学生兴趣，就能使课堂从始至终都充满挑战性、探究性和趣味性。所以，教师要挖掘教材中的趣味因素和情感因素，满足学生好奇的心理需求，培养学生对英语学科本身的兴趣。

为此，教师必须从教材和学生心理特点出发，步步深入地提出富有趣味性、启发性的问题，用科学、艺术、生动的语言，吸引学生去积极思考。当教师所提的问题能够激发学生的兴趣，学生就能够集中精力，更好地理解、记忆、思考、联想所学过的英语内容，这样他们获得的英语知识和技能才更扎实。

例如，北京版小学英语二年级上册 UNIT FIVE I HAVE LONG

ARMS Lesson 17 ，是本单元的第一课时。教师利用魔术气球、毛绒玩偶，
让学生猜出动物的名称。

  T："What's this? Please guess. "

  Ss："It's a balloon. "

  T："Now，what's this？"

  Ss："It's a…"

  T："Why do you think it's a …?"

  S："Because…"

  T："Do we have a…?"

  Ss："No，we don't. "

  T："Who has a …?"

  Ss："Animals. "

  T："Yes，some animals have…"

  教师根据教材和学情分析，创设了合理、趣味的情景，设计了有梯度、
有层次的多元猜谜活动。丰富、新颖的情景与活动极度贴合低年级学生童
真童趣、好奇心旺盛的特点。学生在情景体验、参与活动的过程中开拓思
维，合理猜测，有据可依地辨析，有逻辑性地表达，进而习得有条理地处
理问题的方法。

  5. 量力适度原则

  根据维果茨基的最近发展区理论，教师提出的问题设在学生智力的最
近发展区内才是合适的，只有这样，问题才既不容易也不太难；且提问的
对象必须是对所提出的问题能回答或基本能够回答的学生。问题的难易与
提问对象的水平应努力追求"跳一跳能摘到果子"的理想境界，避免因学生
能力有限而浪费宝贵的课堂教学时间，并影响学生后续学习的积极性；或
者因问题过易（也可能是学生能力过强）而失去提问所要达到的预期目的。
在提问时应考虑：哪一层次的问题找哪几个学生（了解、理解、掌握、灵活
应用相关知识的学生）回答，谁先回答，谁后回答，是指名回答还是举手回
答，是个体回答还是分组回答，是口头回答还是书面回答等。这样才能激

发学生思考的积极性，满足学生的预期成就感，从而有效地促进学生智力的发展。

6. 师生双边原则

在英语课堂教学中，提问的过程中师生应保持一种相互尊重、相互交流的双边关系。一方面，教师应该注意运用重复（重复学生回答）、错误纠正（包括语音、语法等错误）、暗示（引导学生思路）和评价（点评学生回答）等方法，通过给学生一些评价和反馈来引导学生在更高的层面上思考问题。另一方面，教师更应该尝试转换师生角色，也就是说，让学生站在老师的角度向学生提问，这样会创造出新颖独特的课堂提问形式，进一步激发学生主动探究与思考。

7. 合理评价原则

教师提问的目的是在学生回答问题的过程中了解学生接受英语知识的情况。但学生的回答大多数并不会按教师的预设发展，有时会出现回答错误或不全面的现象。这就需要教师对学生的回答进行合理评价，即对每个学生的回答做出相应积极的反应。教师的评价，要从鼓励和启发学生思维的角度出发，对待学生的正确回答，教师要及时加以肯定，给予表扬。例如，说："Well done. /Very good. /Very good indeed. /Excellent. /Perfect. /That's a good answer. "等。对于学生部分正确的回答应首先肯定其正确部分，然后指出不正确的地方，再给出正确答案。既不要全盘肯定，也不要全盘否定。例如，可以说："The first part of your answer is correct, but it would be better if… /Good, but there's a small mistake in it… "等。对于学生的错误回答，教师切忌用讽刺挖苦或厉声指责的语言回应，也不能全盘否定，而应鼓励学生所付出的努力，表扬其敢于回答的精神，然后再启发其做出正确回答。例如，"No, that's not correct, but I'm happy you gave me your answer. /Sorry, that answer is not what I want，could you try it again?"等。有时学生的回答会出乎人的意料，或者超出教师的认知，一时无法判断，教师应坦诚对学生说明，课下查清楚后再给予答复或与学生共同探讨。

（二）根据教学内容和学生情况，选择合适的提问的类型

英语课堂提问应该具有科学性、趣味性、启发性，并面向全体学生。

教师应注意选择合适的提问类型。

1. 事实理解型提问

英语课堂提问设计中，教师可采用引导法，通过一类问题引发全班参与思考。教师在教授课文时常会就课文主题图或者绘本封面及屏幕上的图像，要求学生观察后回答问题。例如，在北京版小学英语四年级上册 U-NIT SIX MAY I TAKE YOUR ORDER? Lesson 20 中，教师可以要求学生看多媒体课件中呈现的迈克一家去中餐馆吃饭点餐的场景，然后设问"What are Mike's father and the man talking about?"。此外，教师还可以要求学生看屏幕上迈克一家就餐的主题图，然后设问"Look! It's the first picture of the dialogue. What do you want to know about them? Can you ask some questions? Who are they? Where are they? What are they doing?"。这一系列的设问会引导学生仔细看图并迅速理解整篇对话的内涵，也引导学生通过发散思维，自主提问，最终激发学生了解对话内容的好奇心，并厘清图片意义。

2. 启发推测型提问

这类问题是为了帮助学生进一步了解有关教学内容铺设的台阶性问题，教师通过提出若干问题引导学生把握相关英语知识与技能。提出的问题要具体、明确，有指向性，要让学生知道为什么要回答这样的问题，要达到什么样的要求。例如，北京版小学英语五年级上册 UNIT SEVEN WHAT WILL YOU DO IN CHENGDU? Lesson 25 中，教师可以出示主题图，并提问"Look at these two pictures, do you think that both of these two dialogues happen on the same day? Why or why not?"一定的读图能力在英语学习中是很重要的，任课教师充分利用主题图，引导学生关注图片中的细微差别，目的是引导学生看出这两段对话一个发生在机场见面那天，一个发生在第二天早上，参与对话的是同一组人，但是对话的时间和地点都不同，这可以帮助学生更好地理解故事发生的脉络，为会话教学的学习做准备。

启发式提问是以问题为载体，启发学生思考，引起学生联想并指导学生解决问题的一种教学方法，是英语教学中常用的教学形式。启发式提问可以设计不同层次的问题，充分调动学生对英语学习的积极性、主动性和创造性。问题需要设计得得体、精巧，且能把学生引入主题中。

3. 复习导入型提问

教师在导入新课时往往采用设问的方法，激发学生探求新知奥秘的强烈欲望，起到一石激起千层浪的好效果。例如，在教北京版小学英语四年级下册 UNIT FIVE IS MAY DAY A HOLIDAY? Lesson 17 一课时，教师可以通过提问学生已经学过的节日知识导入新课，再展示一些具有传统节日特色的图片，让学生将新旧知识很自然地联系在一起，这有利于排除学生理解新语言的障碍，为新语言的教学创造条件。这些问答为新授内容做了铺垫。通过复习旧知识导入新知识，既符合学生年龄和心理特征，也符合"由浅入深、由易到难、由已知到未知、循序渐进"的教学原则，还启发了学生思维，使学生积极开动脑筋、主动探求问题的答案。

4. 递进连贯型提问

教师将英语知识按照由浅至深的顺序进行递进式的提问，把有深度的问题分解为由简单至复杂的多个问题，再把这些问题按照逻辑进行排列，通过由浅至深、由易到难的方式的提问，引导学生的思维向深处发展。而且学生根据递进的方式考虑问题，也可以增加对学习的兴趣，不会产生厌倦感。例如，在北京版小学英语五年级上册 UNIT SEVEN WHAT WILL YOU DO IN CHENGDU? Lesson 25 时，教师首先播放对话动画（无字幕）并提出问题："What are they going to do tomorrow?"紧接着教师第二次播放对话动画并再次提问："How are they going to see pandas?""What time are they going to leave?"在学习对话的过程中，教师通过从提问一般问题到提问细节问题，逐步深入帮助学生理解对话。

5. 突出重点型提问

设计课堂提问时只要重点抓住了，主要训练内容也就抓住了。备课时教师应该在教学内容中找出重点，然后以此为主线，串起其他教学内容。例如，教师在讲授北京版小学英语五年级下册 UNIT FOUR REVISION Lesson 14 的"Can you read and write?"部分的阅读材料"What are Materials?"时，文中的重点是用一般现在时介绍 stone、metal、wood、paper 及

cloth 几种物质，是围绕着物质"来自哪里"及其"属性"两个方面来写的。针对上述重点，教师设计了以下问题："What are the features（特性）of the…?""Where can we get the …?""What can … be used for?"让学生去阅读文本中定位、识别、确认并提取有效信息。从学生的回答中，教师可以了解学生对重点内容的理解掌握程度。根据学生的反馈信息，教师可对教学内容及时加以补充与纠正，并让学生以思维导图呈现所学知识，让其反复进行交际操练，以突出重点，加深学生的印象。

6. 化解难点型提问

教师常会用提问的方式化解教学难点。英语教学中的难点有的在语音、语调上，有的在语法上，还有的在句子结构上。教师应该通过不同的提问来化解不同教学难点，从而降低教学难度。教师可以采用自问自答和师生问答等多种形式，引起学生兴趣，调动学生思考的积极性，逐步化解教学难点。而教学难度的降低有利于学生迅速掌握语言材料，学习的成功又会进一步激发学生的学习兴趣。

总之，提问就像是一门艺术，英语教师应该在教学实践中不断把握提问的艺术，改变传统的英语教学模式，增强课堂提问应有的魅力和作用，促进英语教学的水平不断提高。

五、小学英语课堂教学提问优秀教学案例

（一）分析认知过程的相互作用[①]

学生在进行文本解读的过程中，需要的认知层次如表 3-3-1 所示。

表 3-3-1　文本解读所需认知层次

层次	认知过程	认知任务
理解层次	解释	理解文本中的每个句子的意思
记忆层次	回忆	提取文本信息所需要的知识

---

① 案例由北京市昌平区大东流中心小学周建老师提供。

层次	认知过程	认知任务
分析层次	组织	形成对问题中的关键信息内在一致的表征
应用层次	计划	拟定如何将文本中的信息应用到实际生活中
创造层次	贯彻	贯彻计划

下面以故事"Where Is the Wind?"的讲授为例，来看授课教师是如何进行提问的。

故事"Where Is the Wind"教学设计

本故事讲述了小鼹鼠（Mole）出门找风却没有找到的故事。主人公小鼹鼠想去找风，出门后它分别遇到了小蜜蜂（Bee）、小老鼠（Mouse）、小鹿（Deer）和小蟾蜍（Toad），问它们："Did you see the wind?"四个动物都回答："No!"一阵大风把小鼹鼠吹回了家里，妈妈问它找风的结果，它失望地对妈妈说："No. It wasn't there!"本故事的情节简单，层次清晰，可以分为"要找风""在找风""没找到"三个部分。在故事展开的过程中，授课老师提了以下问题。

T："Look at the picture, what are they (Mom and Mole) doing?"

T："Then what animal did Mole meet?"

这两个问题都是事实性问题，属于理解型和记忆型问题，学生只要阅读了故事就能回答。

T："Did Mole see the wind?"（Ss："No!"）

这个问题是教师组织教学的提问，即为了推进教学进程的提问，是为提出下面的问题做铺垫。

T："Why didn't Mole see the wind?"

这个问题属于分析型问题。学生要经过观察绘本图片，理解、分析故事等思维活动，才能做出相应的解答。教师组织学生们进行分组讨论，表达自己的看法，再让部分学生在全班面前展示讲明。

T：“Guess what animal would Mole meet next?”

这个问题属于预测型问题，唤起学生对绘本后续内容的好奇心和阅读的积极性，也是对学生发散性思维的培养。

T：“If you were Mole，how would you do to see the wind?”

这个问题属于应用型问题，同时也是创造型问题。在这种问题提出后，同学们可以很热烈地探讨各种可能的办法，表达各种各样有创意的观点。这样的开放性问题没有标准答案，但学生讨论、辩论、思考的过程，既是巩固提升相关语境中的语言知识与技能的过程，也是一个积极探究的过程。问题把学习内容与学生的生活实际联系起来，提升了学生的问题解决能力和创造能力。

在故事结尾处，教师提问：

T：“What can we learn from the story?”

这个问题属于综合型问题。教师在教学结尾设置故事评价环节，让学生分组讨论，谈论自己对故事的所思所感。这样的问题不仅要求学生对全文进行综合思考，还要做出价值判断，而且这样的提问很能激起学生的辩论心理，鼓励他们对问题进行独立思考并产生独特理解，发展思辨能力，逐步形成独立的人格。以上案例反映出，在英语教学中，教师的提问从低认知水平的知识类、理解类过渡到高认知水平的应用类、综合类；从追求学生答案的唯一性到追求学生认知的多元性，对有效地培养学生的批判性思维、促进学生认知水平的发展大有益处。教师设计提问时可以将该认知层次图作为指导框架，帮助自己平衡不同类型问题的比例和提问的梯度，培养学生认知的多元性，推动学生的思维逐步向高阶发展。

（二）创设问题情境，激发合理质疑①

故事“The Giving Tree”教学设计

一、教材分析

本节课是故事“The Giving Tree”阅读欣赏课的第二课时，故事讲述的

---

① 案例由北京市昌平区第二实验小学樊益宁老师提供。

是一棵有求必应的苹果树在男孩人生的不同阶段，不断无私奉献，而男孩不断索取的故事。绘本中一幅幅温馨又略带忧伤的动人画面，体现了施与受之间的严重失衡。故事表现了一个人无条件地给予和奉献可能带来的后果，昭示了在付出和索取之间保持平衡的重要性。

二、学情分析

本节课的授课对象为五年级(1)班的学生。本班学生善于表达，且对待问题常有自我见解。在第一课时，教师已通过图片环游的方式为学生呈现了故事的主要内容，学生已经知晓了故事大意，了解了故事的时间发展脉络。他们能熟读故事，在语境中解决了生词难词，明确了故事的时间发展顺序，且擅于表演的学生有表演故事的意愿。但是学生不能辩证地看待问题或从多角度思考并联系自身生活。

三、教学目标

在本课学习结束时，学生能够：

1. 回顾故事基本要素，梳理故事发展脉络。

2. 辩证思考大树与男孩的相关问题，产生合理的质疑。

3. 分享和交流观点，恰当举例。

教师以读者剧场的形式带领学生回顾故事内容，学生结合表演道具、配乐音频进行分角色表演，重现故事的主要情景，体会人物情感。再根据大树在男孩的三个主要人生阶段给予后者的种种帮助(apples、branches 以及 trunk)梳理故事。接着让学生以四人小组为单位，讨论大树爱的方式是否有益于男孩成长，并说明理由，向全班分享。教师以问题为导向，积极创设讨论情境，让学生就文本内容进行深入思考，学会辩证看待问题，培养批判性思维。问题举例如下。

"Is the tree's love good or bad to the boy? Why do you think so?"

"Can you think of a name to the tree/boy"?

最后，教师再让学生重新以四人小组为单位，设想自己是否会做那棵有求必应的苹果树，是否需要男孩的回馈，向全班分享。教师提问："If you were the tree, the boy took your apples, your arms and your body away from you，do you need anything back？What do you need from the boy？"鼓励学生展开想象，思考男孩对大树的回馈。

分析：课堂中，教师主要针对故事人物的言行表现对文本进行深入挖掘，以多个问题创设了问题语境，组织学生进行了多轮讨论。学生能展开想象，积极思考，通过同伴交流、小组讨论等形式，分享自己的观点。学生在概览故事内容后，通过教师引导，对教师提出的有关问题，如应该如何看待大树对男孩表达爱的方式，即"Is the tree's love good to the boy？Why？"，多角度地辩证思考问题，学会合理质疑。课堂讨论开启了学生们的思维，鼓励学生进行多角度的辩证思考，培养思辨能力。师生的分享与交流是一个开放的平台，学生们可以就讨论的这一话题各抒己见，平等交流。有部分学生认为，大树对男孩的爱犹如父母之爱，父母的爱就是这般深沉厚重，不计回报；而有部分学生则认为大树对男孩的爱是溺爱，是不可取的。在讨论与交流过程中，学生对应该如何看待大树爱男孩的方式进行了多个视角的阐释，提高了思维的逻辑性。交流与分享也有助于使学生联系实际，重新认知大树对男孩的爱。

实践操练

请你结合对本讲内容的理解，选择小学英语某一课时的教学内容，完成一节课的教学实施，在教学实施的过程中着重思考课堂提问语境的创设，以及提问的策略、原则和方法。

在完成上述任务的过程中，请你同步思考以下问题：

1. 观摩一节优质课，分析其在课堂实施的提问环节中使用的方法、手段与教学策略。

2. 小学英语教学中有哪些被倡导的课堂提问的方法与策略？教师应依据什么进行提问方法和策略的选择？

▶ **第十一讲**
小学英语课堂教学形成性评价

请你思考：

1. 什么是形成性评价？它与终结性评价有何区别？

2. 《课标（2022年版）》对形成性评价提出了哪些建议？

3. 课堂教学中通常可以使用哪些形成性评价策略？

4. 如何有效开展小学英语形成性评价？

一、小学英语新教师进行课堂教学形成性评价的常见问题

（一）形成性评价的意识薄弱

部分小学英语新教师只全神贯注于语言知识的教授和课堂结果的检测，忽视了课堂过程中的学习效果评价，未充分认识到形成性评价对小学生学习能力、学习态度、价值观等方面养成的重要性，忽略了学生的个体特点，这种淡薄的形成性评价意识不利于教师根据学生的学习状态和学习进展及时发现问题，制订相应的干预措施并改进教学，也不利于英语课程目标的实现，即无法让学生得到全面发展。

（二）形成性评价的观念狭隘

有些新教师会根据学生参与课堂活动的次数、课堂纪律、课后作业完成情况、单元测试分数等进行不同形式的评价，对学生进行分项打分并贯穿整个学期，压缩期末考试这一终结性评价成绩所占的比例，提高形成性评价所占的分值（即平时分）。这些教师认为只要采取了这些形式，就是开展了形成性评价，这种观念是狭隘的。因为如果教师仅仅采用了这些形式，给出学生一个各项相加的分数，但没有真正将各项分数用于诊断学生在学习过程中的学习状态和存在的问题，也没有将其用于分析和改进教师的教与学生的学，这些评价措施就只能被称为"阶段性终结性评价"，而非真正

的形成性评价。

（三）形成性评价的策略匮乏

有些新教师在课堂上的评价标准、评价主体、评价内容、评价方法、评价工具、评价语言都比较单一，缺乏多元化、系统化和常规化。例如，评价标准缺乏针对低、中、高年级的不同学生特点而设计的分层评价；评价主体只有教师，学生没有机会参与评价；评价内容缺乏针对不同教学活动的系统评价；评价方法和工具只是给积极发言的学生盖印章、发贴纸，对学生没有持久的激励效果，而且对另一部分学生也并没有起到激励学习的作用；教师的评价语言只有"Good!""Great!""Excellent!"，缺乏针对性。这种单一、割裂的评价无法凸显形成性评价"诊断、反馈、导向、激励、增值"等功能。

二、小学英语课堂教学形成性评价的内涵和意义

（一）课堂教学形成性评价的概念和功能

课堂教学评价是根据一定教学目的和教学原理，运用切实可行的评价方法和手段，对整体或局部的教学系统进行全面考察和价值判断。

课堂教学形成性评价是在教学过程中，师生共同依据实际课堂教学目标有计划地运用多种策略或工具，收集并运用学生学习进展证据，反馈并调整教与学，以满足学生学习需求并促进其学习的评价。

布鲁姆曾经指出形成性评价的目的和功能是：判断给定的学习任务被掌握的程度和未掌握的部分，它的目的不是对学习者分等或鉴定，而是帮助学生和教师把注意力集中在进一步提高所必需的特殊的学习上。[①]

从以上理论中，我们可以得出，与终结性评价有所区别的是，形成性评价更加关注教师的教学行为能否树立学生的自信心、激发学习兴趣，以及学生在学习过程中能否积极地参与到评价过程中，着眼点从"考""评"转向"促""导"。也就是说，形成性评价更加关注学生在学习过程中的发展。

---

① 聂临秋：《小学英语形成性评价的理论与实践研究》，硕士学位论文，东北师范大学，2007。

（二）小学英语课堂教学形成性评价的价值及意义

我国新课程改革对教学评价体系提出了一系列的要求，要求评价在观念、方式、目标、内容等方面都要改变，并最终建立起一套科学的能切实促进学生发展的评价体系。

《课标(2022年版)》中明确指出：教学评价对促进学生核心素养的发展具有重要作用。教学评价有助于学生不断体验英语学习的进步和成功，更加全面地认识自我、发现自我，保持并提高学习兴趣和自信心；有助于教师获取英语教学的反馈信息，对自己的教学行为和效果进行反思，不断提高教学水平和专业能力；有助于学校和教育行政部门及时了解英语课程的实施情况、课程目标的达成程度和人才培养的实际效果，不断改进教学管理，推进课程实施，提升课程育人质量。教学评价应贯穿英语课程教与学的全过程。教师要充分理解评价的作用，明确评价应遵循的原则，基于评价目标选择评价内容和评价方式，将评价结果应用到进一步改进教学和提高学生学习成效上，落实"教—学—评"一体化。也就是说，小学阶段评价学生的学习效果，不应按照传统意义上的在整个单元或一个学期结束以后，采用单元测试、期中测试、期末测试的方法进行评价，而应该是关注学生在整个学习过程中学习效果的评价，因为学生的学习是一个循序渐进的过程。

由此可见，形成性评价在小学英语课堂教学中有着重要的地位和意义。第一，从学生的角度讲，形成性评价记录着学生的学习过程和学习效果等情况，有利于学生不断体验英语学习过程中的进步与成功，有利于学生认识自我，建立和保持英语学习的兴趣和信心；第二，从教师的角度讲，形成性评价是组织、调控教学的重要手段，可以活跃课堂气氛、维持课堂纪律，促使教学顺利进行，并且形成性评价有利于教师获取教学的反馈信息，对自己的教学行为进行反思和调整，从而促进教师不断提高教学水平。

三、小学英语课堂教学形成性评价的实施建议和原则

（一）《课标（2022年版）》对小学英语课堂教学实施评价的建议

《课标(2022年版)》提出，在实施教学评价时，应遵循以下基本原则。

第一，教学评价应以学生核心素养的全面发展为出发点和落脚点。教师要提供针对性强的描述性评价结果和及时、准确的反馈，促进学生学习。第二，教学评价应充分发挥学生的主体作用。教学过程中，教师应引导学生成为各类评价活动的设计者、参与者和合作者，帮助他们学会开展自我评价和相互评价。第三，教学评价应采用多种评价方式和手段，体现多渠道、多视角、多层次、多方式的特点。教师应将形成性评价和终结性评价相结合，将定性评价和定量评价相结合，使评价全面、准确、灵活。第四，教学评价应充分关注学生的持续发展，体现评价的增值性。第五，教学评价应充分关注学生的个体差异，帮助每个学生在原有基础上实现发展。

根据以上基本原则，我们提出以下形成性评价建议：要依据课程目标要求确定评价内容与标准；要体现学生在评价中的主体地位；要注意评价方法的合理性和多样性；实施形成性评价要有利于监控和促进教与学的过程；小学阶段的评价目的应以激励和促进学生学习为主。

新教师需要深入理解和贯彻《课标(2022年版)》关于评价的理念以及实施建议，在日常教学中通过运用科学、合理的形成性评价方式和方法，发现每个学生的学习能力，改善和加强学生的学习方法，从而促进学生的学习。

（二）小学英语课堂教学形成性评价的原则

根据小学英语学科特点和小学生的认知特点，以及《课标(2022年版)》提出的形成性评价的实施建议，结合上面提到的教师在形成性评价中容易出现的问题，我们建议小学英语新教师在进行形成性评价时参考以下原则实施评价。

1. 评价标准应符合学生的认知特点

小学生从一年级到六年级的年龄跨度较大，认知水平也有较大差异，所以在制订评价项目和标准时要考虑到学生的实际认知特点和认知水平。

2. 评价应充分发挥学生的主体性

学生是学习的主体，学生参与评价，能有效地调动学生的学习热情，营造积极的学习氛围，从而得到更好的学习效果。

3. 评价方式应具有多样性

小学英语教学评价既要注重对语言知识的考查，也要注重对学生学习时的情感、态度和价值观的考查；还要做到评价方式多样，全面形成一种动态的、发展的评价体系。

4. 评价内容要系统化和常规化

学生课堂学习效果的评价应该具有可持续性，层层递进，着眼于学生的终身发展。要使英语课堂学习评价做到系统化和常规化。

四、小学英语课堂教学形成性评价的实施阶段和方法

依据以上实施建议和原则，我们可以建立一个形成性评价的工作流程模型直观感受形成性评价的过程，如图 3-4-1。

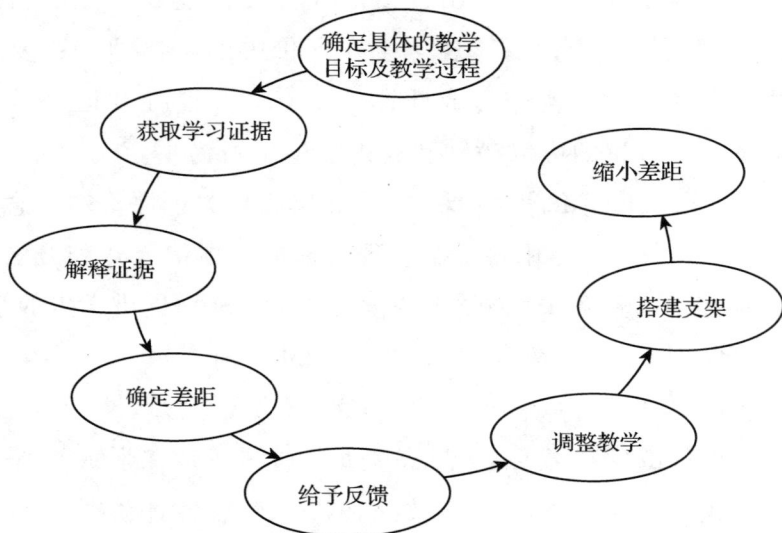

图 3-4-1　形成性评价的工作流程模型

基于此模型，形成性评价的操作步骤和具体内容如下。

首先，教师需要了解学生的起点和学习困难，并依此制订具体的学习目标以及为了实现该目标而匹配的学习活动。学习目标必须清晰、可操作并符合学生真实的学习需要。其次，教师通过特定策略和方法，获取学生学习进展的各种证据，以检测学生学习目标达成的情况。获取证据之后，教师需要分析证据以了解学生学到了什么程度，距离达到学习目标还有多少差距。同时教师需要有针对性地给学生提供反馈，指导学生如何改进，并

调整教学来帮助学生学习。在教学过程中，教师需要给学生搭建支架，提供适当支持，推动学生沿着他们的学习轨迹缩小目前与学习目标之间的差距。

为了帮助教师更好地了解小学英语课堂教学形成性评价的实施阶段以及在每一阶段如何进行形成性评价的具体策略和方法，我们将以上形成性评价的工作流程拆解为以下三个阶段。

（一）课堂教学实施前有的放矢——形成性评价的首要环节

如同医生问诊病人之后才能制订治疗方案，教师在教学开始之前，即教前阶段，也需要提前了解学生对所学内容的准备情况以及影响学习效果的因素，以便采取相应措施使教学计划顺利、有效地实施，做到课堂教学有的放矢，这也是形成性评价的首要环节。这一阶段可以采用的形成性评价方法包括以下几种。

1. 家访

教师在接手新班时，需要全面了解学生的情况。家访可以帮助教师快速了解到学生的在家表现、日常行为、性格特点、家庭教育、学习环境、学习习惯等，以便更好地教导学生，因材施教；通过家访，家长也能了解到学校的环境和规定，更有效地配合学校，和老师一起开展对孩子的教育。家访对于教师、家长、学生来说，都是有益的学习、教学方式和有效的形成性评价方法。

2. 自我介绍卡

教师在接手新班时，也可以通过让学生做自我介绍卡的形式来快速了解学生。教师可以给学生统一准备一些彩色卡片，学生在卡片上用英文写上自己的名字、性别、年龄、出生日期、爱好、是否喜欢英语、其他喜欢的科目、最喜欢的事情、最讨厌的事情、自己的梦想等。教师可以根据所教年级段学生的学情选择其中一些项目让学生写介绍卡，然后贴上自己的生活照或者画上自画像。"自我介绍卡"的使用有助于教师在了解学生个性信息的同时，了解学生的英语水平，也加强了学生的自我展示，提升了学生用英语表达的自信心。

3. 教学前测

现代认知心理学认为，有意义的学习过程是原有知识同化新知识的过程。学生的原有知识、技能等，会直接影响新知识的学习和新技能的迁移。也就是说，教学活动必须建立在学生的认知发展水平和已有的知识技能基础之上。因此，教学前测是教学活动开始之前的必要环节，也是教师实施形成性评价的重要策略。教师通过教学前测，能了解学生对于学习本单元新内容应具备的英语知识、技能等的掌握情况以及学习难点，以便合理设定教学目标和教学重、难点，为学生达成学习目标构建支架。

教师进行有效的教学前测，需要了解以下两点内容。

(1)首先是小学英语教学前测常用工具，具体如下。

①测试卷。教师设计一张小试卷，在课上让学生完成，从而了解学生的原有英语知识和学习难点。

②K-W-L 表格①(K-W-L chart)。如表 3-4-1 所示。

表 3-4-1　K-W-L 表格

Topic：_____		
What I Know	What I Want to Know	What I Learned

K(Know)：学生在这一栏里写下自己对这一主题的原有英语知识。

W(Want to Know)：学生在这一栏写下他们想要了解的关于本主题的知识。

L(Learned)：课程结束后，学生反思自己在课堂上学到了什么知识。

③访谈。教师抽取不同水平的学生，通过访谈了解学生的相关情况。教师需要提前准备访谈题目以及记录设备。

④预习作业单。教师让学生提前预习学习内容，布置预习作业。通过学生完成预习作业单的情况，确定教学的重点和难点。

(2)小学英语教学前测应该从以下三个方面诊断学情。

①学习者的语言知识基础；

②学习者的话题生活经验；

---

①　指 Know-Want to Know-Learned 表格，英文为 Know-Want to Know-Learned chart(K-W-L chart)。

③学习者的学习风格和认知特点。

（二）课堂教学实施中因势利导——形成性评价的主体环节

这一阶段可以采用的形成性评价方法如下。

1. 课堂提问

提问既是一种教学行为，也是一种有效的课堂评价方法。有效的课堂提问需要教师在把握教材内容和学生特点的基础上，创设良好的问题情境，生成适当的问题，引导学生主动思考并参与对话，然后根据学生对问题的回答了解学生的学习状态，并进行有效的反馈和引导，使学生理解、掌握知识，发展能力，从而全面实现预期教学目标。

教师提高课堂提问的有效性，需要注意以下四点。

（1）合理把握提问时机。

在课堂教学中，教师要准确把握课堂提问的时机，才能让提问真正服务于教学，从而提高课堂效果。教师可以结合教学内容，分别在进行教学环节过渡时、突出教学重点时及解决教学难点时提问。这些时候的提问可以吸引学生的注意力，引发学生的思考，有利于学生更好地理解和掌握所学知识。

（2）设计有层次的问题。

教师优化课堂提问，还要遵循学生思维和认知的建构过程，在学生的不同认知层次上都提出恰当的问题。教师所设计的问题既要有能够激发学生自信心和成就感的表层理解问题，也要有能促进学生阅读能力和思维发展的高认知水平问题。例如，通过以下问题，教师能够了解学生的学习状况并促进他们的学习。

"What do you want to know about … ?"

"How do you know … ?"

"Do you agree with … ? Why?"

"Tell me more."

"Could you give me an example?"

"What do you think of that?"

"Can you guess what will happen next?"

（3）了解学生对问题的把握程度。

教师在提出问题之后，需要快速了解全班学生对问题的理解情况，以便及时调整问题的难度以及提问的对象。除了看有多少学生举手的传统方法外，教师还可以采用以下方法了解学生对问题的把握程度。

第一种方法：让学生举数字牌。

教师可以发给学生每人一套数字牌，在数字牌上分别标记着数字 0、1、2、3、4、5，这 6 个数字分别代表了学生的不同理解程度：0 意味着学生根本不理解老师的问题或根本不知道如何作答，6 意味着学生完全理解并能够很好地回答老师的问题，甚至能够帮助不会的同学。学生在听到老师的问题后，根据自身的理解情况举相应数字的牌子，教师根据举起的某个数字的多少就可以大致判断出学生的学习进展，从而

图 3-4-2　数字牌

及时调整教学内容或进度。如图 3-4-2 所示，这种数字牌简单易做，教师可以自己制作，也可以让学生自行准备。

第二种方法：学生用大拇指做手势。

学生在听到老师的问题后，根据自身的理解情况做出不同的拇指手势，比如完全听懂，大拇指朝上；完全听不懂，大拇指朝下；介于二者之间，大拇指就保持水平。教师根据全班同学的大拇指指向也就能大致判断学生的学习进展。

第三种方法：学生用颜色卡片。

学生可以用红、黄、绿三色卡片分别代表自己完全听不懂、不完全听懂、完全听懂三种程度，在听到老师的问题后，根据自身的理解情况相应地举起不同颜色的卡片（图 3-4-3）。

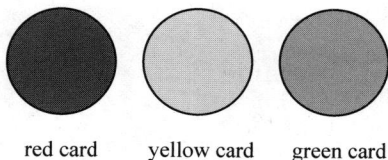

red card　　yellow card　　green card

图 3-4-3　颜色卡片

通过以上办法，教师可以快速、准确地了解、评估学生对问题的理解程度，反馈学习效果。

（4）均衡选择提问对象。

教师提问要面向全体学生，所提问题要具有覆盖性和普遍性。在任何一个班集体中，学生的性格特点及对问题的理解程度等都是各不相同的。为了调动每一个学生学习的积极性，让他们主动参与教学过程，教师必须对提问对象进行适当分配。

教师要建立课堂规范，指出每个学生都应当具有回答问题的机会，所有学生的回答都是重要的。教师可以在写着本班每个学生的名字的小卡片中随机抽取学生回答问题，这样所有的学生都有发言机会。这种办法同时让所有学生保持警觉，使他们意识到自己在任何时候都可能被叫到，也保证了所有学生对课堂的参与。

2. 学生互评与自评

《课标（2022年版）》提出：在教学过程中，教师应引导学生成为各类评价活动的设计者、参与者和合作者，帮助他们学会开展自我评价和相互评价，主动反思和评价自我表现，并在相互评价中取长补短，总结经验，规划学习。那么如何让学生成为课堂活动的真正主人，参与到课堂评价中呢？教师不妨在课堂教学中尝试组织学生互评与自评的活动。

学生通过互评，彼此之间互相欣赏、互相学习，同时可以培养团队精神和合作意识；学生通过自评，不断反思自我，可以形成有效的符合个体特征的学习方式，成为学习的主人。因此学生互评和自评，可以充分发挥学生在评价中的主体地位，规范学生的学习行为。

教师在开展学生互评或自评活动时，使用有效的评价工具能够使学生明确学习的方向和学习过程中需要注意的细节，有利于学生的自我完善与发展。教师在设计学生互评和自评的评价工具时应当注意遵循以下三个原则。

首先，是目标性。评价工具应当直接指向教学目标的达成程度。教师应当结合教学目标中的不同维度设计相应的评价工具，否则评价与教学内容缺少联系，评价过程就变成了"走形式"。

其次，是操作性。评价工具要方便学生操作。教师可以将一些体积小、便于携带的图片、卡片、贴纸或者实物作为学生评价的工具，也可以采用表格，如表3-4-2所示。

表3-4-2　表演评价表

评价项目	评价内容	完成情况
语言	Beautiful intonation.（语调优美）	☆☆☆☆☆
	Speak clearly.（发音清晰）	☆☆☆☆☆
声音	Speak loudly.（声音洪亮）	☆☆☆☆☆
表情	Use expressive facial expressions.（面部表情丰富）	☆☆☆☆☆
肢体动作	Use proper body language.（身体语言恰当）	☆☆☆☆☆
表演	Stay in character while performing.（能够进入角色）	☆☆☆☆☆
	Respond to other performers.（跟其他表演者有互动）	☆☆☆☆☆

最后，是过程性。评价工具要与学生的语言活动相结合，作为学生语言实践过程中的依据。形成性评价关注的是学生的学习过程，教师要避免以评价为目标进行教学，偏离评价的最终目的。

3. 教师自身课堂观察

教师自身课堂观察，即授课教师在授课过程中通过观察学生在课堂上的学习状态直接获得学生的学习情况，自身课堂观察可帮助教师了解学生的学习效果，调整授课思路与内容，促进学生的学习。

教师进行课堂观察前，要根据课堂教学目标确定观察的内容，设计有针对性的显性学习活动，如回答问题、小组活动、复述、角色扮演等，然后要选择观察的对象和方式，拟定观察量表，以保证获取有效信息。

教师拟定观察量表时，评价的具体指标需要考虑学生在学习过程中的一些具体行为，例如，课前预习的情况，课堂听讲、记笔记、回答问题以及参与互动的情况等。概括来讲，教师课堂观察的维度可以围绕学生的各种学习状态展开，如情绪状态、参与状态、交往状态、思维状态及生成状态等。教师每节课的评价项目有 2～3 个即可，不宜过多。学生学习状态与学习效果观察表样例如表 3-4-3 所示。

表 3-4-3　学生学习状态与学习效果观察表

学生状态	观察维度		观察结果与描述	
			定性	定量
1. 参与状态	(1)参与的广度：是否全员参与学习过程			
	(2)参与的深度：是被动学习，还是主动探究			
2. 交往状态	(1)师生交往	教师与全班		
		教师与学生个体		
	(2)生生交往	学生个体之间		
		学生个体与全班学生之间		
		学生小组之间		
		学生小组与全班学生之间		
3. 思维状态	(1)课堂的专注度(是否认真听讲，是否有说话等现象)			
	(2)课堂的思维度(思维是否紧随整个教学过程)			
	(3)课堂的回答问题度(是否积极回答问题，能否正确回答问题)			
4. 情绪状态	(1)学生的表情：专注、愉悦还是紧张、无动于衷			
	(2)积极参与师生、生生之间的情感交流			
5. 生成状态	(1)能否生成预设内容(学生输出成果分析)	完成对话情况		
		课文复述		
		手工作品(如海报等)		
	(2)有否生成非预设内容			

（三）课堂教学实施后查漏补缺——形成性评价的重要环节

课堂教学完成之后，教师需要继续实施形成性评价，旨在查漏补缺，确定学生尚存的学习困难，促进学生自我反思，改进今后教学。教师可以运用以下几种方法进行课堂教学实施后的形成性评价。

1. 使用出门条

出门条是指在一节课结束之前教师发给每个学生的小纸条，学生需要回答上面的问题，完成后本节课才算结束。出门条上的问题可以是本节课学生学习的收获和困惑，例如你在本课学会了什么，你对哪些内容还有困惑，等等。出门条上的问题也可以是结合本课学习内容的具体问题，如表3-4-4 所示。

表 3-4-4　单词/对话出门条

评价项目	评价内容	完成情况	备注
单词	发音：能正确读出本节课所有新学单词 _____、_____、_____、_____	☆☆☆☆☆	全部发音正确涂五颗星，发音错误一个少涂一颗星
	词义：知道所有新学单词 _____、_____、_____、_____的意思	☆☆☆☆☆	全部知道词义五颗星，少一个词义少涂一颗星
对话	发音：我能正确朗读对话	☆☆☆☆☆	全部发音正确涂五颗星，发音错误一个少涂一颗星
	语调：我能模仿对话中的语调	☆☆☆☆☆	全部模仿得像录音涂五颗星，少一句少涂一颗星
	流利程度：我能流畅地朗读对话	☆☆☆☆☆	朗读时没有出现停顿涂五颗星，停顿一次少涂一颗星

在小学高年级阶段，随着学生自我反思意识和能力的提升，我们还可以将出门条的形式变化一下，例如，改成"3—2—1 自我反思表"的形式，让学生填写3条学习收获＋2个最喜欢的活动＋1个学习困难或建议。学生通过反思并检查对照，就能够内化自己的知识结构并确定改进的方向。

2. 进行学生访谈

学生访谈包括个别访谈和群体访谈两种方式。教师通过访谈可以了解学生对学习内容、学习方式等的感受，能够从学生视角发现并解决问题，改进教学，促进教师发展。更重要的是，学生通过与教师的交谈，其主体地位受到教师的重视，学生能够更加爱学、会学。

访谈需要教师提前确定中心议题及适当的记录方式，并进一步确定该议题下提问哪些问题才能获得所需要的信息。

3. 开展单元评价

单元评价不是传统意义上的单元知识测评，而是评价学生在整个单元学习过程的学习行为和学习进展。单元评价项目比每节课结束后的出门条等形式的自我反思表的评价项目更全面、细致，评价主体还增加了家长。家长参与到评价中来，可以了解学生的学习进程，配合教师完成对孩子的督促。家长评价的项目和学生自评、教师评价的项目一般各有侧重。

五、小学英语课堂教学形成性评价优秀案例

为了帮助教师更好地理解小学英语课堂教学形成性评价的理念和具体做法，我们提供了不同教学实施阶段的评价案例供参考。

（一）课堂教学实施前形成性评价——小学英语教学前测案例

某二年级授课教师要讲"问路、指路"话题的内容，在授课之前设计了前测试卷，其中题目 1 如下。

题目1：中英文连线	
go straight on	左转
turn left	打扰一下。
turn right	直行
Excuse me.	右转

学生对这道题的答题情况为：全班共 40 人，其中连线全对 33 人，turn right/turn left 题答错 7 人。

评析：教师设计这道题的目的是了解学生的语言知识基础，即学生对本课词汇的掌握情况。由于大部分同学没有出现问题，所以教师没有将词

汇作为教学重点，而是进行了适当扩充，将教学重点放在了指路句子的表达上，有效提高了本节课的教学实效。

测试卷的题目 2 如下。

题目 2：了解我们的学校外部设施

(1)你知道我们的学校在哪条街道上吗？

A. 知道，叫 _____。　　B. 不知道。

(2)你知道出学校右拐的那条大街叫什么吗？

A. 知道，叫 _____。　　B. 不知道。

(3)你知道我们学校周围有哪些单位吗？（比如银行、超市等）

A. 知道，叫 _____。　　B. 不知道。

学生对这道题的答题情况为：不了解街道名的有 32 人，不了解学校周围单位的有 25 人。

教师设计这道题的目的是了解学生对本课话题所具备的生活经验，即学生对学校所在社区的掌握情况，从而为课堂活动——学生在教师提供的学校社区图上找到相应的目的地，画出从学校到目的地的正确路线并用英语表达——做准备。通过学生的回答，我们可以看出很多同学对学校所在社区并不十分了解。

二年级小学生的认知特点如下：具体形象思维多于抽象逻辑思维，无意注意多于有意注意，观察缺乏精确性、目的性、顺序性。这些认知特点解释了为什么读地图对于二年级学生来说是个挑战，所以教师在制订教学目标时将了解社区图并用英语正确说出从某地到某地的路线图作为难点。

（二）课堂教学实施中形成性评价——学生课堂互评案例

某五年级任课教师在一节课新知呈现之后的课堂应用实践环节的表演对话活动中，引导学生采用"整体评价—个性点评—提出建议"的模式对其他小组的表演进行互评，具体操作过程如下。

当一组学生在全班面前表演完后，其他学生首先进行整体性评价，学生依据表演活动的评价要素，即语言、情感和肢体语言对表演进行评价。

课上每个学生手中都有三个不同颜色的星星卡片，分别代表了语言、情感和肢体语言三个要素，学生认为表演的这个小组在哪方面做得突出即举起哪颗星。之后就是个性化点评，教师会分别请几个学生进行具体的语言点评。例如，有的学生评论："I like your voice."有的学生评论："Your body language is wonderful，but maybe you should pay attention to your pronunciation."最后是由学生提出恰当的改进建议。有的学生提出："You need speak loudly."有的则提出："I think you should pay more attention to your emotion."这些评价语言让孩子在评价他人的过程中学会欣赏别人、给别人以充分的鼓励和肯定，并能够知道如何委婉地指出对方的不足。

在这个案例中，教师有意识地培养孩子们的评价意识和互评能力，有针对性地引导孩子们学习从哪些方面进行评价，尤其是让孩子们能够欣赏他人的优点，同时也培养了孩子们倾听的习惯。可见学生互评不仅有助于学生了解自己的学习水平、明确下一阶段的学习方向，更有助于培养学生的语言交际能力和欣赏他人的精神，还会有助于培养友爱、和谐的班级文化氛围。

🔗 | 实践操练 |

请你结合对本讲内容的理解，选择所教授的小学英语教材中某一单元的特定教学内容进行形成性评价的优化设计，并与原来你的评价方法进行比较，并分析哪种方法更能有效评价学生的学习效果。

在完成上述任务的过程中，建议你选定本讲的某一特定的形成性评价方法或策略进行系统实践，并思考以下问题。

1. 你在日常教学中使用过哪些方法评价学生的英语学习？哪种方法操作性最强、最有效？

2. 结合本讲学习，设计出适合你所授班级学情的形成性评价活动计划表。

▶第十二讲
将教育戏剧融入小学英语课堂教学

请你思考：

1. 什么是教育戏剧？

2. 为什么要把教育戏剧融入小学英语课堂教学？

3. 教育戏剧常用的方法有什么？

4. 如何把教育戏剧融入小学英语课堂教学中？

一、教育戏剧的定义和溯源

教育戏剧（drama in education 或 educational drama）的概念起源于欧美，属于应用戏剧（applied drama）范畴，指用戏剧或剧场的方法进行教育、教学。教育戏剧不以表演为目的，而是借用戏剧途径推进人的社会学习，促进人的认知、情绪、个性、社会性等方面的发展。[①]

教育戏剧和戏剧教育，两者的教育目的完全不同。前者是将戏剧元素及方法作为工具应用在教学或其他教育活动中，让受教育者在戏剧形式的实践中完成学习目标、达到学习目的。其重点在参与、感受、领略，并从相互交流中发现可能性和创造新意义，而非培养学生的表演技巧；后者则是指对戏剧专业人才的培养与教育，以及戏剧专业方面的通识教育。

教育戏剧的目标是在教师或导演（组织者）有计划的指导下，以人的活动天性为依据，采用大量的即兴表演、角色扮演、场景再现、动作模仿、戏剧游戏等方法来进行戏剧体验活动，让参与者在彼此互动中发挥想象、表达思想、开发心智、增进审美体验和自我感受，为主体提供宽松、有趣和不断自我完善、自我激励的环境，以启迪心灵、塑造完美人格。在这些

---

① 马利文：《以教育戏剧为载体的行动研究：教师自我发展过程案例研究》，载《教育学报》，2014(1)。

戏剧活动和教育课程中，青少年可以通过戏剧手段了解风俗和信仰、认知他人和自己，发展和表达对于现实世界的理解与生命感悟的能力。

　　教育戏剧的理念最早源于法国思想家卢梭的"在实践中学习，成人归成人，儿童归儿童"的理念。[①] 1896 年，美国芝加哥大学的一所实验学校里，以杜威为核心的小组开始用戏剧教学的方式进行教学活动。1911 年，英国小学教师哈利特·芬蕾出版了《戏剧方法之教学》，被认为是第一个将戏剧方法用在教室内进行教学的老师。至 20 世纪 30 年代，美国戏剧教育家温尼弗瑞德·瓦尔德提出了"创作性戏剧教学方法"，这是教育戏剧发展历程中的又一个里程碑。随着时代的发展，英国人盖文·伯顿、强纳森·尼兰德斯等人在 20 世纪六七十年代将教育戏剧发展成了欧美地区成熟的教育教学方法。[②]

　　1995 年，上海戏剧学院李婴宁教授作为我国的唯一代表参加了国际戏剧与教育联盟第二届世界会议，第一次把教育戏剧这一理念介绍到了我国，从而扩展了教育界对戏剧价值与功能的认识。[③] 国内的教育专家学者开始进入教育戏剧领域，关注运用戏剧教学法的教学模式。此后，国内关于戏剧教学法的研究和实践逐渐增多，但还远没有达到丰富的程度。直至如今，教育戏剧活动至今被很多教师视为文化课的对立面和"累赘"，校园戏剧在我国始终未能上升到教育理论的高度。纵观中国的现代教育制度，戏剧从来没有在全民教育的课程表中得到正式的承认。[④] 总体而言，我国教育体系内只有极少数学生受惠于戏剧的教育功能，戏剧实践只限于戏剧专业的学生和极少数戏剧社团的成员。

　　2015 年以来，教育戏剧在中小学课堂以及学前教育和儿童师资培训领域，受到了空前的热捧，许多城市出现了以教育戏剧为特色的戏剧体验机构。他们或以工作坊的形式对在职教师等进行相关培训，或以教育戏剧方法对学生进行实践体验式课程教学，均收到良好的效果。更多地区的教师积极了解与体验教育戏剧的方法，努力尝试将其应用于实际教学工作之中。

---

① 王毅：《学校教育戏剧研究——从"英美经验"到"英国实践"》，博士学位论文，华东师范大学，2019。
② 张晓华：《教育戏剧理论与发展》，36～37 页，台北，心理出版社，2004。
③ 李婴宁：《"教育性戏剧"在中国》，载《艺术评论》，2013(9)。
④ 孙惠柱：《戏剧在教育中的地位与作用》，载《戏剧艺术》，2002(1)。

教育戏剧目前在中国已经呈现出蓬勃发展的状态。

二、教育戏剧对语言学习的价值和意义

全语言理论认为，语言是一个整体，它真实而自然地存在于人们的认知和社会生活中，是一个完整、有意义、具有重要社会功能的体系，是促进人的发展的重要媒介。因此，语言不应该被肢解为语音、词汇、语法、句型等各个部分。语言学习的过程不应是一个脱离语境，孤立记忆语音、语法、词汇等知识的过程，而应该是学生在语境中理解、探究、建构语言意义的过程。以戏剧方式开展语言学习不仅能为学生习得语言提供丰富的语境，也能为学生提供整体习得语言的良好机会。学生可以在丰富的语境中，围绕语言意义，整体感知语音语调，理解语言意义，获得语言知识，体会语言魅力，思考语言所传递的含义，并通过反复练习台词和内化实践，提高整体运用语言进行思维和表达的能力。戏剧除了为学生提供整体习得语言的机会，还以其独特的形式深深吸引着他们的注意力，符合他们的心理和认知特点。特别是小学生对语言享有先天的感知力，他们听觉敏感、善于观察、好动乐学、模仿力和创造力强。采用戏剧方式学习语言为小学生动口、动手、动脑，模仿和创造性地学习语言提供了机会，有利于激发学生的学习兴趣，降低学习难度，促进语言、思维、情感同步发展，符合儿童学习语言的规律。而戏剧教学通过模仿和记忆台词，为学生发展语言智能提供了平台；通过创编动作、合作表演等多种形式，为学生发展音乐智能、空间智能、身体-运动智能、人际智能等创造了条件。戏剧教学不仅使语言学习的过程成为学生整体感知语言和理解意义的过程，也最大限度地调动了学生的多元智能，增强了学生的自信。

三、教育戏剧常用的范式或习式

范式或习式（conventions）是指教学过程中惯用的戏剧方法。强纳森·尼兰德斯与东尼·古德综合戏剧教育家们所常用的戏剧教学方法，提出了建立情境活动（context-building action）、叙事性活动（narrative action）、诗

化活动（poetic action）与反思活动（reflective action）四个结构性阶段，^① 让学习者在这四个结构性阶段以戏剧习式来融入角色人物、了解事件始末、理解人物心理以及深入认知学习内容。本书列出了部分国内教育戏剧常用的习式，其中一部分来自《建构戏剧：戏剧教学策略 70 式》一书，还有一部分来自一线教师的创编。如果想了解更多的习式，请参阅《建构戏剧：戏剧教学策略 70 式》一书。

（一）建立情境活动的教学习式

这一类活动最重要的是协助创造戏剧活动所需的情境，如设计房间、安排家具的摆设等。学生通过对戏剧情境的创造与参与，能够赋予接续的戏剧活动时间、空间及人物的特质，为戏剧活动找到主题和象征意义。同时，学生也能通过团体的创造过程，了解不同人对戏剧的不同诠释（见表 3-5-1）。

表 3-5-1　建立情境活动的教学习式

序号	习式	说明	举例
1	生活圈子（circle of life）	一张纸被分成五部分，中间圆圈部分写上戏剧人物的名字和年龄，圈外四部分为住所、亲人、闲暇、工作/学习，标题不含价值判断，由学生为其架构想象资料	纸的中间写上人物的名字，学生根据学习内容完成其他部分的猜测
2	巡回戏剧（circular drama）	全班分成几组，表演故事中的几个不同的重要片段，老师以入戏的方式进入各组，挑战学生的想法	任意一个剧都可以用这个方法，教师可以在每个片段中扮演一个角色。其目的是挑战学生，促进学生思考。例如在梁山伯与祝英台的故事中，教师扮演梁山伯，且贯穿整个剧，当然这只是其中一种可能，教师可以扮演任何角色，目的是推动学生思考

① ［英］强纳森·尼兰德斯、东尼·古德：《建构戏剧：戏剧教学策略 70 式》，舒志义、李慧心译，55～56 页，台北，成长文教基金会，2005。

续表

序号	习式	说明	举例
3	静像画面（still image/tableau）	小组合作，运用身体创造出故事中某一个时刻的画面。画面通常表现为人们在某个动作中间停了下来，也可能代表某个更抽象的概念	每节课导入部分可以用静像画面学习新词，例如，本课新词有 mountain，可以请学生分组，用身体搭建"mountain"。也可以在学习故事的时候请学生把典型场景搭建出来，检测学生是否理解了故事内容
4	集体角色（collective character）	由一组学生进行表演，或从两人之中选出一人扮演这个角色，其他组员则可以在一旁给建议或提示接下来要说的台词。这样的方式可以让许多人都参与到表演对话的创作中	在梁山伯与祝英台的故事中，两组可以集体扮演梁山伯与祝英台。可以安排学生讨论，这两人在面对家族和爱情之间该如何抉择
5	游戏（games）	传统游戏用以建立信心、信任以及规则。游戏应置于戏剧情境之中，并非为了玩耍而玩耍	戏剧游戏可以分成破冰游戏、热身游戏、模仿与动作游戏、注意力游戏、情感培养游戏、观察游戏、信任游戏及合作游戏
6	建构空间（defining space）	利用道具、家具、物品或区域塑造空间关系，借以表现某一处房间、设施或者环境	建构空间可以有很多方法，可以每人用身体搭建；或每人画一件物品；或每人用手工制作一个物品；或每人在纸条上画出并标注出；或每人用文字描述出一件物品，然后放在其认为合理的位置，最后集体组成一个场所空间（宫殿、学校、公园等）

续表

序号	习式	说明	举例
7	见物知人（objects of character）	选择一些具有关键性的个人物品，如衣物、饰品、文具、信件、笔记、照片、车票等物品，推论或理解某一个角色的性格、特征以及可能的行为	教师拿出一封信，学生阅读后讨论这封信是谁写给谁的，他们是什么关系，他们都是什么样的人，是哪个年代的人物，等等，并说明理由

（二）叙事性活动的教学习式

叙事性活动用在重要的事件之中，可充当故事的中心，也可用于介绍或创造情节。学生通过戏剧活动使用恰当的语言和行为发展故事，并检测其对故事的假设和猜想（见表 3-5-2）。

表 3-5-2　叙事性活动的教学习式

序号	习式	说明	举例
1	采访/审问（interviews/interro-gations）	对某人进行采访或审问（具有相当的挑战性），其目的是找出角色的信息、态度、动机、资质和能力	在《青蛙王子》的故事中，可以对青蛙王子这一角色进行采访，询问其为什么会变成青蛙，并表演出来
2	坐针毡（hot-seating）	某个人（老师或孩子）扮演角色，接受其他人的询问。扮演者可以借由坐在特定的位子，穿上某件衣服，或拿某个物品来示意所扮演的角色	在《狼来了》的故事中，可以由教师或者单个学生扮演说谎的孩子，坐在大家面前，大家问他各种问题，例如，他为什么要喊"狼来了！"
3	教师入戏（teacher-in-role）	教师扮演戏剧中的某个角色，借此在戏剧中直接处理相关议题	在《丑小鸭》的故事中，教师戴上任意的道具（丝巾、帽子等）入戏，变成丑小鸭，装成自己因为长得跟别人不一样所以没有朋友，很可怜的样子，询问大家如何才能跟他交朋友

续表

序号	习式	说明	举例
4	正式集会/ 入戏集会 （formal meeting/meeting-in-role）	全班入戏扮演一群听取消息、进展报告或决议的集会者。教师入戏与否，视他是否需要影响会议进行的方向而定	在《丑小鸭》的故事中，可以全村开会，讨论如何处置丑小鸭
5	专家外衣 （mantle of the expert）	学生在戏剧中扮演具有专业知识或技术的角色。运用角色应有的专业方向、知识、技能来发掘并解决问题	《狼来了》的故事中，假设村子非常破旧，那么怎么能帮助村子富裕起来；可以用不同的身份提出自己的解决方案，如医生、宇航员、律师、电视台工作人员等
6	窃听对话 （overheard conver-sations）	学生受邀"窃听"某个影响戏剧发展也增加戏剧张力的对话内容——可能是整段对话，也可能仅是部分片段	学生分组创编剧中人物可能产生的对话，然后假装他们进行窃听，偷听到其他人交谈的内容。这种方式使孩子能够以小组方式合作，并且在剧情发展时给所有人机会，以剧中人物的角度发表意见
7	电话交谈 （telephone conver-sations）	两人一组设计对话，探讨信息如何传递或新闻如何传播。教师也可以只说出电话这头的内容，制造紧张的气氛，让学生推测电话另一头说了些什么	这是非常好的训练句型的方法。几乎每个句型都可以设计成"电话交谈"，学生可以为自己设计人物关系，也可以反复地操练句型
8	故事棒 （whoosh）	由教师以叙述故事的方式来描述戏剧场景，并分段邀请学生扮演故事中的人物做即兴对话及表演	在学习简单故事或者复习故事时，教师或水平较好的学生可以叙述故事，其他学生可以表演故事。教师要注意叙述故事时尽可能多地提供细节，便于学生表演

（三）诗化活动的教学习式

诗化活动的技巧不仅可以检测故事，也可以是一种转换叙述惯例的方法。从现实的角度出发，用不同的角度来检视一个事件，有助于从多元的角度进行活动，而不是只让故事沿着无新意的情节发展（见表3-5-3）。

表 3-5-3　诗化活动的教学习式

序号	习式	说明	举例
1	动作叙述（action narration）	由参与戏剧演出的人以叙述的方式来形容或描述当他们身处戏剧场景的情况，其他人则从叙述或对话中以动作表现出所叙述的情况	任何故事都可以使用
2	心底话（alter-ego/ voice in the head）	让学生思考角色在面对困境或抉择时内在冲突的声音。可以将学生分成若干组，同时探索一个以上角色的内在声音	在故事的关键处停下来，思考角色此时的内心活动，然后说出来。例如，当角色看到地上有一个钱包时，停止表演，讨论并说出他此刻的心情
3	图像说明（captions）	搭配视觉呈现的口号、标题、献词等。可以写下来，也可以伴随图像大声朗诵	可以为课文中的插图做配图说明
4	论坛剧场（forum theatre）	挑选若干学生演出某个场景。其他学生观看，但演出者和观看者都可以在任何时候中止戏剧动作，要求或引导场景的发展	例如，演到小红帽遇见大灰狼时，可以停止，大家讨论接下来会发生什么，应该怎么做
5	哑剧（mime）	可以由老师做动作，学生猜。也可以做两两活动	适合动作多的场景

续表

序号	习式	说明	举例
6	仪式/典礼（ritual/ceremony）	学生根据既有的知识和经验，为戏剧中对角色意义重大的事件设计各种特别的活动。可以包含音乐、动作、舞蹈、谈话、特别的道具等	以仪式化的方式把甜点放到祖母的篮子里（以特殊的成语或姿势一次放进一个），这会使学生产生一些较严肃的想法，并产生一股令人激动的氛围
7	声音拼贴（sound collage/soundscape）	通常由全体学生运用声音、身体或乐器来制造声音，伴随动作或创造氛围	村庄里会有什么动物、植物或人；他们都会发出什么声音；或者当一场车祸发生时，会有什么声音；这些都可以进行声音拼贴
8	良心巷（conscience alley）	选取一个角色面临困境、问题或决策的生命关键时刻，让角色走进良心巷（两列学生中间），当角色经过时，行列中的学生可以以真实身份或其他角色的身份发言，提供建议。这些建议可能包括先前讨论过的戏剧台词或话语	《愚公移山》的故事中愚公应不应该去移山；《花木兰》的故事中木兰父亲是否应该出征；《丑小鸭》的故事中动物们是否应该跟丑小鸭做朋友；这些都可以请主角从中间走过，大家站成两排发表看法
9	读者剧场（reader's theatre）	两个及两个以上的朗读者手持台词把剧本朗读出来，不用背诵；其他舞台元素如走位、服饰、灯光等也减至最低，主要以声音传情达意。观众靠听和看接收信息，同时透过想象在脑海中建立自己的艺术世界	每个故事都可以改编成剧本进行读者剧场活动。具体案例见本节"五、戏剧融入小学英语课堂教学优秀案例"

续表

序号	习式	说明	举例
10	环形剧场 （circular theatre）*	全班学生分组表演故事，如果故事长，则每组表演故事中的一部分；如果故事短，则每组可以表演完整的故事。各组学生按照剧本顺序分别站在圆环上，依次表演，表演前和表演后的各组在圆环上保持定格。这样全班表演就能很高效地进行，不需要上下场，节约时间；而且所有学生既是演员又是观众，就避免了不表演时无所事事的情况	每个故事都可以改编成小剧本，低年级由教师帮忙改编，中年级由教师指导学生改编，高年级就可以由学生自己改编

﹡本教学习式由北京教育学院人文与外语教育学院柯丹老师提供。

（四）反思活动的教学习式

反思活动的教学习式需要表演者以抽离的方式演出，进而让学生审视其中的意义或评论其中演出的内容并以此进行复习。这种习式可提供给学生机会说出剧中重要的内容、关键的要点、人物角色的心声或做出评论等（见表 3-5-4）。

表 3-5-4　反思活动的教学习式

序号	习式	说明	举例
1	团体诗歌朗诵 （choral speak）	各小组必须准备一段具有冲突、危机、困境的文章来进行团体朗读的表演。在表演进行时小组成员可以用声音、歌曲、复诵、加强语气和声音适当的变化等方式来朗诵	选用故事中最有冲突性的文章，用集体朗读的方法演绎

续表

序号	习式	说明	举例
2	立场选择（taking sides）	组员站在一条想象的线上，由选择的位置来决定对某个立场认同的程度，没有立场偏好的人可以选择中央，越接近某个位置表示越认同某个立场	任何故事中都有冲突，可以让学生站在一条线上，做出决定并说出理由。例如，果果（戏剧角色）应不应该去河里游泳
3	墙上有耳（walls have ears）	小组先利用身体排出一个房间的四面墙，然后将曾经演过的剧情内容与发生在主角身上的重大事件以对话、声音、效果等曾发生过的点点滴滴做复诵或模仿	学生围成一个圈，同时对中间的同学说出心里话，声音可以有变化，有大有小，有快有慢
4	想法追踪（thought tracking）	学生将某个角色自己的想法或反应公开说出，不管是经由角色本人还是戏剧中的其他参与者。这个可以用于戏剧动作停止时或要引出静像画面时	在《狼来了》的故事中，当狼把羊都吃了之后，表演者的戏剧动作停止，大家可以一个一个把手放在扮演小孩的学生身上，说出自己想对他说的话
5	叙述（narration）	教师运用叙述来引出、串联或总结戏剧动作。可以用以放慢速度、加强语气	教师叙述故事，学生表演。教师的语言要带感情，要有轻重缓急
6	我记得（I remember）*	学生围圈站定，教师引导学生思考，本节课你还记得什么？每个人准备好后，主动向前走一步，以"I remember"开头，说说活动中印象最深的一件事（或一个活动/人/景象），并做一个动作定格。如果还想说，学生可以往后退回戏剧圈，再做一遍。注意教师不能催促学生	学习即将结束时都可以请学生或者围圈坐下，或者围圈站立，引导学生从英语学科培养学生的核心素养的角度进行反思。例如，语言知识的角度（学到了什么新词汇、句型等），文化知识的角度（学到了什么新知识），学习能力的角度（今天从同学身上学到了什么，如反思的技能等），从思维品质的角度（学到了what、why、how的逻辑，学到了创编故事）等

＊本教学习式由北京教育学院人文与外语教育学院柯丹老师提供。

应用教育戏剧的教学模块和习式作为学习的方法有待于教师在实际的课程设计与实施中精心规划和灵活运用，让学生能享有有趣、快乐的学习过程，有效地深入探索，获得宝贵的经验和知识。

四、小学英语课堂教育戏剧课程教学评价

戏剧课的教学评价建议中，过程性评价和终结性评价并重。过程性评价可以定期选择几位学生进行，例如，每次选不同的几位学生进行，期末让他们再次进行同样的戏剧习式活动，看学生进步与否（见表 3-5-5、表 3-5-6）。

表 3-5-5　教师观察量表

列出被观察的学生姓名，并根据下面的评价标准打分。

4 分：学生出色地完成任务 学生高度参与课堂活动，无须教师推动便能与他人分享想法； 学生在与同伴的合作中表现出领导力，愿意冒险尝试新鲜事物； 学生在他人观点基础上提出自己想法时表现出想象力和创造力，并能提出富有洞察力的问题	3 分：学生表现令人满意 学生参与课堂练习并经常分享想法； 学生与他人合作并能遵守指令
2 分：学生表现有进步 学生在老师的鼓励下有时能参与课堂并分享想法； 学生有时会与他人交流想法，通常能理解并遵循指令，但需要更多的支持才能理解所探究的内容	1 分：学生进步有限 学生不愿意参与、主动发言或分享想法； 学生很少交流，需要教师督促才能加入他人； 学生通常不清楚游戏和活动的指令，需要额外的指导和支持才能参与其中

学生姓名	听从并遵从指令	在他人想法基础上提出自己的想法	积极参与	与他人合作	提出并分享想法

站稳讲台
小学英语新手教师教学能力修炼

续表

是否有学生表现出领导力素质？请记下名字
是否有学生看起来很害羞或者害怕冒险？请记下名字
是否有学生不能在一起合作，因为他们可能互相干扰？请记下名字
是否有学生需要额外的帮助和支持？请记下名字

本量表由加拿大多伦多玫瑰谷高地艺术中学（Rosedale Heights School of the Arts in Toronto，Canada）的金·斯奈德（Kim Snider）女士提供。

表 3-5-6 期末终结性评价表

学术表现	有待提高（2分）	一般（3分）	良好（3分）	优异（5分）
口头表达	面对大量观众发言时在音量、音调、节奏或时机方面都不恰当；与对方说话时眼神躲闪或眼神过于激烈；对观众使用不恰当的手势；词汇方面需要提升；回避在课堂上讲话或在课堂上不恰当地讲话	尝试使用适当的音量和音调；有时能恰当地进行眼神交流；有时能使用恰当的手势；使用的词汇对于本年龄段来说有些简单；需要很多鼓励才能在课堂上发言，有时说得不恰当	使用适合听众的音量、音调和节奏；进行眼神交流；对观众使用恰当的手势；使用的词汇一般都符合年龄段，大多数单词发音正确；说话得体，并能努力提出问题	能够利用音量、音调和节奏吸引观众；能够根据观众以及不同情形进行眼神交流；能够根据不同情形有效地做出手势；能够使用足够的词汇和正确的发音自信地探究和表达想法；能够认识到如何延伸演讲以促进学习，并努力承担合理的风险

续表

学术表现	有待提高(2分)	一般(3分)	良好(3分)	优异(5分)
听力	第一次收到口头指示时很少遵守； 与别人说话时很少或根本没有眼神接触； 分散说话者和其他听众的注意力； 在听或谈话时玩东西	通常能遵循口头指令； 试图与说话者进行眼神交流； 有一些分散说话者或其他听众注意力的行为； 倾听时能尽量避免打扰他人	能坚持遵循口头指令，能积极倾听同伴和老师； 通常能与说话者进行恰当的眼神交流； 能避免分散注意力的行为； 通常能避免干扰他人或自己	能始终遵循指令，能反思并提出进一步的问题或提出意见，以提高学习效果； 与说话者始终保持恰当的眼神交流，鼓励他人倾听； 始终保持随时准备倾听的状态，避免分散自己或他人的注意力
合作	对恰当的指令和参与没有反应； 避免参与活动； 很容易从团队活动中分心	仅在提醒时尝试参与活动； 不情愿参加课堂活动； 可能需要提醒才能继续完成任务	响应分配的任务，并承诺与团队成员一起完成任务； 愿意参加课堂活动； 承担团队任务	始终与团队成员合作良好； 完成团队的任务； 愿意参加课堂； 鼓励同伴承担任务
戏剧	很少尝试学习行动的概念； 很少尝试使用整个身体； 很少进行眼神交流； 很少遵循指令去塑造人物； 几乎没有或没有塑造人物； 遵循别人固有的人物塑造	尝试学习行动的概念 在做表演时尝试使用全身； 在有人提醒的时候能做眼神交流； 仅能在指导下塑造人物； 塑造人物单一，可能存在差距或不一致性； 遵循一个共有的模式塑造人物	对行动的概念有理解； 自由使用整个身体 进行良好的眼神交流； 对空间行动有理解 大部分时间参与角色； 角色塑造中的一些细节或设计适合故事； 人物塑造具有一定的独创性和视觉吸引力/影响	对行动的概念理解清晰； 能够有效使用整个身体； 能够持续进行眼神交流； 能适应空间行动； 始终如一地参与角色； 角色塑造有清晰的设计和细节，并符合故事情节； 人物塑造具有明显的独创性和非凡的视觉吸引力/影响

学生姓名：_____　　　总体表现：_____　　　教师签名：_____

五、戏剧融入小学英语课堂教学优秀教学案例

在小学英语课堂教学所有的课型中都可以巧妙地融入教育戏剧的元素，例如，在对话课中可以加入一些有趣的戏剧活动，使课堂变得生动有趣，充满情境化。在教材或绘本的故事课中教师可以在故事教学的读前、读中和读后加入戏剧活动，帮助实现教学目标。以下为部分戏剧融入小学英语课堂教学的优秀案例。

（一）教育戏剧融入小学英语会话课案例①

北京版小学英语五年级上册
UNIT SEVEN WHAT WILL
YOU DO IN CHENGDU?
Lesson 25

一、教学目标

1. 学生能够询问及表达某个城市以什么而闻名，能用句型"What is … famous for …?""It's famous for …"等发问。

2. 学生能听懂、会说、认读世界著名景点等专有词汇。

3. 学生能够听懂、朗读本课对话，能够表演补充本课中的对话内容。

4. 学生能够运用关于旅行的相关信息，描述旅行计划。

5. 学生能通过对旅行计划的学习，了解中西方文化，丰富文化背景知识，从而感悟旅行给人们带来的意义和收获。

二、教学过程

（一）导入

1. 教师给学生展示世界著名景点视频。

2. 教师请学生回忆自己出门旅行的经历。

3. 教师引导学生进行小组活动。（如在良心巷活动中，教师提问："你喜欢什么样的旅游？"学生面对面站成两排，教师从中间走过，学生进行回答。）

---

① 案例由北京市东城区黑芝麻胡同小学孙慧老师提供。

设计意图：复习旧知，引出新知。教师以视频活跃气氛，把学生带入本课学习情境，使其通过谈论了解本课所学内容。

（二）呈现

1. 教师向学生展示本课主题图，让学生讨论，讨论问题如下。

What are they talking about?

设计意图：出示本课的两幅主题图，引导学生仔细观察图片，提取关键信息。

2. 教师引导学生学习对话。

（1）教师让学生首次观看课文相关视频，并回答如下问题。

Where will Yangyang go this summer?

What is Sanya famous for?（教师引导学生学习 famous 的含义。）

Where will Yangyang go this summer?

设计意图：用问题引导学生学习主题课文；让学生练习本课的主要句型，通过问答学习，使学生会用"What is… famous for?""It's famous for …"等句型。

（2）教师引导学生看图练习对话。

学生通过对话巩固学习的句型。

（三）操练

1. 教师引导学生阅读课文中的对话。

设计意图：读课文，熟悉课文，操练课文。

2. 教师引导学生学习并操练"Listen，look and learn"部分中的动词词组。

学生通过"雕塑练习"学习补充的活动词组。两人一组，学生 A 扮演被雕塑的泥，学生 B 扮演雕塑家，B 把 A 雕塑成动词短语的样子。例如，get up 这个短语，A 站着不动，B 把 A 双手摆到空中做伸懒腰的样子，让 A 把嘴巴张开，让他做出打哈欠的样子，这就是 get up 这个短语。

设计意图：通过此练习，补充、丰富对话内容。

3. 教师引导学生操练新学的对话。

4. 教师引导学生做看图回答问题的练习。

5. 教师引导学生观看图片并学习关于北京景点的短语。

设计意图：通过看图学习更多关于北京景点的短语。

6. 学生操练本课句式。

学生可以选做几个戏剧游戏，例如，(1)镜子游戏：学生两人一组面对面站好，一人表演课文里的句子，另一人模仿第一个人的镜像。(2)你演我猜游戏：一人在前面表演课文里的句子，其他人猜是哪些句子。(3)传递声音游戏：学生围圈，一人假装向另一个人传递一个球，同时说出句型，接球的人要假装接到球，并重复这句话，然后说出下一句话，继续往下传。

设计意图：通过练习，让学生进一步练习本课句型和补充词组。详细学习补充活动的词组可以丰富学生的学习内容。

7. 教师引导学生讨论课文中角色的北京之行。

设计意图：突破难点。让学生进一步练习补充的内容，为产出做准备。

(四)产出

1. 学生观看与旅行相关的视频，感受旅行的意义。

2. 教师引导学生分组制订旅行计划并表演。

戏剧表演：学生分组表演旅游计划。

3. 教师引导学生就制订的旅行计划创编对话或进行讨论。

设计意图：通过学生设计自己的旅行计划，培养学生的小组合作意识；对话的排练使学生能用所学句型和信息与他人交流自己的旅行计划，从而达到用英语做事情的目的。

(五)总结

教师问学生今天的感受，并帮助总结梳理："So wherever we go, we can learn so many things from the trip."

设计意图：通过总结本单元所学，让学生体会旅行的真正含义。

(六)作业

1. 教师让学生背诵本课对话。

2. 教师让学生制订自己家庭的旅行计划。

（二）教育戏剧融入小学英语绘本课案例①

Fox and Mother Hen（狐狸和鸡妈妈）

一、文本分析

"Fox and Mother Hen"是《丽声北极星分级绘本》第一级上中的一篇故事，介绍了鸡宝宝遇险，鸡妈妈奋勇拯救鸡宝宝的过程，突出"人与自我——生活与学习"的主题。

（一）主题意义和主要内容（What）

本文通过介绍鸡妈妈奋力拯救被狡猾的狐狸抓走的鸡宝宝的过程，传达出"母爱的伟大"的主题意义。鸡妈妈在厨房里辛勤地忙碌着，而鸡宝宝们则在厨房外面开心地玩耍。此时，栅栏外出现了一只拿着布袋子的大狐狸。大狐狸眼神贪婪，要抓住鸡宝宝当晚餐。趁着鸡宝宝玩蹦蹦床的机会，大狐狸心生一计，用布袋子抓住了一只又一只鸡宝宝，它开心极了。在十二只鸡宝宝全部落入袋中时，鸡妈妈拿着棍子，勇敢地与大狐狸做斗争，救回了鸡宝宝。

（二）写作意图（Why）

作者通过本故事，引发读者思考母亲在哺育孩子过程中的责任与付出，从而使学生领悟到母亲的勇敢与辛苦。

（三）文体结构（How）

本文分为三部分。第一部分介绍了鸡宝宝遇险前的场景：鸡妈妈在厨房忙碌，鸡宝宝们在厨房外面开心地玩耍。第二部分介绍了鸡宝宝遇险的过程：狡猾的大狐狸来了，它要借助鸡宝宝玩蹦蹦床的时机，打开恐怖的布袋子。第三部分介绍了鸡妈妈使用木棍，勇救落入布袋子中的鸡宝宝的过程。

本文使用十二个基数词，逐步展现了鸡宝宝一只一只落入大狐狸的"陷阱"中的过程；四次使用"Fox is…"句型，体现了大狐狸看到"晚餐"落入袋

---

① 案例由北京市第二实验小学李欢、李丹丹老师提供。

中时逐渐变化的心情；本文使用否定词（no）及感叹句体现了大狐狸瞧到鸡妈妈来到身后时的遗憾；使用感叹句（Let my chicks go!）体现鸡妈妈拯救鸡宝宝时的勇敢与坚决。

绘本中的图画色彩鲜艳，主人公的眼神极具灵动性，充分体现了它们在不同场景下的心理活动变化。

二、学情分析

北京版小学英语（一年级起点）一年级下册的 UNIT FOUR、人教版 PEP 教材（三年级起点）三年级上册 Unit 6 和外研社版小学英语（三年级起点，陈琳主编）三年级上册的 Module 5 都是关于数字的话题，因此本故事推荐正在学习以上内容的学生阅读。

一至三年级的学生喜爱动物，也喜爱与动物相关的小故事。一年级的学习中，学生已经掌握了数字 1～12 的表达方法，也具备与狐狸、小鸡相关的背景知识。二年级学生具有一定的思维能力，也熟悉一些戏剧活动，因此他们能够通过课堂活动来理解故事中动物的心情，感知危险并体会鸡妈妈对鸡宝宝的爱。在读后环节中，教师可引导学生表达自己对故事中主角的看法，同时也可让学生联系自己在实际生活中遇到的类似情况。

三、教学目标

在本课学习结束时，学生能够实现以下目标。

1. 认读单词：sack、dinner、jumping、angry、beat、stick、empty。

2. 理解狐狸在抓住鸡宝宝后不断变化的心情并与鸡妈妈的心情进行比较，使用重点句型进行描述。

3. 根据故事脉络图进行故事复述。

4. 在戏剧活动中发挥想象力、深入体会并简单分析角色的心情。

四、教学过程

（一）读前文本导入：图片激趣，引入主题

1. 戏剧活动：太空步。

教师带领学生模仿一些动物的动作。

2. 图片导入。

教师依次出示布袋子、狐狸的图片。

提问建议：

What do you see?

What's this?

What can we do with a sack?

可参考语言框架：

It's a …

We can … with a sack.

设计意图：使学生通过戏剧活动热身，进而出示故事的主题——动物；通过出示故事主要角色和事物的图片，引发学生思考、建立角色与事物间的联系，激发学生的学习兴趣。

3. 教师引导学生阅读封面和封底。

学生观察封面和封底，了解书名及作者等相关信息。

提问建议：

What do you know from the cover?

设计意图：学生在教师的带领下了解封面信息，如书名、作者名等，由此了解阅读的方法并养成良好的阅读习惯。

（二）读中文本呈现：图片环游，梳理思考

1. 教师引导学生进行图片环游。

学生观察故事中的图片，关注故事发生时的情境。

学生在教师的引导下观察鸡妈妈和鸡宝宝在哪儿以及在做什么。

提问建议：

What do you know from this picture?

可参考语言框架：

The chicks are …

Mother Hen is …

教师播放自制的尾巴摇摆的动画和表示危险的音效，让学生猜测即将到来的动物，感知危险。

Who comes?

What does Fox want to do with a sack? (Pair work)

学生思考并回答教师的问题。

可参考语言框架：

Fox wants to ...

设计意图：学生在图片环游中学习本课内容，通过教师展示的图片及提问进行观察与猜测，了解故事的情境。

2. 教师引导学生参与戏剧活动：故事棒。

教师组织学生表演此情景，体会人物的心情。

表演结束后，鸡宝宝、鸡妈妈、狐狸的扮演者留在场地上，向其他学生提问，提问建议：

How do they feel?

Do they know Fox is coming?

设计意图：学生通过戏剧活动来表演故事，体会故事的情境和各角色主人公的心情。

3. 教师引导学生猜测故事情节。

学生观察图片，描述鸡宝宝正在做的事情。

提问建议：

What do you see?

Do the chicks see Fox?

设计意图：学生通过观察图片进行猜测，了解鸡宝宝们所处的环境及即将到来的危险。

4. 师生共同进行戏剧活动：教师入戏。

故事中缺乏狐狸如何让鸡宝宝跳入布袋子的情节，因此，一位教师扮演狐狸，另一位教师扮演鸡宝宝，再引导学生去扮演鸡宝宝。

(1)学生听录音，看教师表演，理解故事情节。

提问建议：

How many chicks jump into the sack?

How does Fox feel?

How do chicks feel?

设计意图：通过戏剧活动教师和学生合作表演故事，将故事中未呈现的情节补充完整，充分发挥学生的想象力。

(2)学生在课件的辅助下再次理解故事情节，并再次描述鸡宝宝和狐狸的心情，体会鸡宝宝们的危险境地。

提问建议：

How does Fox feel?

How do chicks feel?

可参考语言框架：

Chicks are …

Fox is very …

5. 师生共同进行戏剧活动：学生表演。

教师组织学生表演，然后留下狐狸、鸡妈妈和一只鸡宝宝，请同学们向角色提问，若学生提问困难，就由教师提问。

提问建议：

How do you feel?

What are you doing?

How many chicks jump into the sack?

Now all the chicks are in the sack. Will they be eaten by Fox?

If you were in danger, how would your mum feel? What will she do?

设计意图：此处出现相同的情景四次，教师带领学生学习前两次，引导学生感知重点句式和狐狸的心情变化。

6. 教师引导学生进行图片环游。

(1)学生继续观察图片，猜测狐狸的心情并预测故事情节。之后，教师播放鸡妈妈用棍子击打狐狸的"咚咚咚"的声音，学生听声音，再次预测故事情节。

提问建议：

Is Fox very happy now?

What happens?

(2)学生在教师的引导下关注感叹句"Oh, no!"，并模仿狐狸的语音语调及动作，体会狐狸的内心变化。

可参考语言框架：

Fox is …

Fox will say …

设计意图：教师组织学生表演后两个情景，将所学重点句式进行应用，同时深入体会狐狸的心情。

(3)教师展示鸡妈妈的图片及声音，引导学生猜测鸡妈妈的心情及要说的话。

提问建议：

Who is coming?

How does Mother Hen feel?

What will Mother Hen say and do?

(4)教师引导学生关注感叹句"Let my chicks go!"，并请学生模仿鸡妈妈的语音语调及动作，体会鸡妈妈对鸡宝宝的爱，最后鼓励学生猜测故事的结局。

提问建议：

What will happen next?

设计意图：教师通过让学生观察图片，引导他们猜测狐狸所面临的境况及心情，并由此预测故事的结尾，培养学生预测文本信息的能力。

（三）读后文本内化：朗读全文

1. 教师引导学生朗读全文。

（1）学生自己默读一遍故事。

学生默读后，教师提问故事的结局，验证学生的猜测是否正确。

（2）学生跟着音频读故事，教师根据学生情况，选择跟读遍数。

设计意图：学生通过反复地听、读熟悉故事内容及句子表达，为后面的戏剧活动"环形剧场"做铺垫。原声输入有利于培养学生的倾听习惯，帮助学生形成良好的语音语调，并促进学生口语的表达。

2. 教师引导学生分享阅读感受。

提问建议：

Chicks are playing by themselves，but they are in danger. What do you want to say to them?

3. 教师引导学生复述故事。

教师带领学生用板书的故事脉络图复述故事。

4. 师生共同进行戏剧活动：环形剧场。

教师将学生分成 6 组，分别表演故事的一部分。

设计意图：在戏剧活动中，学生将所学和所得表演出来。

5. 师生共同进行戏剧活动：我记得。

教师组织学生回顾本节课，分享自己记忆最深刻的一点。

6. 教师布置作业。

（1）听音频并跟读故事。

（2）把本节课的故事讲给家人或朋友听。

🔗 | 实践操练 |

请你认真阅读本讲内容，选取一篇对话语篇或者故事语篇，思考在每个环节可以加入哪些戏剧范式，能更好地帮助实现教学目标。

单元小结 ⋯⋯▶

　　小学英语教学实施是小学英语教师对教学设计进行课堂实践的过程。在课堂教学中，教师要对课堂进行有效管理，创造愉悦的环境，引导学生在课堂上积极主动思考，善于发问，追求最优化的师生、生生互动，确保学习的真实发生，在教学中渗透学科育人价值。教学实施过程中要遵循小学英语教学的基本原则与方法，让学生在活动中更好地学习和运用语言，同时形成良好的学习习惯，发展思维品质和学习能力。新教师需要掌握教学实施的基本策略，运用灵活多样与充满情趣的教学方法，持续研究教材和学生，更要在实践中不断学习、反思、改进，才能实现教学能力的提升。

单元练习 ⋯⋯▶

　　请你结合本单元有关教学实施的学生管理、教师课堂用语的有效运用、教师课堂提问和形成性评价等内容，观摩一节小学英语课堂教学课并对课例中的教学实施核心要素进行分析并提出优化建议。

阅读链接 ⋯⋯▶

　　1. 陈萍 . 新基础教育小学英语阅读形成性评价探索[J]. 教育界，2020（43）：56-57.

　　2. 程晓堂 . 基础教育新课程师资培训指导：小学英语[M]. 北京：北京师范大学出版社，2003.

　　3. 程晓堂 . 英语教师课堂话语分析[M]. 上海：上海外语教育出版社，2009.

　　4. 洪松舟，卢正芝 . 我国有效课堂提问研究十余年回顾与反思[J]. 河北师范大学学报（教育科学版），2008，10(12)：34-37.

　　5. 吉桂凤 . 思维导图在小学英语复习课中的应用[J]. 中小学外语教学（小学篇），2018，41(01)：10-17.

　　6. 洛林·W. 安德森 . 布卢姆教育目标分类学：分类学视野下的学与教及其测评（完整版）[M]. 蒋小平，张琴美，罗晶晶，译 . 北京：外语教学与研究出版社，2009.

7. 罗少茜，黄剑，马晓蕾. 促进学习：二语教学中的形成性评价［M］. 北京：外语教学与研究出版社，2014.

8. 郗利芹. 教师教学系列技能培养系列教程：小学英语［M］. 北京：中国轻工业出版社，2019.

9. 吴亿林. 基于可视化的小学英语课堂形成性评价的优化策略［J］. 小学教学设计，2020(27)：58-62.

第四单元 小学英语教师专业发展

单元学习目标 ……▶

1. 了解小学教师专业发展的阶段和各个阶段的标准及要求。
2. 了解促进小学英语教师专业发展的因素和有效途径。
3. 了解教学反思的内涵、特征、价值和意义。
4. 掌握小学英语教师自我反思的方式和工具。
5. 根据某一课时的教学内容，选择恰当的方式和工具进行自我反思。

单元导读 ……▶

　　教育大计，教师为本。高质量、专业化的教师队伍是学生健康成长、学校持续改进、教育质量不断提升的关键因素和重要保障。对于小学英语新教师而言，了解教师专业发展的阶段和各个阶段的标准和要求具有非常重要的意义。教师要寻求高质量的专业发展，就要了解影响教师专业发展的内部因素和外部因素。而在诸多因素中，撰写教学反思对教师专业发展的促进作用不言而喻，本单元将重点阐述教师进行自我反思的方式和工具，并通过案例解析帮助教师更好地撰写教学反思，从而促进自身的专业发展。

单元导航 ·····▶

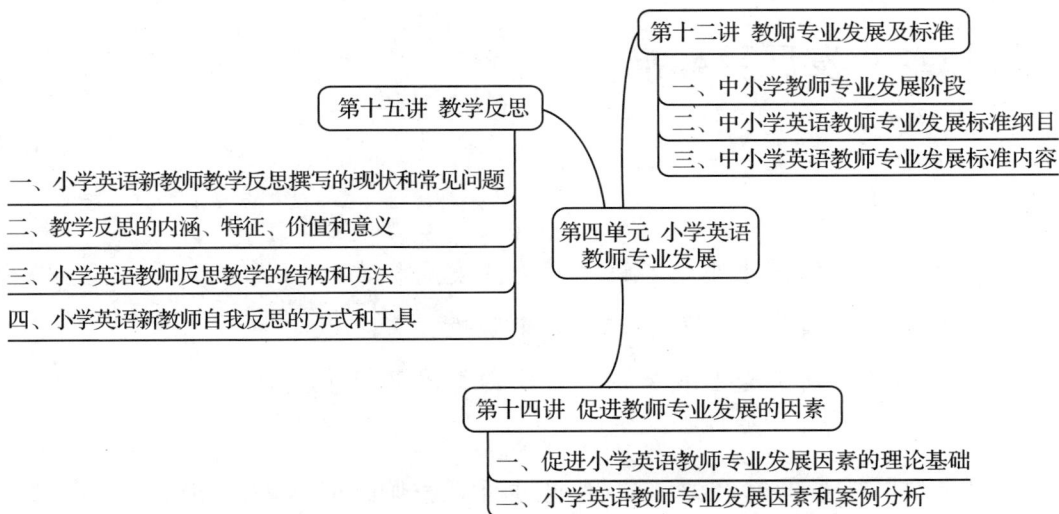

第十二讲 教师专业发展及标准
一、中小学教师专业发展阶段
二、中小学英语教师专业发展标准纲目
三、中小学英语教师专业发展标准内容

第十五讲 教学反思
一、小学英语新教师教学反思撰写的现状和常见问题
二、教学反思的内涵、特征、价值和意义
三、小学英语教师反思教学的结构和方法
四、小学英语新教师自我反思的方式和工具

第四单元 小学英语
教师专业发展

第十四讲 促进教师专业发展的因素
一、促进小学英语教师专业发展因素的理论基础
二、小学英语教师专业发展因素和案例分析

▶第十三讲
教师专业发展及标准

请你思考：

    1. 为什么要制定中小学英语教师专业发展标准？

    2. 小学英语教师专业发展有哪几个阶段？

    3. 小学英语教师专业发展每个阶段的标准及要求是什么？

    提高教师质量的途径之一，是通过研制教师专业发展标准，引导教师专业发展的方向、内容和评价。《中小学教师专业发展标准及指导（英语）》（以下简称《标准》）描述了中小学英语教师专业发展的阶段、各阶段、标准纲要和标准内容，用于引导广大中小学英语教师的专业发展。

一、中小学教师专业发展阶段

    终身学习是教师专业发展中最突出的特点。教师专业发展标准应该分阶段描述，体现不同阶段的不同要求，然后通过递进式培训、自主学习与实践等，帮助教师从低一级发展阶段提升到高一级发展阶段。《标准》把教师的发展分为三个阶段，即从新手到熟练、从熟练到成熟、从成熟到卓越。①

    从新手到熟练。"新手"指新任教师，他们有一定的理论知识，但缺乏教学实际技能；"熟练"指熟练教师，他们有熟练的教学技能，对学生比较了解，较好地把握了学科知识结构，但是缺乏对学科思想方法的深度把握以及对学生差异的把握。该阶段教师的发展任务主要是：学会分析教材内容，并逐渐把握学科知识体系；从初步了解学生，到逐渐系统深入了解学

---

    ① 钟祖荣：《中小学教师专业发展标准及指导：英语》，7 页，北京，北京师范大学出版社，2019。

生特点；初步掌握科学的教育方法和有效的教学技能，并逐渐熟练化。

从熟练到成熟。"成熟"指成熟教师，他们对学科思想方法、学生差异有一定的把握，教学技能成熟，但还没有形成自己的教学特色和风格。该阶段的发展任务主要是：研究学科的本质和思想方法，深入了解并应对学生的差异，教学方法多样化、艺术化。

从成熟到卓越。"成熟"指成熟教师，"卓越"指省市级骨干教师、学科带头人乃至特级教师，他们已形成自己的教学经验、思想和风格。该阶段的发展任务主要是：开展教育教学研究、改革、实验，总结反思教学经验、思想和风格并努力使之系统化。

二、中小学英语教师专业发展标准纲目[①]

中小学英语教师专业发展标准纲目见表 4-1-1。

表 4-1-1　中小学英语教师专业发展标准纲目

维度	领域	标准	结果指标		
			新手到熟练	熟练到成熟	成熟到卓越
2	4	20	53	58	51
维度一 专业基础	领域一 健全人格与职业道德	1. 爱岗敬业，履职尽责	4	4	4
		2. 关爱学生，教书育人	3	4	3
		3. 为人师表，严谨治学	2	2	2
		4. 热爱生活，身心健康	4	4	3
	领域二 学科与教育教学专业知识	5. 关于学科的知识	3	3	4
		6. 关于学生的知识	1	2	2
		7. 关于课程的知识	2	2	2
		8. 关于教学的知识及学科教学知识	2	2	3
		9. 科学与人文素养	3	3	2

---

① 钟祖荣：《中小学教师专业发展标准及指导：英语》，13 页，北京，北京师范大学出版社，2019。

续表

维度	领域	标准	结果指标		
			新手到熟练	熟练到成熟	成熟到卓越
维度二 专业实践	领域三 促进学生的学习与发展	10. 创设良好的学习环境	1	1	1
		11. 设计合理的教学方案	5	6	6
		12. 实施有效的教学活动	4	4	4
		13. 培养良好的学习习惯与指导学生学会学习	2	2	2
		14. 开展多元的学习评价	2	3	2
		15. 促进有效的课堂管理	2	1	1
		16. 渗透思想品德教育与生活技能教育	2	1	1
		17. 实施积极的安全教育与健康教育	4	4	1
	领域四 教育教学研究与专业发展	18. 教育教学反思与行动研究	2	3	3
		19. 团结协作与经验分享	2	3	2
		20. 终身学习与持续发展	3	4	3

三、中小学英语教师专业发展标准内容

为了帮助小学英语新教师了解教师专业发展标准的相关要求和标准，促进教师专业发展，下面我们列举领域二、领域三和领域四的部分内容，如表 4-1-2 所示。

表 4-1-2　中小学英语教师专业发展标准内容（部分）[①]

领域二 学科与教育教学专业知识			
标准	结果指标		
	从新手到熟练	从熟练到成熟	从成熟到卓越
5. 关于学科的知识	5.1 熟练掌握英语语言知识，包括语音、词汇、语法、语篇和语用；	5.1 具备扎实的英语综合知识，能够把握所教学段的英语知识体系；	5.1 能够关注英语语言在社会发展中的变化，能够动态调整自己的学科知识；

[①] 钟祖荣：《中小学教师专业发展标准及指导：英语》，17～24 页，北京：北京师范大学出版社，2019。

266

续表

标准	结果指标		
	从新手到熟练	从熟练到成熟	从成熟到卓越
	5.2 具备一定的英语国际文化知识及中外跨文化比较的知识； 5.3 具备一定的语言学习策略知识	5.2 了解中西方文化差异的深层内涵； 5.3 具备系统的语言学习策略知识	5.2 能够关注英语国家文化的最新发展，并将其融入课堂教学中； 5.3 具有多学科知识并能很好地将其通融起来； 5.4 能够持续地通过多种渠道有效提升自己的英语语言知识和技能
6. 关于学生的知识	6.1 了解发展心理学、教育心理学以及其他相关学科关于学生的知识，具有将其应用于英语教学中的意识	6.1 了解发展心理学、教育心理学以及其他学科关于学生的知识，并能初步用于英语教学和学生管理中； 6.2 了解自己所教学段学生英语学习的基本规律、特点和差异方面的知识，具有将其应用到课堂教学的意识	6.1 掌握教育心理学的基本内容，把握不同流派的学习心理学对任教学科教学的影响，能够根据具体教学内容确定切实有效的教学策略； 6.2 了解成功的英语学习者所应具备的特点，以及影响英语学习效果的学习者因素
7. 关于课程的知识	7.1 了解英语课程标准中所列出的课程性质、目标、任务、课程组织、课程评价等方面的知识； 7.2 了解英语课程改革中提出的理念，并有尝试实践课改理念的意识	7.1 能够较好地把握英语课程性质、目标、任务、课程组织、课程评价等方面的知识； 7.2 理解英语课程改革中提出的理念，具有把理念落实为教学行为的思路和策略	7.1 深谙英语课程改革的基本理念和英语学科课程在学生发展中的意义； 7.2 丰富的英语学科课程设计、课程实施、课程资源、课程评价等方面的知识

领域二 学科与教育教学专业知识

领域二 学科与教育教学专业知识			
标准	结果指标		
	从新手到熟练	从熟练到成熟	从成熟到卓越
8. 关于教学的知识及学科教学知识	8.1 了解有关课堂教学目标、内容、过程、方法、组织及评价等方面的知识； 8.2 了解英语主要教学法及其应用	8.1 能够较好地把握有关教学目标、内容、过程、方法、组织及评价等方面的知识； 8.2 能够根据语料特点和学生的实际英语水平及生活经验，选择恰当的英语教学方法和策略	8.1 具有较高的教育理论素养； 8.2 基于教学内容和学生情况，形成促进学生理解性学习的多元教学策略知识； 8.3 体现独特思想和风格的丰富的教学艺术的知识，积累了丰富的教学案例知识
9. 科学与人文素养	9.1 对祖国的历史和文化有所了解，有传承中华优秀文化的意识； 9.2 崇尚科学，掌握基本的科学知识及方法； 9.3 具有获取、评价、处理、使用信息的能力	9.1 对祖国的历史和文化有深入的了解，有传承中华优秀文化的意识和行动，具有国际视野； 9.2 崇尚科学，掌握丰富的科学知识及方法； 9.3 具有较强获取、评价、处理、使用信息的能力	9.1 深谙中华优秀文化，对其他文化具有选择性吸收和转化的能力； 9.2 具有较高的人文精神、科学和技术素养

领域三 促进学生的学习和发展			
标准	结果指标		
	从新手到熟练	从熟练到成熟	从成熟到卓越
10. 创设良好的学习环境	10.1 建立良好的师生关系，创设良好的英语学习环境和友爱互助的英语学习氛围	10.1 建立良好的师生关系，创设良好而丰富的英语学习环境和民主的英语学习氛围，鼓励学生积极主动地进行学习	10.1 能够根据学科特点和学生实际，创设能够满足学生学习需要、促进学生发展的物理环境和学习氛围

续表

	领域三 促进学生的学习和发展		
标准	结果指标		
	从新手到熟练	从熟练到成熟	从成熟到卓越
11. 设计合理的教学方案	11.1 熟悉教材内容，初步学会分析课时教材，明确教材预设的教学目标和教学活动层次及意图； 11.2 能够根据教学内容进行学情分析，调整教材的教学目标和教学活动； 11.3 能够根据教材分析和学情分析确定和表述符合学科特点的教学目标； 11.4 能够根据英语学习规律和教学目标设计合理的教学流程和教学活动； 11.5 能够设计适当的教学辅助手段	11.1 能够做单元教材分析，明确本课教学内容在单元内的话题递进以及知识技能联系，确定能够循环复现的教学目标； 11.2 能够根据教学内容对学生已有的知识技能基础和生活经验做实证分析，调整教材的教学目标和教学活动； 11.3 能够依据教材分析和学情分析确定和表述明确合理的教学目标，教学重难点及突破措施； 11.4 能够依据教学目标和学生的认知规律设计流畅的教学过程，以及以学生自主参与为主的学习活动	11.1 能够从学科性质的角度深刻理解学生发展需求，制订既能够促进学生语言发展，又能够促进智力因素以及非智力因素发展的教学方案； 11.2 能够利用丰富的教学策略设计具有创新性的教学方案，激发和保持学生的学习热情； 11.3 能够关注学生的学习差异，设计体现分层教学的教学方案，促进每一个学生的发展； 11.4 能够关注最新的英语教学策略发展，并有选择地运用到教学方案中，提高教学有效性； 11.5 积极研究小升初以及中高考的命题规则和评价标准，做好复习与考试的整体设计
12. 实施有效的教学活动	12.1 能够主要以尽量准确、流畅、符合学生英语水平的英语组织和实施课堂教学；	12.1 能够主要以尽量准确、得体、简练的英语组织和实施课堂教学，能够以同样的语言素质与学生进行即时互动；	12.1 课堂教学富有激情，学生被教师对本学科的执着向往所打动，形成持久的学习动力；

标准	结果指标		
	从新手到熟练	从熟练到成熟	从成熟到卓越
	12.2 能够尝试以多种方式吸引学生注意力，激发学生学习兴趣； 12.3 有教学目标意识，能够初步运用各种教学技能达到教学目标； 12.4 能够合理安排教学时间，完成预定的教学任务	12.2 能够通过多种教学方式引导学生自始至终积极参与到学习活动中来； 12.3 能够围绕教学目标，熟练运用各种教学技能来组织教学，达到目标； 12.4 能够合理安排教学时间，运用恰当的教学策略，突出学习重点，突破教学难点	12.2 具有果断的教学决策能力，能根据学生学习情况灵活调整教学的内容、顺序和方法，学生感到学习效率高； 12.3 高度关注学生的学习表现，敏锐捕捉教学中的关键问题，灵活处理生成性问题； 12.4 关注研究学生个体差异，因材施教，使学生感受到教师的关心、理解和经常给予的帮助
13. 培养良好的学习习惯与指导学生学会学习	13.1 能够根据学生的实际情况，逐步提出学习要求； 13.2 具有指导学生形成良好的学习习惯和形成有效学习策略的意识	13.1 能够运用有效的方法和策略指导学生形成良好的学习习惯； 13.2 根据学段教学目标以及教学内容，运用较为合理的方法和途径在教学中渗透、培养学生综合语言运用能力所需要的策略	13.1 系统掌握多种学习策略，有计划地进行策略性知识的教学，学生能够感受到在教师的指导下，自己逐渐形成有效的学习策略； 13.2 在课堂教学中，有计划地持续关注不同层次学生的课堂学习策略运用情况，并进行干预和指导
14. 开展多元的学习评价	14.1 关注学生的学习效果；	14.1 能够指导学生对学习效果进行自评和互评；	14.1 在评价主体、内容、方式和结果上体现多元的思想，学生感受到评价促进了自己的发展；

领域三 促进学生的学习和发展

续表

标准	结果指标		
	从新手到熟练	从熟练到成熟	从成熟到卓越
	14.2 具有运用多种形式进行学习评价的意识	14.2 能够初步运用过程性评价评价学生的学习过程	14.2 善于运用评价结果，给学生的学习提出合理的建议，学生乐于接受和运用教师的建议
15. 促进有效的课堂管理	15.1 能够建立教学常规，维持课堂纪律和正常的教学秩序；15.2 能够对学生的不良行为进行干预，确保每位学生参与到课堂教学中	15.1 能够妥善处理各种突发事件和师生冲突，克服沟通障碍	15.1 善于运用科学而灵活的方法组织课堂教学，善于调动学生积极性，开展各种组织形式的教学，学生感到自我管理能力与合作能力逐渐提高
16. 渗透思想品德教育与生活技能教育	16.1 学习、掌握生活技能教育的知识和方法；16.2 具有培养学生生活技能的意识	16.1 初步掌握渗透生活技能教育的方法	16.1 能够基于学科特点、内容和学生的实际，主动采取恰当、多样、有效的方式渗透思想品德教育，使学生感到思想及价值观积极形成
17. 实施积极的安全教育与健康教育	17.1 关心学生的身体健康，鼓励学生积极锻炼身体；17.2 具有关心学生心理健康的意识	17.1 关心学生的身体健康，鼓励学生积极锻炼身体；17.2 了解有关学生心理健康的知识和方法	17.1 对学生的人身安全有高度的责任感，能积极开展以预防为主的安全教育、健康教育，关注学生的个体差异，为有需要的学生提供支持和帮助

续表

标准	结果指标		
	从新手到熟练	从熟练到成熟	从成熟到卓越
18. 教育教学反思与行动研究	18.1 具有问题意识，能够把工作中遇到的问题进行梳理或转化为研究专题； 18.2 学习课题确立与实施的基本方法	18.1 能够根据专题，进行初步的研究； 18.2 尝试使用多种研究方法； 18.3 了解研究成果的表现方法	18.1 能够及时捕捉和辨识教学中存在的问题，形成研究点，并针对研究点制订完善的研究计划； 18.2 积极关注课改深化新动向以及英语教学新趋势，开展教育教学改革试验，形成独特的教育教学思想或风格

领域四 教育教学研究与专业发展（表头）

实践操练

请你按照本讲有关中小学英语教师专业发展标准，尤其是从新手到熟练教师的有关内容，根据个人实际情况，列出自己专业发展需要提升的方面，同时制订初步的专业发展规划。

在完成上述任务的过程中，请同步思考以下问题：

自己的专业发展规划中，最需提升的方面是什么？如何提升？

自己的专业发展规划中，需要自我及团队做哪些工作？如何细化？

▶第十四讲
促进教师专业发展的因素

请你思考：

1. 你认为促进小学英语教师专业发展最有效的途径是什么？

2. 促进小学英语教师专业发展的因素有哪些？

3. 促进小学英语教师专业发展的因素的理论依据有哪些？

4. 促进小学英语教师专业发展的其他途径还有哪些？

一、促进小学英语教师专业发展因素的理论基础

教师的知识分为理论性知识和实践性知识两种。前者通常可以通过阅读和听讲座获得，包括学科内容、学科教学法、课程、教育学、心理学和一般文化等原理类知识，是教师根据某些外在标准认为应该如此的理论；后者包括教师在教育教学实践中实际使用和（或）表现出来的显性的和隐性的知识，包括行业知识、情境知识、案例知识、策略知识、学习者的知识、自我的知识，还包括教师对理论性知识的理解、解释和运用原则，是体现在教育教学行动中且支配教师的思想和行为、教师真正信奉并在日常工作中实际使用的理论。一般而言，理论性知识通常为显性知识，是教师知识冰山结构中露出水面的部分，而实践性知识通常为隐性知识，位于冰山结构的水面之下。

因此，教师的专业发展受到多种因素的制约，其中学科教学知识是教师在真实教学情境中自我建构的个体独有的、关于学科特定主题的知识。学科知识和教育知识是教学的基础，在教学实践中二者有机融合，逐渐转化为学科教学知识。这种知识是教师专业发展的核心要素，是教师在真实教学中使用、有别于纯粹的学科知识和一般教育学的知识，是促进学生自我建构知识的知识。它是专业教师所必备的知识，是优秀教师与新教师的差别所在，也是学科专家和经验丰富教师的区别所在。学科教学知识能够帮助教师回答以下问题：(1)教师应该教什么知识？(2)为什么要教这些知识？这些知识具有怎样的价值？其对学生的发展有什么作用？(3)学生已经会了什么？学习兴趣如何？学生学习这些知识是否会有什么困难？如何帮助学生克服这些困难？(4)教师怎样教这些知识？运用什么教学策略？(5)怎样检测学生是否学会了？(6)教师有什么样的教学风格和特色？

二、小学英语教师专业发展因素和案例分析

教师专业发展是教师个体经历的不断接受新知识，增长专业技能的过程，是教师的职业理想、职业道德、职业情感、社会责任感不断成熟、不断提升、不断创新的过程。它带有明显的个人、学科和情境特征，很大程度上是教师个人在自己任教学科和所在班级的特定范围内，在教学实践中通过持续探究，不断将诸方面知识综合、积累、创新而逐渐实现的。有很多途径可以帮助教师获得专业发展的理论知识和实践知识。以下我们从个人因素和外部环境因素两方面通过案例分别加以说明。

（一）个人因素

1. 专业情意

专业情意是指专业知识和技能之外的情感、意志、价值取向等非智力因素的总和。教师是专业发展的主体。教师的个体能动性在专业发展中起着决定性作用。教师个人的独特风格与人格特质对其课堂行为影响极为深远，甚至会左右教师对学科教学知识的选择。[①] 这说明教师的个人特质对其专业化发展过程中知识和技能的积累和提升有很大影响。这里所说的个人特质主要指人格和职业道德。

在以往参与培训项目时，笔者曾经针对两位北京市小学英语骨干教师（以下简称教师 A 和教师 B）进行了访谈，请她们进行自我反思性评价，描述个人特质，即哪些素质使自己成为优秀教师。两人提到的第一点特质都是真心喜欢孩子，热爱教学工作，在工作上"较真"，追求完美。教师 A（20年教龄）在访谈中说："我非常热爱教师这个职业，喜欢教学这份工作。天天和孩子们在一起，看到他们在我的帮助下从不会到会的学习过程，是工作带给我的最大乐趣。"她认为正是这份对工作和孩子的热爱，使她从教 20年来几乎没有经历过职业倦怠，对教学永远充满激情。访谈教师 B（18 年教龄）所教学生的家长时，有位家长说："第一次和教师 B 见面，她就给我留

---

① 刘清华：《学科教学知识的发展之源》，载《天中学刊》，2005(1)。

下了深刻印象。第一次家长会上，她做的第一件事是把自己的电话号码写在黑板上，告诉我们她会 24 小时开机。无论孩子、家长有任何关于孩子学习、思想上的问题，都可以随时和她沟通。这让我对她印象非常好。她的做法让我感觉到她对孩子的爱和工作给她带来的幸福感。"两位教师的特质促成了她们独特的教学魅力。访谈两位教师的学生时，学生们的描述是："教师 A 经常面带微笑，从不跟我们发火。""我们非常喜欢上教师 B 的课。她经常鼓励我们。她的课上我们敢说、爱说英语。"根据笔者的课堂观察，两位教师亲切和蔼，课堂上与孩子融成一片，课堂气氛活跃。由此可见，个人特质是教师学科教学知识、技能建构的基础，对专业发展起着重要的隐性影响作用。

2. 自主反思和经验积累

教师的成长是一个发现问题、解决问题、总结经验、反思实践的过程。教师在教学实践过程中如果不进行积极、自主的反思，那么三十年的教学生涯也许只是一年经验的三十年重复。教学经验和反思是教师学科教学知识、技能发展的最重要来源之一。[①] 教师只有经常审视和反思自己的教学，通过批判性思维加工过程对教学进行剖析，才能不断从经验中学习，建构个人知识，提升实践智慧，促进自身专业发展。

一位教龄 12 年的小学英语教师(以下简称教师 C)在教授主题为天气的课程时，在导入阶段提问学生："Who cares about weather? How about you? Why?"学生不知如何回答。于是她将问题改为："Do you care about weather?"学生表示自己并不关注天气。课后教师 C 通过与学生交流了解到，他们将关注天气理解为听天气预报，认为自己并不关注天气预报。这一教学环节引发了教师 C 对课堂提问的准确性和有效性的思考。她在课后反思中写道："教学设计往往是基于教师自己的理解。教师的理解可能会与学生的理解有出入，而且教师的引导有时也并不准确。课堂教学中，虽然开放性问题能够提升学生思考的深度和广度，但封闭式问题也不可缺少。

---

① 刘清华：《学科教学知识的发展之源》，载《天中学刊》，2005(1)。

各种提问类型必须有效结合。"教师 C 对教学现象具有较高敏感度，与学生的交流促使其针对课堂提问策略进行深入的自我反思。这种基于教学实践问题的反思是提升教师专业素养的动力。

3. 自主阅读学习

现代社会中，人的学习力决定竞争力。教师要仔细研读教材、教学参考书，阅读相关专业书籍。教材是教师教学的载体。教师在分析教材的基础上制订教学计划，确定教学目标和教学设计。教师研究分析教材能够加强对知识的理解，把握知识的逻辑联系。教学参考书对教材有关内容的分析，在教法上能为教师提供一些建议，帮助教师更好地理解和使用教材。研究教材及教学参考书可以使教师获得一定的教学组织方法的知识，帮助教师确定教给学生什么知识，为什么要教这些知识，以及这些知识具有怎样的价值，丰富教师在教材利用方面的学科教学知识。

教师 A 在访谈中提到参与编写教材、教学参考书的经历使她能够宏观地分析教材，更好地理解整册书的编排体系及编写意图。对教材更深层次的理解帮助她更好地确定教学目标，进行教学设计。教师 B 在教授北京版小学英语四年级下册 UNIT THREE CAN YOU TELL ME THE WAY? 一课时，没有照搬教学参考书上的教学目标，而是在研究教材的基础上结合自己学生的实际情况，分层确定如下知识和技能教学目标：（1）能听懂并认读本课生词；（2）能听懂并回答直线关系的问路方法；（3）能就较复杂的路口、弯路进行问路对话；（4）能就问路情境进行课本剧表演。这些教学目标体现了层次性，明确了不同学习程度的学生应达到的要求。

除了研究教材、教学参考书以外，阅读专业书籍可以使教师学习先进的教育教学理论，获得多方面的知识，促进教师专业素养的整体提高。需要注意的是，有条件的话，教师要博览群书，将看似彼此分散的知识融会贯通，举一反三，促进自身的专业化发展。

4. 开展学生研究

教学相长。学生也是促进教师专业发展的重要因素之一。通过学生研究教师可以了解学生在课堂上学会了什么，学习兴趣如何，学习过程中存在哪些困难，以及如何帮助学生克服这些困难。教师专业发展的主要内容是责任感，是基本功，是学科性知识，是教育性知识。教育性知识的核心内容之一就是学生研究。学生研究与责任感、基本功、学科性知识之间有着密不可分的关系，它是促进教师专业发展的基本方式之一。[①] 学生研究指教师针对教育教学中的问题，有目的地通过观察、访谈、问卷、作品分析、测试等方式对学生进行研究以解决问题的过程。这要求教师在教学过程中及时从学生那里获取反馈信息、时刻反思并重新建构教学活动。

（二）外部因素

教师专业化发展由综合因素促成。除了内因，外因也起着重要作用。外部因素主要包括以下几方面。

1. 教师学习共同体

教师发展其专业知识与能力并不能完全依靠自己的力量来实现，需要向他人（包括校外专家、同事及教育理论工作者）不断学习。教师个人独特的教学策略与风格的形成和改进也不是孤立进行的，其很大程度上依赖于群体教师文化来完成。缺少了教师文化的深层次支持，教师的专业发展将难以持久推进。因此，创建一个交流、研讨、互助、合作的团队，即教师学习共同体，对教师专业发展非常必要。

教师学习共同体可以通过教师之间、教师与校外教师之间、专家之间的合作和交流促进教师学科教学知识的发展，推动教师专业发展。有经验的同伴对于新入职教师的专业发展起到重要的推动作用。随着教学经验的积累，同伴互助交流及名师和专家引领会让新教师少走弯路。在此过程中，专家引领结合教师自身思考形成教师能力提升的重要驱动力。可以说，由同伴、校外名师、专家构成的教师学习共同体在教师专业发展过程中起到了重要的示范和引领作用。

[①] 季苹：《学生研究是促进教师专业发展的基本方式之一——"学生研究"意义之二》，载《中小学管理》，2008(6)。

2. 参加讲座等专业培训活动

参加讲座等专业培训活动是帮助教师扩大视野、补充知识、梳理和改进教学实践的有效途径。处于不同发展阶段的教师的培训需求不尽相同。总体来说，参训教师喜欢授课专家能够结合具体实例阐述相关教学理念；乐于与优秀一线教师对话，分享他们的教学经验和智慧；愿意观摩优秀教师授课；或者请专家走进自己的课堂进行听评课研讨等活动。教师们普遍认为纯理论知识的讲座无法满足他们的实践需要，即无法将理论有效转化为教学实践中需要的学科教学知识和技能。

一位从教十年的小学英语教师（以下简称教师 D）在进行培训总结时写道："在培训过程中我听过有关与学生有效互动的讲座。我选择其中部分课件，经改编后用到我的复习课拓展环节。课件采用遮挡的方式，只露出动物，让学生猜测动物能够做什么。例如，课件上显示遮挡了一部分的猴子的图片。学生的任务是用'The monkey can …'句型进行猜测。此活动非常吸引学生的注意力。他们觉得很神奇，都目不转睛地盯着大屏幕看，积极投身到猜测活动中去。就连刚上一年级一个学期的孩子们也都积极举手猜测这些动物都会做哪些奇特的事情。二年级的学生还能用自己在课外班学习的词组进行猜测，给班里的孩子们顺便也做了语言拓展。学生纷纷给出不同的答案。'The monkey can drink!' 'The monkey can swim!' 'The monkey can sing!'……当有学生猜到'The monkey can ride a bike.'时，教师点击课件，将遮挡部分去掉，学生看到一只小猴子坐在自行车上的图片，都开心极了。这个猜测活动不仅吸引了学生的注意力，而且复习了词汇，让学生在欢乐的氛围中达到了使用英语的目的。这节课学生的学习效果特别好。当时我真觉得，自己参加培训是在给学生们造福。如果我没有参加这次培训，我和我的学生们都不会开阔眼界。"教师 D 参加专业培训后，将聆听讲座学到的知识用于教学实践，扩展了自己的学科教学知识，运用恰当方法促进了学生的积极学习，使学生在轻松愉悦的氛围中强化知识点。由此可见，专业培训活动是发展教师学科教学知识、促进专业发展的有效途径之一。

3. 观摩或亲历优质课、展示课

观摩优质课、展示课，特别是亲身参加各级各类教学比赛，经历反复磨课的过程能够快速、有效提高教学知识和技能的提升，促进教师的专业发展。一节展示课不仅能展现技巧，提升技术，还体现了教学理论与实践的融合。展示课的磨课过程就是对观念的更新和教学理念的深化。优质课比赛并不是要磨出一节精品课，而是通过这一过程帮助教师深入反思教学，将学科知识、教育教学理论、课堂管理策略等方方面面的知识和技能技巧融会贯通，将来上出更有效率、更有质量的常态课。正如有些参加过此类教学比赛的教师所言，参加优质课、观摩课比赛是一次收获巨大的经历。磨课过程中同伴的帮助、专家的指导以及教师自己的思考共同促进教师在某一特定主题下教学知识的积累。

除了上述分析的几种因素外，还有许多其他影响教师专业发展的因素，例如，教师以往学生时代的经历、职前教育、参与的课题研究、教学反思等。笔者将在下一节中对通过撰写教学反思促进专业发展进行详细的分析。总之，在专业发展的过程中，教师需要刻苦钻研，勤于思考和积累，乐于反思和交流，整合多方位积极因素，促进自身专业化发展。

🔗 | 实践操练 |

请你按照本讲有关小学英语教师专业发展理论基础以及影响小学英语教师专业发展的个人因素及外部因素，确定适合自己的专业发展途径，并列出详细的实施计划。

在完成上述任务的过程中，请你同步思考以下问题：

1. 如何合理结合个人因素和外部因素，有效促进个人专业发展？

2. 如何实现教师专业发展和学生学业增长相结合？

▶第十五讲
教学反思

请你思考：

1. 什么是教学反思？

2. 小学英语教师撰写教学反思的价值和意义是什么？

3. 小学英语教师反思教学的内容、维度和方式有哪些？

4. 小学英语新教师如何撰写教学反思？

有学者曾经说过，一位教师写一辈子教案不一定能成为名师，但如果一位教师写三年的反思，有可能成为名师。[①] 教学反思能够帮助教师解决教学实践中出现的新问题，总结新经验，以提高教师自身的业务能力。还有学者曾提出过教师成长的简要公式：经验＋反思＝成长。[②] 这一公式的三者关系说明，没有反思的经验是浅显、狭隘的，只有经过反思，才能使教师原有的经验不断地处于被审视、被修正、被强化的状态，这样的经过思考、提炼和提升的教师经验才能最终促进教师的专业发展，成为促进教师专业成长的有力杠杆。由此可见，教学反思对教师的成长和专业发展至关重要。

对于小学英语新教师而言，教学反思也是具有非凡意义的。然而，刚刚入职的小学英语教师还处在从学生、学习者向教师、教育工作者角色的转变过程中，处在对教学和班级管理工作的适应过程中。新教师为了能够站稳讲台，每天都在反思自己的教学，但无意识、缺框架、较为零散的教学反思因为缺乏明确的反思内容、反思维度和反思方式，并没有达到理想的效果。

---

① 杨杰、程岭：《教师的教学反思：内涵、价值与提升路径》，载《中国教师》，2022(10)。

② 杨杰、程岭：《教师的教学反思：内涵、价值与提升路径》，载《中国教师》，2022(10)。

一、小学英语新教师教学反思撰写的现状和常见问题

（一）尚未意识到教学反思的意义和价值

笔者近些年从事小学英语新教师培训，对刚刚入职的新教师共 42 人发放了调查问卷，收回有效问卷 40 份。问卷中一项题目设计为"您最希望得到哪些主题方面的培训？"，备选项共 13 项，备选项主题是基于前期对教师培训者、教研员、教师培训管理者的调研基础上的初步筛选。第一期参与问卷调研的新教师共 18 人，收回有效问卷 16 份；第二期参与调研的新教师共 24 人，收回有效问卷 24 份。两次调研的结果分别如图 4-3-1、图 4-3-2 所示。

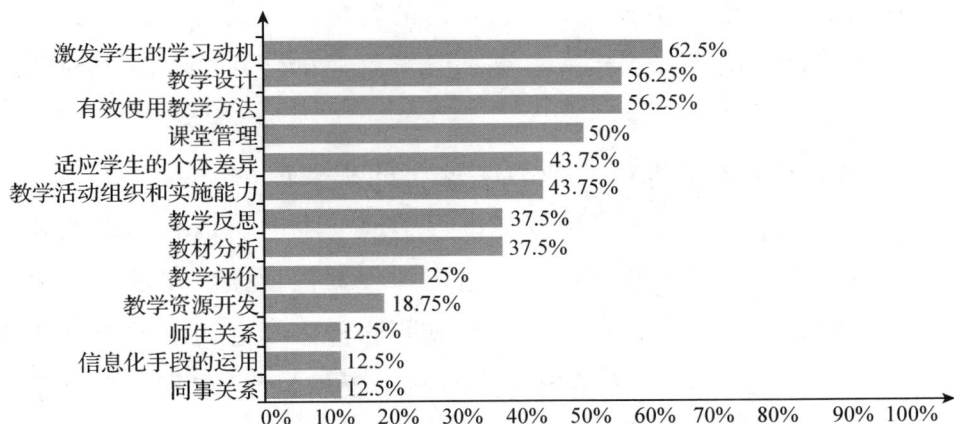

图 4-3-1 "您最希望得到哪些主题方面的培训"第一期调研结果

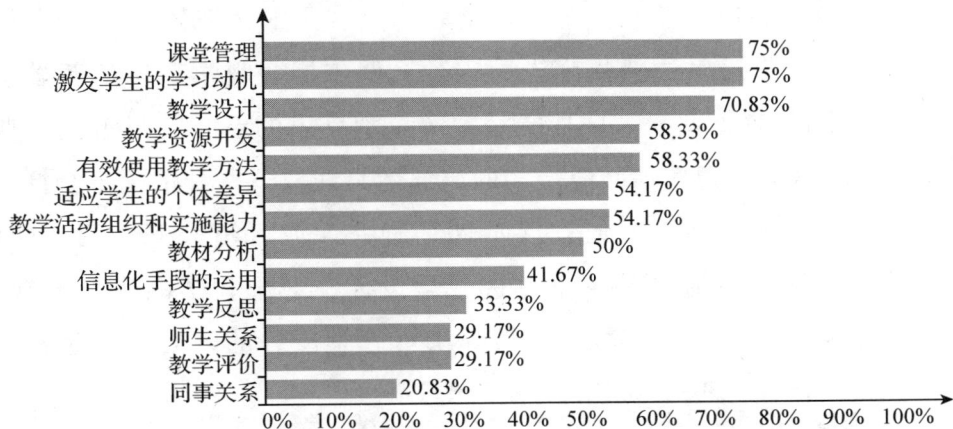

激发学生的学习动机 62.5%
教学设计 56.25%
有效使用教学方法 56.25%
课堂管理 50%
适应学生的个体差异 43.75%
教学活动组织和实施能力 43.75%
教学反思 37.5%
教材分析 37.5%
教学评价 25%
教学资源开发 18.75%
师生关系 12.5%
信息化手段的运用 12.5%
同事关系 12.5%

图 4-3-1 "您最希望得到哪些主题方面的培训"第一期调研结果

课堂管理 75%
激发学生的学习动机 75%
教学设计 70.83%
教学资源开发 58.33%
有效使用教学方法 58.33%
适应学生的个体差异 54.17%
教学活动组织和实施能力 54.17%
教材分析 50%
信息化手段的运用 41.67%
教学反思 33.33%
师生关系 29.17%
教学评价 29.17%
同事关系 20.83%

图 4-3-2 "您最希望得到哪些主题方面的培训"第二期调研结果

两期调查问卷教师均对题为"最希望得到哪些主题方面的培训"予以回应，而对于"教学反思"主题，两期教师均未提出十分明确的需求。笔者与相关教师培训者、教研员及教师培训管理者进行了跟进分析，两期调查结果表明：第一，教师关注课堂教学本身胜于课后反思，新教师对教学设计、教学活动的组织和实施方面有明显的需求。第二，教师对教学反思存在一定的需求，但不明显。对参与培训的新教师的调查结果是否能够反映新教师的实际培训需求呢？新教师到底是否真正需要教学反思类的培训课程呢？对此，笔者对入职后的新教师进行了进一步的问卷调研、访谈和跟踪观察。

在后期的培训过程中，笔者结合问卷、访谈和跟踪观察以及与前期的调研结果比对发现，新教师在教学设计、教学活动的组织和实施过程中无时无刻不在反思自己的教学，如反思自己的目标设计是否合理、教学环节和活动设计是否合理、有层次，等等；但新教师自己并没有意识到反思的重要性及自身反思的随意性。

（二）影响新教师进行有效教学反思的主要原因

随着培训的进行，笔者对新教师进行了进一步的访谈和问卷调查，尝试为新教师是否真正需要教学反思类培训课程提供依据。在进一步的问卷调研中，笔者设计了如下四个问题：（1）您是否经常反思自己的教学并撰写教学反思？（2）您通常在什么情况下会写教学反思？（3）您写教学反思的目的是什么？（4）影响您写反思的主要因素有哪些？之后笔者对问卷调查结果进行了进一步的梳理，发现：第一，新教师其实无时无刻不在反思自己的教学，但撰写教学反思的新教师人数很少。偶尔撰写教学反思的新教师占到了调研人数的50%以上，每月撰写一次教学反思的新教师只占到了调研人数的5%。第二，新教师回应最多的，通常是在以下两种情况下会撰写教学反思：学校要求必须上交时；展示课、研究课或区里公开课后。同时，新教师撰写教学反思通常是为了改进教学设计、记录教学的优点与缺点、应付学校的要求等。总之，影响新教师撰写教学反思的因素主要包括：没有时间；缺乏指导，不知道怎么写反思等。

综上可以看出，大部分新教师在教学设计和实施的过程中一直在反思自己的教学，但并没有意识到教学反思对个人专业发展的价值之所在，所以很少有新教师能记录教学过程中的所思所得并落实到笔头；多数新教师对教学反思的价值和意义认识不清，新教师更多是在学校必须要求上交时才会撰写教学反思；新教师反思教学的目的更多是改进教学设计、记录优缺点，记录教研员的点评等，缺乏自己对教学的独立思考。

（三）新教师教学反思撰写的常见问题

笔者对未经干预的小学英语新教师撰写的教学反思进行梳理发现，新教师的教学反思存在以下四个方面的问题：第一，新教师更关注教学环节的流程和教学活动的设计，在教学反思的撰写上呈现的特点是倾向记录本节课的教学流程、教学环节和活动设计等。第二，新教师只陈述本节课的特点或者优点，以及本节课有哪些不足或问题，但无论在总结特点还是不足时，对情境的描述和问题的描述都如蜻蜓点水，点到即止，缺乏对具体情境的描述或对问题的深入分析以及在此基础上的思考和尝试提出解决办法的过程等。第三，新教师往往直接记录教研员或者同伴教师的点评、提出的建议等，缺乏自己对教学的分析和思考。如部分新教师在反思教学时直接记录"某某老师提出……，我非常赞同她的想法……"，这样的教学反思仅仅是对教研员或同伴教师想法的记录，没有自己的思考和分析，对教学改进和教学能力提升的帮助不大。第四，新教师能够聚焦问题，如在特定情境描述下关注到了教学活动中的某个环节设计，但缺乏对教学环节如何进一步改进的思考，使教学反思虽然有了识别问题、分析问题的基础，却缺乏改进问题的思考和行动。

二、教学反思的内涵、特征、价值和意义

杜威认为，教学反思是对任何一种信念或者假设性知识，按照其所依据的基础和基于此导出的结论，进行主动、持续和周密的思考。[①] 赵明仁从以下几个维度归纳了对教学反思内涵的界定：教学反思是慎思的过程，教

---

① John Dewey, *How We Think: A Restatement of the Relation of Reflective Thinking to the Educative Process*, Lexington, D. C. Heath and Company, 1933, p. 9.

学反思是意义生产的过程，教学反思是理论、知识和实践整合的过程，教学反思是针对实践活动而进行的思维过程，并基于此提出，教学反思是指教师在复杂的教学情境中，对教学行为及其背后的理论和后果进行反复的、持续的和周密的思考，从而赋予教学实践以意义，寻求改善实践可能方案的过程。[①] 李宝荣从英语学科教学的角度和教学反思的技术和策略维度提出，教学反思是教师以自己的教学过程和学生的学习过程为思考对象，对自己课堂教学前、中、后所做出的教学判断、教学决策、教学行为以及由此产生的结果进行审视和分析的过程。[②]

赵明仁在《教学反思与教师专业发展》一书中，将教学反思的特征概括为如下七个方面：教学反思起源于实践中的困惑和惊奇；教学反思是批判性的思考过程；教学反思是把具体情境概念化的过程；教学反思是探究性的过程；教学反思是从过去的经验引向未来的行动；教学反思是从多元的视角重构情境；教学反思是教师主动的学习历程。[③]

教学反思对教师专业发展的意义和作用是不言而喻的。作为教学实践者的教师，教学反思能够帮助他们更好地理解他们所知道和所做的事情，善于反思的教师能够敏锐地发现教学实践中的困惑和问题，并基于自己的知识、经验，主动思考、积极探究产生困惑和问题的原因，尝试设计并实施问题解决的方案，从而解决问题并帮助自己获得新的理解。教学反思对教师专业发展的意义，最根本的就在于教学反思通过对教学实践的关注和教师探究式的思考与行动，让教师的专业发展在主动建构中成长。与以能力为本的教师学习取向不同，教学反思把教师置于专业发展的核心地位，承认教师个人知识在改善教学实践、促进教师专业发展中的作用。[④] 教师在面对教学材料和学生的知识、能力基础、学习状况、学习目的和个性特征等方面存在差异的情况下，及时反思自己的教学，遵循因材施教的原则，有区别地制订或者适时调整教学目标，设计教学内容，控制教学进度，变

---

① 赵明仁：《教学反思与教师专业发展》，18～20页，北京，北京师范大学出版社，2009。
② 李宝荣：《英语教师如何开展有效的反思》，载《中小学外语教学（中学篇）》，2010（4）。
③ 赵明仁：《教学反思与教师专业发展》，22～24页，北京，北京师范大学出版社，2009。
④ 赵明仁：《教学反思与教师专业发展》，13页，北京，北京师范大学出版社，2009。

换教学方式，从而使每一个学生在最适合自己学习的环境中得到最佳发展，获得成功的体验，最终让不同层次的学生都得到充分发展。[①] 李宝荣也提出，英语教师应具备较强的专业反思能力，不断通过反思来提高教学实效，提升对学科教学问题的专业敏感度和判断力，带动教学研究能力的提高。[②]

三、小学英语教师反思教学的结构和方法

（一）教师反思教学的结构

前文提到，未经指导的教师撰写的教学反思主要存在四个方面的问题，其所反映出的一个共同特点是教师都以"点式总结"为主，即以较为模糊的语言来概括各种教学现象及其之间的关系，主要形成的是对现象表层，而非深层理论的认识。无论是简要记录教学流程，还是记录教学的优缺点或者直接记录教学研究人员和教师培训者的点评等，教师的教学反思还仅仅停留在技术层面，停留在通过用自己的语言来描述具体的事件和对事件发生原因的一些较为模糊的思考上；有些教师可能会更进一步，会在教学研究人员的帮助下，在自己思考的基础上提出教学过程中的困惑和问题，并客观地对问题和问题情境进行细致的描述，并尝试思考问题出现的原因等。这些"点式总结"和"问题描述"虽然不能被称为真正意义上的教学反思，但却是教师尝试反思教学的第一步。

那么，教师应该从哪些方面反思自己的教学？教师反思教学的层次和过程是什么样的？教师的教学反思有哪些类型？对于这些问题的思考和厘清，有助于教师对教学反思的结构有个清晰的理解和认识，从更为宏观的角度把握教学反思，从而尽量避免随意、笼统、模糊、盲目的无框架反思，更好地助力教师的专业自觉和专业发展。

教学反思的内容可以分为教师、教学过程、学生和学习环境四个维度，教学反思的层次可以分为技术性反思、理解性反思与批判性反思三个层

---

① 顾立宁、施嘉平：《我的学科教学第一年——小学英语见习教师培训手册》，273 页，上海，上海教育出版社，2016。

② 李宝荣：《英语教师如何开展有效的反思》，载《中小学外语教学（中学篇）》，2010（4）。

次。[1] 法雷尔提出，教学反思的三个层次分别为描述性层次、观念性层次和批判性层次。其中，描述性层次是最基本的层次，主要围绕教学过程中所观察到的教学行为和学生行为进行描述，但缺少相应的分析；在观念性层次中，教师会基于对自己教学实践的记录、描述和简单分析，探索有效的实践模式和教学方法，包含对实践的描述和理性思考；批判层次则是更高层次的反思，包含教师对自己实践的解释，以及教师在社会大背景下对于自己实践有关的道德、伦理、社会、政治等问题的反思。对于新教师而言，反思更多聚焦在描述层面，处在构建教学知识体系的初期阶段[2]。反思的过程经历从发现、描述到诠释和行动的不同阶段。教学反思的类型可以分为教学中反思和教学后反思，而教学后反思又分为对教学的"回顾"，对教学的"研究"以及对教学的"理论化"三种类型[3]。对于新教师反思教学的内容维度而言，在教学的初期阶段，新教师的教学反思更多围绕教师自身和教学过程展开，比如反思自己在教学目标的设计方面是否合理、在教学环节和教学活动的设计上是否有层次性和逻辑性等。教师反思教学的内容会逐渐由对自身和对教学过程的关注转向为对学生和学生学习的关注。对于新教师反思教学的层次而言，教师教学反思更多集中在技术层面，需要技术层面的框架或维度的支架，帮助教师更好地反思自身的教学过程。对于新教师反思教学的过程而言，新教师能够在教学研究人员和同伴的辅助下，在自己思考的基础上，发现个人在教学中的问题，进而对问题进行较为详细、详尽的描述，并尝试提出解决问题的方案，有些新教师还可以更进一步在教学中将方案付诸实践。对于教学反思的类型而言，新教师主要进行的都是教学后反思，而所进行的教学后反思又主要聚焦在对教学的"回顾"和初步对教学的"研究"两种类型上，体现对教学过程的回顾和对教学问题的初步思考和钻研。

　　骨干教师或教学水平较高的教师与新教师相比，在教学反思的内容、

---

① 赵明仁：《教学反思与教师专业发展》，45～46 页，北京，北京师范大学出版社，2009。
② ［加］法雷尔：《反思性实践：重燃你的教学激情》，22 页，北京，外语教学与研究出版社，2017。
③ 赵明仁：《教学反思与教师专业发展》，51～59 页，北京，北京师范大学出版社，2009。

层次和过程上表现出本质的差别，具体表现为：在反思内容上，前者以学生学习为焦点，后者以教学设计和方法为主要内容。在反思层次上，前者主要是理解性反思和解放性反思，后者中技术性反思占很大比例。在反思过程上，前者以"系统探究"方式为主，即围绕具体事件，详细地探究事件的现状，发生的前因及导致的后果，并揭示背后的主观理论；后者以"点式总结"为主，即以较为模糊的语言概括各种教学现象及其之间的关系，主要形成的是对现象表层，而非深层理论的认识。[①]

在对小学英语新教师反思教学的结构有了较为清晰的认识的基础上，我们就能够更好地为教师提供关于反思教学的支撑和支架。李宝荣从外语学科教学的角度，从教学理念、教学设计和课堂实施三个维度，概括了英语教师进行教学反思的重点层面和具体反思点，为新教师提供了极易上手的反思框架和工具，对于小学英语新教师而言，具有非常重要的价值和意义。[②]

（二）小学英语教师反思教学的方法

教师可以对自己的教学进行反思和分析，也可以对公开课、观摩课、比赛课等他人的教学进行反思和分析；教师可以进行自我反思，也可以和同事、导师共同讨论教学，在讨论中肯定优势、分析不足、提出挑战等，还可以是一个学校或者不同学校的一组教师为提高教学质量，以学习共同体的形式所进行的共同反思。因此教师反思教学的方法大致可以分为：自我反思、对子反思和小组反思。[③]

对于小学英语新教师而言，本文聚焦自我反思的方法，虽然新教师也会参与小组讨论并对他人的教学进行反思，但对于每位教师来说，自我反思都是教师反思教学的第一步；此外，对他人课堂的反思还涉及课堂观察的维度和视角，在此不进行详细的阐述。另外，从教师反思的层面角度，笔者从适合新教师的技术类反思入手进行阐述；从反思的实践工

① 赵明仁：《教学反思与教师专业发展》，45页，北京，北京师范大学出版社，2009。
② 李宝荣：《英语教师如何开展有效的反思》，载《中小学外语教学（中学篇）》，2010(4)。
③ [加]法雷尔：《反思性实践：重燃你的教学激情》，25～38页，北京，外语教学与研究出版社，2017。

具角度，主要讨论教学日志、课程教学报告、案例反思的方式方法等。

四、小学英语新教师自我反思的方式和工具

课后的自我反思，具体是指课后，教师在一定的教学理念的指导下，对整体教学设计和教学实施的过程进行回顾、总结和思考，总结教学过程中的有效经验和做法或发现教学过程中的关键问题，并记录相关经验和问题的过程。课后自我反思有着非常明确的目标指向，即教师的教学设计和教学实施。反思框架能够为新教师进行课后自我反思提供维度和视角，当然，教师的每一次反思不一定要涉及框架中的方方面面，教师可以抓住其中一个层面的一两个、三五个反思点进行较为深入的回顾、理解、分析和总结。对于新教师而言，教师初期可以采用教学日志的形式进行记录，也可以定期采用课程教学报告的形式对自身的教学进行较为深入的监控和分析，在此基础上，教师可以在长期对某一层面若干反思点进行记录、分析、思考和设计的基础上尝试撰写案例反思。

（一）教学日志

教学日志是在职教师或职前教师对于教学事件的书面反馈，可以记录课堂中发生的事件和想法，也可以记录教学设计和实施过程以激发对教学的感悟。[①] 教师撰写教学日志的目的是便于教师记录课堂教学情境下发生的典型事件或出现的关键问题，在此基础上总结原因、吸取经验，从而不断达到提升自身教育教学能力的目的；撰写教学日志的过程也是激发教师对教学的感悟，引发教师思考自己教学的特点、形成自己教学观点的重要过程，因此其本质也是探索、探究的过程。对于新教师而言，教师可以记录教学过程中的成功和失败之处，但更为重要的是要根据课堂情境和学生表现对失败处进行原因分析；也可以抓住教学设计或教学实施中的某一点进行持续的记录及分析，例如，教学目标、教学环节、作业设计、教学评价、板书设计，等等。

---

① ［美］杰克·克罗夫特·理查兹、查尔斯·洛克哈特：《第二语言课堂的反思性教学》，王添淼译，5～6页，北京，北京语言大学出版社，2017。

有关课堂教学日志撰写（记录）的内容，理查兹等学者给出了如下的建议。内容可以是我们课堂教学中的常规有意识行为，我们与学生的谈话，课堂突发的紧急事件，我们作为教师的个人生活，我们的教学信念，我们认为对我们教学有影响的课外事件，我们关于语言教学和学习的观点等。[1]关于如何撰写教学日志，理查兹等学者做了如下的总结和归纳。

定期撰写日志。比如一周一到两次，如果有可能，也可以每天一次。教师可以在课后用五到十分钟将日志写下来或者录下来。

定期回顾。一些在书写或记录时容易被忽略的事实，以后可能会显现出来。回顾日志的时候，可以问自己一些问题，如作为教师，我应该做什么；我教学的原则和信念是什么；为什么我要这么教；我的课堂中学生是什么样的角色；我的教学风格是否需要转变。[2]

下面是某区一位刚入职的新教师撰写的教学日志的部分内容。

1. 课堂情境描述

某年某月某日，我在某区某小学上了一节现场展示课，为本校三年级（二）班的孩子们上了一节北京版英语三年级下册 UNIT SIX MOTHER'S DAY Lesson 20 的新授课。在本节课的导入环节，我使用了 *Happy Father's Day* 的歌曲导入，目的是帮助学生复习前两节课所出现的父亲节相关的词汇，如 Father's Day、kiss、hug 等，听完歌曲提出问题："What is this song about?""When is Father's Day?"帮助学生复习上一课的相关内容。

2. 问题反思

从教师教学设计角度看，歌曲契合主题，能够达成复习旧知、引入新知的目标。但从学生反馈角度看，学生的参与度不是太高；学生对跟唱歌曲的积极性不高；三年级学生对于 Father's Day 已经有了自己的生活经历和理解，本环节设计与学生的生活实际联系不大。

---

[1]　［美］杰克·克罗夫特·理查兹、查尔斯·洛克哈特：《第二语言课堂的反思性教学》，王添淼译，6 页，北京，北京语言大学出版社，2017。

[2]　［美］杰克·克罗夫特·理查兹、查尔斯·洛克哈特：《第二语言课堂的反思性教学》，王添淼译，6 页，北京，北京语言大学出版社，2017。

3. 问题解决

三年级学生对于歌曲已经不是特别感兴趣了，对事物有了自己的思考。学生对于 Father's Day 已经有了一定的生活经历，导入环节我也许可以采用自由谈话的形式进行，结合孩子们的生活实际，问一问孩子们："What did you do for your mum on Mother's Day? Did you give her a kiss or hug?" "Father's Day is coming. When is Father's Day? What will you do for your dad?"，等等，并给孩子们提供一定的语言表达形式作为参考，这样学生就可以结合生活实际和语言说明自己的真实想法，也能更好地达成教学目标。

这位新教师的教学日志展示了她如何运用教学日志记录自己开展教学活动的过程，如何在教学活动中从教师教学设计和学生学习两个角度分析教学活动设计上存在的问题，并在此基础上尝试提出自己的解决方案。教师持续地、有规律地撰写教学日志可以帮助教师反思和检查自己的教学，这是教师基于自己的已有知识和经验的主动建构活动，也是教师专业发展的起点。

（二）课程教学报告

课程教学报告是可以帮助教师回忆课堂教学、描述课堂教学过程主要内容和特点的结构清晰、内容详尽的清单或者表格。

撰写课程教学报告可以帮助教师迅速回顾本节课或本课程讲了什么内容，包含哪些模块，课程效果如何等；具体到一节课，可以是该节课的教学材料分析、学生分析、教学目标设计、课堂活动设计、教学评价方式。理查兹等人提出了一个辅助教师完成课程教学报告的简单方法，即课后可以用几分钟时间思考以下七个问题：本课的主要教学目标是什么；本课的教学步骤是什么；学习者在这一课实际学到了什么；我遇到了哪些问题，我是如何处理这些问题的；哪部分教学效果最好；哪部分教学效果最差；如果再教一遍，我会不会做什么改变。[①] 完成课程教学报告的模板有很多，

---

① ［美］杰克·克罗夫特·理查兹、查尔斯·洛克哈特：《第二语言课堂的反思性教学》，王添淼译，8 页，北京，北京语言大学出版社，2017。

笔者建议新教师也可以采用一定的形式完成自己的课程教学报告，以此监督自己的教学，收集提高教学质量的信息和证据，吸取可能出现的问题和教训，为下一次教授同一课程提供依据和便利。例如，一位入职一年的新教师在一节公开课后，第一次通过表格式的课程教学报告对自己所教授的北京版英语二年级上册 UNIT FIVE I HAVE LONG ARMS 其中一个课时的教学进行了详尽反思（见表 4-3-1）。

表 4-3-1　北京版小学英语课时教学反思案例①

序号	教学环节	设计思路	设计亮点	改进建议	反思
1	*Brown Bear* 歌曲导入	复习有关动物和颜色的词汇；给学生分组	歌曲契合主题和复习的任务；带着任务听歌曲，鼓励学生输出；分组巧妙	建议将问题设置为"What animal do you hear? What color is it? "，把关于颜色的提问增加进去	二年级学生主动提取信息的能力较弱，加入颜色的提问之后，绝大部分学生才会注意到颜色元素，这样就复习了颜色的词汇
2	观察课文图片	利用多媒体课件依次呈现场所、人物、活动，引导学生观察图片，预测内容	利用信息差，让学生对主题图的故事产生兴趣，带着自己的预测去观看动画，进行验证。用开放式的问题，培养学生的发散性思维	无	无

①　本案例由北京市亦庄实验小学陈亭秀老师提供。

序号	教学环节	设计思路	设计亮点	改进建议	反思
3	听力理解（对错判断）	不出示字幕整体听第一段对话，老师说三个陈述句，请学生判断对错	利用游戏帮助学生整体感知动画内容，并通过游戏检验学生的理解	听完一整段对话，再让学生听3个问题，还要让他们指出错在哪里。这个难度有点大，建议一段对话后只提一到两个问题	在上课的过程中，确实感觉到3个问题有点多，学生们有些倦怠和不知所以然的感觉
4	课文新授	通过关键问题，引出课文的主题句	板书小兔子的简笔画，帮助学生理解本课的情境，并且突出强调了身体部位的词汇	用幻灯片逐句呈现对话内容，把果果和凯特（Kate）的对话按照话轮转化成老师和学生的对话。让学生体会到如何运用语言； 板书上呈现了整个对话的内容，重点不突出，建议只呈现要求学生掌握的关键句型	这一块在课上的处理确实比较仓促。有两方面原因：一是课前设备调试不足；二是教学设计层次和难度与学生的实际水平不匹配，教学活动设计应指向教学目标的实现及重难点的突破
5	*Head & Shoulders* 歌曲	通过歌曲和动作带领学生复习身体部位的相关词汇	歌曲简单，学生参与程度高	这里复习的身体部位与输出活动中用到的词汇不太一致，而且后面已经有这方面的复习活动，建议删去	一节课不能放太多的视频，学生会困惑，不知道哪个是重点，哪个环节可以删除

续表

序号	教学环节	设计思路	设计亮点	改进建议	反思
6	卡通人物全身反应活动	利用卡通人物复习身体部位,利用"你说我做"游戏进一步巩固	卡通人物孩子喜欢,全身反应法能让学生动起来,调动多种感官	这里可以玩另一个游戏"你说我不做",学生要做出跟老师指令相反的动作。例如,老师说:"Raise your left hand."学生要举右手	建议其中的另一个游戏可以在其他课堂上使用,因为加入了左和右的元素,难度增加了
7	"看局部,猜动物"游戏	呈现动物的一个部位,让学生猜测是什么。创造情境,运用所学	激发学生的兴趣,促进他们的发散性思维,学生的参与程度非常高,猜测的答案也五花八门	这一个环节选择的动物数量太多,可以删去一两个;建议猜测的难度应该是由易到难的,先是大象,然后再放熊猫之类	这个环节到最后,学生们确实反应有点慢了,建议动物数量控制在4个,由易到难
8	"怪兽1,2,3"游戏	教师展示数只怪兽的形象,让学生描述怪兽有几只眼、几条腿等,以此操练"It has…"句型	怪兽的形象很受学生们喜欢,而且可以激发学生们的想象力。学生们可将"It has…"句型操练扎实	无	无
9	猜谜游戏	信封里装着动物身体部位的图片,以小组为单位每人抽取一个部位进行猜谜游戏	综合运用本节课所学过的语言;形式新颖,学生们喜欢	信封里装着各种动物身体部位的图片,学生们用这些部位来拼凑设计自己的怪兽,以小组为单位展示,每人说一句	小组为单位的综合性语言输出活动一定要创造机会让学生们能够运用这节课的所学来表达,"改进建议"一栏中提出的活动可以采纳而且能充分发挥学生的想象力

本节课是教师培训班的一节公开课，教师能从课堂教学中的学生表现出发，结合自己的目标、环节设计，用简要的表格、质朴的语言描述教学过程中学生喜欢的活动和出现的问题，并在此基础上反思原因，及时记录可以继续保持的优势和需要改进的不足。当然，这只是新教师在第一次公开课后，在教学研究人员的指导下对一节课所做的粗略的、课程教学报告形式的反思，对本节课教师执教的对话教学，教师从教学环节入手，梳理了优势和不足；后面这位教师也认识到本次反思还缺乏对对话教学的课程目标、整体教学框架和步骤（如是采用了呈现—操练—产出的教学框架还是其他方式等）以及所需教学资源等方面的思考，可以在后续的课程教学报告的撰写中对其继续完善和深入。

这样相对完善的课程教学报告也是教师进行自我反思的一种方式。课程教学报告是可以让教师回忆课程、描述课程主要特点的一个结构清晰、内容详尽的清单或者列表[①]。新教师进行自我反思的特点有：在反思内容上以教学设计和方法为主，在反思层次上主要是技术类反思，在反思过程上以"点式总结"为主等。结合新教师反思教学的特点，笔者建议新教师在教学初期可以选择课程教学报告作为教师自我反思的一种形式，课程教学报告有很多种可以参考的模板，教师可以以列表、清单或者回答问题的简要方式进行快速反思，也可以如上面这位教师在上课之后对课程教学报告进行完整、详尽的梳理，这样的课程教学报告契合新教师的特点，极易上手且能够非常有效地提升新教师的教学设计和实施能力。

（三）案例反思

撰写教学案例并进行案例反思，对于新教师而言，是相对较为高层次的教学反思。撰写案例反思首先要求教师对教学案例的概念有清晰的界定。

教学案例是对一个真实的教育教学活动的描述，是教师围绕教学中某个引起教师关注的事件或问题而进行的。教学案例要突出一个鲜明的主题，包含对事件、问题发生的背景的描述，也包含对案例的分析以及分析基础

---

① ［美］杰克·克罗夫特·理查兹、查尔斯·洛克哈特：《第二语言课堂的反思性教学》，王添淼译，7 页，北京，北京语言大学出版社，2017。

上的反思。教学案例一般常与教学改革的核心理念、教学中的疑难问题、教学中的困惑事件相关，或围绕教师持续关注的某个教学研究点展开。案例背景主要描述本节课是在什么背景情况下进行的，如基于什么样的事件或主题，教师情况如何，学生学习情况如何，课程是什么类型等，尤其是要对教学过程中较为特殊的原因或情况、背景进行说明。教师所描述的教学案例源于课堂教学实践，是课堂教学实践的再现，可以是课堂教学实录，也可以根据案例主题适当对课堂教学实录的信息进行加工，有所取舍和侧重，以突出案例主题。案例分析一般包含教学材料分析、学生分析、教学目标分析、文本分析、教学设计思路分析等，也可以就典型的教学事件或问题进行重点分析，以突出案例主题。案例分析是整个案例反思过程中的关键，教师要在对自己教学实践中产生的问题进行深入的解释和分析，在此基础上提出新的解决方案，在新一轮的教学实践中对方案予以验证，然后对验证的情况再做反思，经历教学设计—教学实施—教学反思—教学再设计—教学再实施—教学再反思的循环过程。只有在这个过程中，教师的反思能力才能得到一步步地提升。

以下是对北京版小学英语五年级下册 UNIT SIX WHAT WILL YOU DO IN THE FUTURE? Lesson 19 教学的反思案例。[①]

导入环节是整个课堂教学的伊始，一般课堂导入环节可以实现两方面的目的，复习旧知或导入新知。恰当的课堂导入环节，有利于激发学生的学习兴趣并提高学生的参与度。在本课的教学过程中，我重点关注自己的导入环节的有效性并兼顾趣味性，思考导入环节是否能成功达成复习旧知，激发学生兴趣并提高学生参与度的目的。

第一次教学实践：课堂教学前，我播放了一首与职业相关的歌曲，让学生跟着音乐一起唱，活跃课堂气氛。之后，我与学生就职业话题进行简短交流，师生互动内容紧扣主题，在谈话过程中复习旧知，为引入新知做铺垫。

---

① 案例由北京市大兴区长子营镇第二中心小学刘卓君老师提供。

T："Now let's sing a song together. Then please tell me what jobs can you hear?"

T："Look，what are these jobs?"

T："What do you want to be in the future?"

S："I want to be…"

设计意图：我用幻灯片呈现不同职业的图片，让学生看图片说出职业名称，激活已知有关职业的词汇。接下来我用学过的句型"What do you want to be in the future?"与学生交流未来想从事的职业，为后续的学习做铺垫。

第二次教学实践：首先，我播放有关职业的短视频，学生观看并说出视频中的职业。然后，我再播放配有音乐的职业类词汇幻灯片，让学生快速激活旧知，并通过竞猜游戏，利用信息差吸引学生注意力，猜出相应职业，在游戏中巩固已知。

T："Now, let's watch a video. After watching, please tell me the jobs in it，OK?"

T："What jobs can you hear in this song?"

T："Look！What is this job?"

T："Now，let's play a guessing game. What are these jobs?"

S："Driver. Farmer. Policeman. Doctor. "

T："I am a teacher. What do you want to be in the future?"

S："…"

设计意图：我通过播放配有音乐的职业类词汇幻灯片，让学生在轻松愉快的氛围中激活已知词汇。接着，为了激发学生兴趣，我与学生共同参与竞猜游戏，在幻灯片上遮住图片的一部分，让学生根据信息差猜出相应职业。学生对这个游戏充满兴趣，课堂十分活跃。接下来，根据前面职业词汇的铺垫，我与学生用学过的问句"What do you want to be in the future?"及回答"I want to be…"交流未来想从事的职业。

对比分析与反思：我在第一次教学实践的导入环节虽然播放了歌曲，

但学生初次接触该歌曲，难以跟上节奏，未能达到预期的效果。直接出示图片让学生说出相应职业的环节虽然能起到复习旧知的作用，但活动形式过于单一，活动目的过于明确，未能充分调动学生参与活动的积极性，学生的学习兴趣调动得不理想，参与的积极性自然不高。如何能在导入环节让学生充分参与到课堂活动中？我在第二次教学实践中做出如下调整：首先，将跟唱歌曲部分改为学生观看视频，并尽可能说出其中的职业，视频播放达到语言输入和激活旧知的目的；同时将任务调整为观看视频，尽可能说出所听到的职业名称。经过调整，学生只观看视频，学习环境轻松，反而能将注意力集中在所观看视频和语言学习的内容上。接下来，我通过播放配有音乐的自动播放的幻灯片，让学生在轻松愉快的氛围中复习已知单词，并通过竞猜游戏，吸引学生注意力，学生对游戏充满兴趣，在游戏中复习巩固已知，取得了良好的效果。

　　本节课是这位教师入职后在新教师培训班的一节展示课。案例中的教师描述了第一次教学实践及设计意图，在观察学生学习效果的基础上，提出关键问题即导入活动的有效性和趣味性，在此基础上细化导入环节活动设计，尝试提出解决方案并进行了第二次教学实践，取得了相对良好的教学效果。上面我们提到，新教师可以抓住教学设计或教学实施中的某一点进行反思，例如，教学目标、教学环节、作业、评价、板书等，坚持撰写教学日志，积累资源以回顾和反思。因此，笔者建议这位教师后续依然可以将导入活动的有效性和趣味性作为自己的关注主题，坚持撰写教学日志，积累教学案例并持续反思，将教学日志的撰写和案例反思相结合，长此以往，教师的反思能力会得到显著的改善和提升。

　　记录、描述和写作是厘清思路的绝佳手段，可以让自己的思考、反思以及探究以更为清晰的方式展开，及时撰写反思、撰写探究报告即是教师反思结果、探究结果的延伸，也是教师增强自己专业的主动性并主动成长的关键。因此，无论是教学日志、课程教学报告、案例反思或其他反思工具或形式，最终都要落实到教师的写作中。教师可以利用各种零碎时间，如课前、课后以及自己的私人时间来完成写作。如果教师"能突破时间的限制和自身的抵触情绪，我们相信写作给你带来的满足感的时刻远远胜过那些难以避免的困难和挫折，我们也相信通过写作，你会让你自己的探究达到一个新的高度"[①]。希望每一位教师都能将反思以及反思基础上的写作作为自己专业自觉、专业提升的有效方式，最终助力自身的专业发展。

◎ | 实践操练 |

请你按照本讲介绍的教学反思的方法，选择小学英语教学中某一课时的教学内容进行教学反思。

在完成上述任务的过程中，请你同步思考以下问题：

1. 在日常教学的过程中，你是否坚持定期撰写教学日志？
2. 与反思前的教学进行比较，是否提出了具体的改进方法和策略？
3. 如何应对教学反思后的实践改进有限的情况？
4. 如何通过教学更加有效地体现英语学科的育人价值？

单元小结 ⋯⋯▶

不同发展阶段的教师专业发展具有不同的特点和侧重点。了解教师专业发展的各个阶段及其相应的标准和要求，明确影响教师专业发展的因素和路径，能够帮助新教师更好、更快地成长。在影响教师专业发展的诸多因素中，教学反思是非常重要的因素之一，理解新教师撰写教学反思的现状和问题、教学反思的内涵和特征、价值和意义，并在此基础上结合不同的教学反思方式和工具，能够帮助教师更好地反思教学，促进自身的专业发展。

---

① ［美］南希·菲契曼·达纳、丹恩·耶多·霍沛：《反思课堂教学：为未来的挑战做准备》，杜小双译，181页，哈尔滨，黑龙江教育出版社，2016。

单元练习 ……▶

1. 请你结合自身实际回答，影响教师专业发展的内外部因素都有哪些？在此基础上选择其中最重要的三个因素，想一想，你可以采取什么样的行动？

2. 请你在日常教学中，坚持撰写教学日志。一周结束时，请对所撰写的教学日志进行回顾和思考，并回答，你在教学中遇到了哪些问题，可以进行什么样的改进？

3. 请你结合一个课时的教学撰写教学反思，并与反思前的教学进行比较，看看自己是否提出了具体的改进方法和策略。

阅读链接 ……▶

1. Jack C. Richards，Charles Lockhart. *Reflective Teaching in Second Language Classrooms*. Beijing：Beijing Language and Culture University Press，2017.

2. 李宝荣. 英语教师如何开展有效的反思[J]. 中小学外语教学（中学篇）. 2010，33（4）：1-5.

3. 赵明仁. 教学反思与教师专业发展[M]. 北京：北京师范大学出版社. 2009.